U0044667

相逢一笑

跟隨蔣介石48年
黃埔奇人賀衷寒

賀一平、彭新華──著

心潮澎湃，台海和平的密碼

賀衷寒在黃帝陵前留影

澎湃的怒潮
——序

　　「怒潮澎湃，黨旗飛舞，這是革命的黃埔。」黃埔軍校的校歌真是激蕩人心！當年響應孫中山先生的號召投身到黃埔軍校的革命青年心中澎湃的怒潮是要打倒軍閥和趕走那些欺負中國的帝國主義國家，這個初心也引領了很多革命青年的人生軌跡，那麼終其一生賀衷寒的內心究竟澎湃著什麼思潮呢？他是不是也不忘初心呢？我們可以從這本傳記中找到答案。

　　黃埔從第一期到第四期一共有五千左右的學員。後來赫赫有名的不過幾十位。在二十世紀上半葉中國叱吒風雲的將星當中，黃埔一期最屬害的學霸就有三位。排在第一位的是蔣先雲，另外二位就是賀衷寒和陳賡。三人號稱「黃埔三杰」，有意思的是，這三個人都是湖南人，一個湘南，一個湘北，一個湘鄉。

　　黃埔時期，蔣先雲是革命青年聯合會主席，賀衷寒是孫文主義學會負責人，是黃埔學生左右兩派各自的領袖。若論帶兵打仗，賀衷寒不如蔣先雲，但就理論造詣而言，賀衷寒在黃埔軍校無人能及。蔣先雲是共產黨員，得到了國共兩黨要人的共同喜愛。東征時，他身先士卒，衝鋒陷陣，十分勇敢，其戰績受到充分肯定。北伐軍攻打南昌時，蔣介石陷入敵軍重圍，蔣先雲指揮警衛團「突破重圍，火線救主」。蔣介石在開始反共後，他發表討蔣檄文，予以嚴厲譴責。在北伐河南與張學良部激戰中，蔣先雲不幸中彈犧牲，年僅25歲。陳賡不同於蔣先雲、賀衷寒，他並沒有過早展露鋒芒，也不是政治領袖人物，其聰明主要集中在軍事領域與機智應變上，同蔣先雲一樣，東征期間救過蔣介石的命，受到蔣介石與周恩來

的喜愛。國共合作破裂後，他堅定地站在共產黨這邊，屢立戰功，1955年解放軍授銜時，獲得大將軍銜。

賀衷寒是我國最早的社會主義青年團員之一，五四運動後赴莫斯科參加列寧召開的遠東人民代表大會，但才高氣傲的他與代表團團長張國燾拍了桌子，被開除了團籍。他回國後，在長沙重辦毛澤東以前辦過的平民通訊社。當年毛澤東辦平民通訊社驅逐了反動軍閥張敬堯，而現在賀衷寒是要驅逐反動軍閥趙恒惕。因為辦報寫進步文章，被趙恒惕爪牙抓去蹲了監獄，備受折磨還險些喪命。出獄後，經董必武指路，他報考了黃埔軍校，從此，改變了一生的命運。

賀衷寒主要是能文。他自幼博覽群書，才思敏捷，曾經留學於蘇聯、日本、德國，視野開闊，專注於比較深刻的理論問題，因而在當時的形勢下，他就表現於在意識形態方面的執拗。年輕時他曾傾向蘇聯的社會主義並熱衷於哲學的研究，他於1922年第一次去蘇聯後發覺激烈的革命後並不能立刻解決現實的諸多問題，他開始猶豫了，進入黃埔軍校後他信仰了孫中山的三民主義，其實這和他過去傾向的蘇聯社會主義並不相悖，孫中山說過：「民生主義就是社會主義，又名共產主義。」孫中山要節制私人資本，發達國家資本，他的土地政策是平均地權。但是如何實現他的理想呢？他又提出了民族主義和民權主義，想用民主的方式達成目標。他的著作還有建國方略，建國大綱，實業計劃，他希望中國立刻富強起來。但是孫中山在他建立民國十餘年後看到的卻是軍閥割據，國家分裂，他的理想難以實現，所以他要成立黃埔軍校，他給派往蘇聯考察的蔣介石的手箚中說；「我黨今後之革命，非以俄為師，斷無成就。」他還允許共產黨加入國民黨，可見他有意將國共兩黨團結成為目標一致的革命力量，他認

為只有如此革命才能成功，可惜黃埔軍校成立不到一年孫中山就去世了，他死後才兩年，國民黨就開始清除共產黨，賀衷寒那時正在莫斯科伏龍芝軍事學院學習，沒有參與這場血雨腥風的清黨。國民黨的清黨迫使共產黨組建自己的武裝力量。在追隨蔣介石的大多數歲月裡賀衷寒的意識形態方面的執拗表現在兩個方面，一是反腐，二是堅決反對國民黨的官僚化。北伐戰爭後，國民黨由革命黨轉化為執政黨，先前的革命性開始退化，受到各種利益集團和家族勢力的滲透與操縱。部分國民黨員也逐走向漸墮落腐敗，與這些利益集團相互勾結利用。用賀衷寒的話來說是「同流合污」了。同樣，他眼中的那些蠅營狗苟之徒在與敵人的鬥爭中也會以自身利益為依據，缺乏堅定的立場，因此，賀衷寒反腐的立場尤為強烈。

賀衷寒從二十世紀三十年代初期就專注於情治系統的建設，從復興社到三青團，都表現出反共與反腐的堅決性，並引起了國民黨內部各種利益集團的不滿與排擠。特別是在震驚中外的西安事變中，他對張、楊以及共產黨不妥協，與何應欽一起代表黃埔派力求「主戰」救蔣，與以宋美齡為首的「主和派」內外呼應，客觀上起到了震懾張、楊的作用，促成了事件的和平解決。但有鋌而走險之嫌，歷史上沒有給於公正的評論。

賀衷寒的著作主要有《中國之病根》、《汪精衛理論批判》、《一得集》等，都有一定的理論高度，他對中國社會以及國民黨的深層次問題，都有清醒的認識。

去台灣後，賀衷寒擔任過「交通部長」、「政務委員」等要職，致力於台灣基礎設施建設，郵政，航運，廣播等的發展卓有成效，廣受讚譽，他為台灣交通部管轄的公營事業建立了良好的規章和制度並著作《交通管理論叢》供後繼者參考。可見他也是

一個實幹家。另外也陸續擔任過國民黨設計考核委員會主任委員
等一些職務，專心研究過蘇聯以及大陸問題，受蔣經國的敬重。
從黃埔到國民黨的青年領袖到實幹家和理論家，賀衷寒的一生充
滿傳奇。

　　縱觀他的一生，除了貼在他身上的「反共」和蔣介石門生
標籤外，他更是反帝反封的先鋒、堅定的抗日志士；去台灣後，
他致力於經濟建設造福民生，堅決維護祖國統一；他治學嚴謹、
學識淵博，還是難能可貴，有許多可圈可點之處，不僅如此賀衷
寒還是一個奇人，他童年時能用腳指握毛筆寫出漂亮的大字，學
俄語時一天能記住500個俄文單字，只須3星期就可以讀懂俄文報
紙。他能閱讀中，英，俄，德，日5種語文。由於記憶力好，當
面對困難時他能根據過去的經驗想出最好的解決方案。他55歲開
始打坐並練習瑜伽，打坐時是用年輕人都難做到的雙盤腿，一坐
就是兩三個小時。一般人練瑜伽很難做到的蛇盤蛋式，他練了一
年就能做到，可見他的毅力恒心和堅忍是超群的。

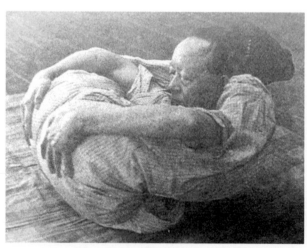

賀衷寒練瑜珈的
蛇盤蛋式，時年
七十歲

　　賀衷寒的老友也是黃埔軍校一期畢業的鄧文儀對賀衷寒有這樣的評價：「雖古之蕭曹管樂未信遠過。」他認為賀衷寒的才能和這些古代名人是可以比美的。賀衷寒既然被當時台灣的國民黨人尊敬，他的言行當然也會有影響力，他病重要開刀前，老友許克黃要他留下遺囑，以防不測，他本來目光變的特別柔和想要說話，但是卻突然好像想起了什麼心事，眼眶含淚，將頭緩緩轉過一邊，不發一言，後來開刀割了喉部的副甲狀腺，手術後不能言語，過了不久又陷入昏迷直到去世都沒有留下一句遺言。他那時想到什麼心事而使得他眼眶含淚呢？在這本書的最後一章將為你揭開謎底。

目次 │ CONTENTS

楔子

美國《紐約時報》專欄作家蘇茲貝格，是一位對中國尤其是對蔣介石的發跡地黃埔軍校有著濃烈興趣的著名記者。1955年3月19日，他飛往台灣高雄，訪問了正在那裡的名勝西子灣休養的蔣介石。午餐席間，蔣介石向他介紹了自己為了建立中國統一政府的漫長鬥爭生涯，當然離不了黃埔軍校。

「黃埔時期，我有許多傑出的學生。」蔣介石對蘇茲貝格說。然後，他指著陪同進餐的一位台灣當局要員說：「他就是黃埔三杰之一，我的前交通部長、現總統府國策顧問賀衷寒。」

蘇茲貝格友好地朝賀衷寒笑了笑，一個學者形象的人立即映入了他的眼簾：他大約50開外，圓臉寬額，眼裡閃爍著智慧與幹練的光芒。他對蘇茲貝格微微點了下頭。

「另外兩傑是誰呢？」蘇茲貝格追問道。

「那兩個是共黨，他們背叛了孫總理的三民主義，也背叛了校長。」賀衷寒答道。

「能說說他們的名字嗎？」

「一個叫蔣先雲，北伐中作戰犧牲了。」賀衷寒說。

「另一個叫陳賡，當年我也很喜歡他。在戰鬥最危急的時候，他掩護過我，可惜中共黨的毒太深，後來處處和我作對。這個人你們美國新聞界應該知道，不久前他還與你們在北越打仗！」蔣介石接過話題說。

蘇茲貝格聳聳肩膀：「有機會，我將去大陸採訪有關人士。」

19年後的1973年9月，機會終於來了。61歲的蘇茲貝格作為中美建交後第一個被邀請的美國記者，來參加中華人民共和國

建國24周年慶祝活動。他在廣州、北京、延安、西安、上海、南京、杭州等地參觀採訪了近一個月，參加了各種宴會。臨回美國前，當年曾任黃埔軍校政治部主任的周恩來總理，在百忙之中抽時間專門接見了他，並且一談就是兩個多小時。周恩來同他談了中美關係、中蘇關係等重大問題後，蘇茲貝格迫不及待地請求談談蔣介石和黃埔軍校的問題。

「我在台灣見到一個黃埔軍校的學生，叫賀衷寒，聽說他還是黃埔三杰之一？」蘇茲貝格突然問。

周恩來聳了聳濃眉，若有所思地答道：「他是孫文主義學會的頭目，後來在政訓處培養了一批軍隊特務，解放前夕跟蔣介石跑到了台灣……」

賀衷寒，這位國民黨黃埔系中頗有影響的人物，對於他的傳奇經歷，今日知道的人已不多了。他當年懷抱著打倒軍閥，趕走帝國主義侵略者的志願從軍，後來的一生都服務於國民政府的黨政軍個個部門，從他的言談和著作中可以看出他極希望中國富強，也做了不少實事和貢獻，他的事蹟是有參考價值的。

1973年10月26日，周恩來會見美《紐約時報》作家蘇茲貝格和夫人（新聞中心，新浪網）

第一章
少年神童

第1節　好大一場大雪

　　光緒二十五年農曆臘月初五（陽曆西元1900年1月5日），大雪紛紛揚揚，洞庭湖平原白茫茫一片。湖邊的賀耕九屋場似乎抵擋不住這一場不期而至的寒流，家家關門閉戶，屋頂的炊煙積攢著力量，剛一鑽出來就被活生生凍成了冰棱。

　　湖南省岳陽縣賀耕九屋場位於洞庭湖東南岸，距離洞庭湖約四公里、粵漢鐵路榮家灣車站約六公里，交通較為方便，居民30多戶200餘人。明洪武年間，始遷祖賀耕九由江西蓮花縣遷入此地，繁衍至今。村前有池塘田陌，村後有山丘樹林，登後山高峰，可遠眺洞庭湖全景。鐘靈毓秀，景色宜人。

　　這時，一扇低矮的房門「吱呀」一聲打開了，佃戶賀享賢戴著破氈帽，迎著撲面而來的雪花，打了一個寒顫。他縮緊脖子，攏著袖子，踩著半尺深的積雪，咯吱咯吱地走向屋後邊的茴窖。打開茴窖門，一股熱氣撲面而來，賀享賢一腳跨進逼窄的洞口，小心地探身進去。洞的深處藏著幾百斤茴，這是一家人過冬的主要口糧。這時，一股異香鑽進了賀享賢的鼻子，他使勁吸了一

賀衷寒老家，湖南岳陽鹿角賀更九屋

下，一抬頭，就看見茴窖洞頂上長出了一株奇異的植物，芳香撲鼻。那是一朵豔麗誘人的大紅花。

「真是怪事，幾十年沒有遇到過的怪事！」賀享賢喃喃自語，「這是一個好兆頭，妻子馬上就要臨盆，莫不是要出貴人了？」想到這，賀享賢撲哧一聲笑了，搬了一籃子茴，趕緊回家。

就在這一個大雪天，隔壁鄉紳賀楚卿的妻子生下了一個胖兒子，取名賀忠漢（1922年，賀忠漢在武漢、長沙從事反帝反封等進步活動時為自己改名為賀衷寒），表字華漢。賀衷寒是賀楚卿的第三個兒子，大兒子賀煦庭，二兒子賀醒漢。

「連中三元！」賀楚卿站在自家的庭院裡，按捺不住心中的喜悅。他的身後是一棟青磚黑瓦的大平房，足有二十多間，是他多年勤扒苦做的心血與結晶。屋後一片空地，後來全部種上梨樹，每年收梨數百斤。當然，這是賀衷寒出生以後的事情了。

也是這一個大雪天，賀享賢的老婆也生下了一個兒子，取名賀載陽。

這一年夏天，孫中山為了在國內發動新的武裝起義，提出了興中會與哥老會聯合反清的建議。兩湖、廣東、福建一帶的哥老會與三合會、興中會結合成一大團體，取名「興漢會」，歃血為盟，並一致推舉孫中山為總會長，公認孫中山為反清革命領袖。

這一年，山東清平縣義和拳改稱義和團。同年夏季，清政府對義和團改行撫剿兼施的策略。山東義和團迅速擴展，團眾四處攻打教堂，驅逐教士，與助教為虐的地方官員作對。「順清滅洋」「保清滅洋」「扶清滅洋」等口號陸續出現，後來大都統一為「扶清滅洋」。

這一年八月至十月，美國國務卿海約翰先後訓令美國駐英、俄、德、日、意、法各國大使，向各國提出關於「門戶開放」的

照會，要讓各國在中國均可求得均等的貿易機會。這樣，晚到的美國便可在「門戶開放」的旗號下，實現其插足中國市場的目的。由於「門戶開放」政策以承認列強在中國的既得利益為前提，共用均等在中國貿易的機會，加之當時任何一個資本主義國家皆不具備獨吞中國的力量，因而得到多數列強的贊同。

這一年，福州索隱書屋刊行《巴黎茶花女遺事》一書。該書是法國著名作家小仲馬膾炙人口的代表作，被譯成許多種文字，風行世界。中國近代著名翻譯家林紓用他流暢的文言文將此書翻譯成中文，由福州索隱書屋首先出版。小說刊行後，在社會上引起了極大的反響，一時風行大江南北，有「外國《紅樓夢》」之稱。

這一年四月，張謇創辦的第一個企業大生紗廠正式開機。《馬關條約》簽訂後，世界列強對華經濟掠奪更為瘋狂，國內掀起了一片設廠自救的呼聲。甲午戰爭慘敗後，張謇毅然絕意仕途，憧憬實業救國，屢蹶屢起，歷盡危難，終於把紗廠建起來了，在四月十四日正式開機，紡出新紗。

這一年要說的事情太多，總之，這是黎明的前夜，這是舊中國大動盪、大變革的前奏。讓我們的話題還是回到賀耕九屋場。

這賀耕九屋場頗有些來歷。以前，洞庭湖鹿角一帶，因瀕臨湖泊，荒草叢生，霧瘴瀰漫，野獸出沒，少有人口繁衍棲息。元末明初，義軍四起，陳友諒據守洞庭湖一帶，與朱元璋爭奪天下。朱元璋派大將常遇春率兵攻打岳陽。

傳說常遇春高大威猛，力大無窮，他率領大軍經過洞庭湖附近的簣口保安村時，但見兩邊山峰陡峻，中間一條小路，易守難攻，隨即在此排兵佈陣。

常遇春攻打岳陽困難重重，部隊傷亡慘重。原因是岳陽一帶的老百姓，與陳友諒的部隊結下了很深的感情，竭力幫助陳友諒

死守岳陽城。後來，朱元璋派重兵增援，攻下岳陽後下令屠城，進而血洗湖南。湖南十室九空，人口銳減。後來，朱元璋又強迫江西人遷徙湖南。

在這一次殘酷的大遷徙中，江西蓮花縣良方鄉良一村的農民賀耕九、賀耕坪兩兄弟，被裹挾到洞庭湖畔的南邊。「日暮鄉關何處是，煙波江上使人愁。」

賀耕九拄著拐杖，一路跋山涉水，渴得喉嚨冒煙。這時，在連綿起伏的丘陵之下，一口大水塘波光粼粼，映照著藍天白雲，像藍寶石一樣閃光。一隻水鳥優雅地掠過水面，留下一串漣漪。賀耕九幾步撲上去，咕咚咕咚地喝了個夠。於是，賀耕九就在這個叫做瞿塘的地方定居了下來。兄弟倆披荊斬棘，歷盡艱辛，創下了一片偌大的基業。

如今，賀耕九一支已繁衍二十餘代，人丁興旺，人文日熾，後裔遍佈雲南、貴州、四川、陝西、湖北、台灣、美國等地，其中不乏政治名流、教授博士、商家巨賈。

賀耕九人最引以自豪的人物當然是賀衷寒，這個從洞庭湖邊走出去的農家少年，在中國近百年歷史風雲中，是一個值得大書特書的人物。

第2節　幼年的文采

　　賀衷寒的父親賀楚卿，為賀耕九第18代孫，勤扒苦做，創造家業，亦農亦商，漸有起色。賀楚卿過去也是一個讀書人，是當地的鄉紳，家道小康。賀楚卿的房子有上下七重，晴不曝日，雨不濕鞋。出大門，東邊還有一排平房，是長工居住與關牛的雜屋。房前有一煙火塘，約七八畝。

　　賀衷寒出生時，家境已經比較寬裕。有房屋十餘間，旱田200多畝，種植水果，年產甚豐。賀楚卿頭腦靈活，農閒時節，又販賣布匹、茶葉，補貼家用。賀楚卿生性慷慨，熱心助人，當地公益事業，出錢出力，在桑梓甚有聲望。

　　當時的中國，歷經義和團事件、八國聯軍、辛丑合約等苦難，國破家危的觀念已經深入人心。1899年在英國人的逼迫下，清政府開放了岳州。1903年日本勢力進入長沙，1904年英國人接踵而至。此後帝國主義勢力紛至遝來，使湖南人民的民族主義、救國思想，在此刺激下，日益高漲。湖南人楊度的《湖南少年歌》最能夠淋漓盡致地體現這一特質：「我本湖南人，唱作湖南歌。湖南少年好身手，時危卻奈湖南何？……中國如今是希臘，湖南當作斯巴達，中國將為德意志，湖南當作普魯士。諸君諸君慎如此，莫言事急空流涕。若道中華國果亡，除非湖南人盡死。……」

　　近代史學家多認為湖南人具有特殊的性格，其形成的原因與地理環境、歷史上的移民以及經濟發展有關。所以，湖南人的性格以強悍知名，叫做「騾子脾氣」，如左宗棠、曾國藩、譚嗣同、黃興、毛澤東等人，經常趨向激進。賀衷寒處在這一充滿特

色的時空環境之下，對其一生之沉浮，影響甚大。他是典型的「騾子脾氣」，剛烈好強。他喜歡下象棋與人對弈，棋風雄健、銳不可擋。每下棋，屢敗屢戰，非至贏棋不能甘休。

賀衷寒6歲那年，父親賀楚卿領著他去讀私塾。老師是一位劉姓老秀才，花白鬍鬚，清瘦。賀衷寒走到先生面前，恭恭敬敬地叩首。老師見他眉清目秀，著長袍，蓄辮子，心裡就有了幾分喜歡，問他讀過什麼書？

賀衷寒不假思索地回答：「四書五經都已經讀完了。今年想讀子書。」侃侃而談，旁若無人。在旁的同學，驚異他的膽大放肆。舊時的傳統，師生之間極為嚴肅，一般的學生見到了老師，唯唯諾諾，多不敢暢言。

賀楚卿趕緊在一旁打圓場：「小孩子家，不過在家裡認得了幾個字，胡亂讀了幾句書罷了。」

劉老師和藹地說：「幼時宜熟讀四書五經，子書的文路偏窄，不適宜初奠學術根基時研修。」賀衷寒聽從了老師的意見，繼續重溫五經，晚間則讀古文與唐詩。終日孜孜以求，從此養成了一有閒暇時間即閱讀書刊的習慣。

當時的私塾大致分為兩類：一種叫蒙學，學生多為貧寒子弟，在家食宿，師資一般；一種叫經館，授徒十數人，學生在館住宿，共雇一人負責雜役兼煮飯，師資多系前清秀才或舉人。

私塾教學沿襲舊制，上午由老師指定讀書範圍，在課本上圈點一小段，講授大意。學生似懂非懂，回歸座位高聲誦讀，讀得滾瓜爛熟之後，再走到老師跟前背面而立，搖頭晃腦地背誦一遍，然後老師繼續圈點一小段讓學生誦讀。如此迴圈四五次之後，老師才下令寫字。學生磨墨執筆，各寫大字一張。下午則大多是溫習舊課。

　　劉先生的私塾規模不大，大約二十來個學生。先生教學很用心，深受鄉人尊敬。賀衷寒天資聰穎，記憶超強，往往過目成誦。先生非常喜歡他，同學們也很佩服他。

　　私塾沒有假日，學生如想偷點懶，只有靜待老師外出應酬的時候。劉先生蓄著短髮，頭頂微禿。他很講究自己的外觀形象，外出應酬的時候，常常用毛筆著墨在微禿之處塗抹幾筆，掩蓋那塊顯眼的「不毛之地」。每當許先生對鏡整容的時候，學童們一個個擠眉弄眼。待先生轉身呵斥時，堂上又是讀書之聲大作。畢竟是兒童心性，一待老師出門，學堂即變成演藝場，高聲大叫者有之，相互追趕打鬧者有之，好不熱鬧。

　　這天，劉先生又外出了。賀衷寒三下五去二就完成了先生佈置的習字任務，溜了出來活動筋骨。他從小就喜歡觀察大自然，並學習經驗教訓。比如他看到貓睡醒後起身時必伸懶腰，他每天起床時也要伸懶腰。他看到猴子吃橘子必吐渣子，他也照樣吃橘子吐渣子。他看到螞蟻成隊的搬東西往高處去，他就預測會下大雨。這回他在私塾旁邊的柳樹下，看到一群螞蟻正排著整齊的隊伍向一個土丘進發，覺得十分有趣，便趴在地上仔細地看了起來。上次看到同樣的情況後，不久就下了大雨，他想這次會不會也是一樣呢？

　　他正看得入神，一個穿著破爛、蓬頭垢面的叫花子一跛一瘸地走了過來。也許是他餓花了眼，徑直碰到了柳樹上，揉著額頭直叫喚。賀衷寒同情地打量著他。

　　「老人家，你等會兒。」賀衷寒溜進了劉先生的廚房，將一碗南瓜粥盛了出來，倒進了叫花子的破碗裡。叫花子十分感激，對著這乖巧的孩子唱道：「自古英雄出少年，甘羅十二為丞相……」賀衷寒高興地跑開了。

　　傍晚時分，先生回來了，進廚房一看，南瓜粥不翼而飛只剩一個空碗，估計是哪個調皮鬼把它給吃了。

　　平日學生犯規，或者讀書寫字不用心者，輕則以竹板打手心，重則打讓其伏在板凳上打屁股。這時，他不動聲色，將學生喊到一起來。

　　「今天我要出一個對子考考大家，對得好的有獎，對不出來的挨板子。」他故意咳嗽了一聲，慢悠悠地說道，「大家聽好了，南瓜熬米粥。」

　　學童們面面相覷，一個個抓耳撓腮。過了一會兒，賀醒漢率先對出了「冬蟲睡草中」，許先生點了點頭。

　　「西瓜滾下坡。」賀載陽接著對道。先生一聽，直搖頭。

　　其他學童就陸續對了起來：「黃狗趴土中」、「母雞孵雞崽」……大家覺得很有趣，正想發笑，抬頭見先生滿臉慍怒便不敢做聲了。先生瞧了瞧低頭坐在一邊的賀衷寒，說道：「忠漢，你來試一下。」

　　賀衷寒不慌不忙地站起來，清脆地答道：「北斗掛城牆！」

　　先生露出驚訝的表情，連聲稱好。

　　「忠漢你過來，」先生親切地拉著他的手，「這麼好的對子，怎麼不早說呢？」

　　「我，我……我將先生的南瓜粥偷偷送給了一個要飯的，怕先生打板子呢。」賀衷寒膽怯地說。大家忍不住了笑出來。

　　「嗯，好孩子。你有仁者之心，一碗南瓜粥，算什麼呢？你不給，我也會給啊！」劉先生感慨地說，「你小小年紀，想像力真豐富，我曾經站城牆下面仰望星空，看到了北斗掛城牆的景象，北斗高掛天上襯托出城牆的莊嚴巍峨，你對的太好了。北斗指引方向，城牆保衛家園，忠漢意境不凡，好好努力，將來必成大器。」

第3節　洞庭湖守草

　　冬天的洞庭湖風貌不同，站在鹿角碼頭，放眼望去，不遠去便是長湖寨，燒子鞭、陡沙坡、黑泥壋、梳理老、二郎湖等沿湖心一溜兒擺開的洲子，或大或小，或陡或緩，或高或低，像洞庭湖裡長出的犄角，硬生生將洞庭湖擠壓成密密麻麻網狀的湖汊。

　　若趕早從東洞庭湖鹿角碼頭坐船上長湖寨，再橫穿鯉魚湖、漉湖，緊趕慢走，中午時分就趕到了湖對岸，隱約看見了沅江茅草街房舍頂上冒出的炊煙，也就到了西洞庭湖的地界了。

　　洞庭湖多蘆葦，也多草。自然界賦予的片片風情，都在這片廣袤的土地上展示生命的存在和意義。立春一過，雨水、驚蟄就跟著來了，洞庭湖喝過幾場春雨，地氣滋滋往上冒。洲子上擠出一堆堆毛絨絨、嫩生生的湖草，見風風漲，見雨雨漲，洲子被裝扮得青翠欲滴，像湖心托出的一盤青螺。

　　過了清明，到了穀雨，這些瘋長的苦草、青鬖草，割下來後曬一曬，再放到田裡浸泡，這些吮吸了洞庭湖精氣的嫩草，腐爛著，發酵著，成了上好的肥料。

　　在洞庭湖區，人們固守著祖先留下的土地，也沿襲了祖先與貧困爭鬥的智慧——守草。肥料，莊稼人的命根子。

　　正月十六，過完了年，送走了元宵，族長賀紹武站在屋場的高處，雙手叉腰，提緊褲子，憋足了勁頭大聲吆喝，這吐出舊年晦氣飽含新年希望的吆喝聲讓大家精神振奮，三三兩兩結伴來到公益祠堂。賀衷寒與幾個小夥伴跟在後面看熱鬧。祠堂裡供奉著始遷祖賀耕九的坐像，列祖列宗、各房各派，分列兩邊，心安理得地享受著兒孫們的供奉與香火。賀紹武總管著公益祠堂的事

務，每年的祭祖大事，公益事情的攤派，包括一些雞毛蒜皮的鄰里糾紛，都在祖宗面前裁決。

　　守草用不著幹活使力氣，大半時間躺在棚子裡睡大覺，打著酣，做著夢，養著神，長著膘，幾十天的時間，祠堂裡就派給你幾擔穀，夠一個人吃上大半年。可是，這樣的好事到底沒有幾個人願意去，誰都知道這洞庭湖的自然環境惡劣得很：「三隻蚊子一盤菜，三隻老鼠一麻袋，三隻螞蝗做腰帶。」想想也是，一個人在湖心呆上這麼久，天為蓋地為席，不就是一個孤島囚犯嗎？洞庭湖開春後濕氣重，呆久了精壯勞力都會弄出一身的病。守草，明擺著是一件苦差事。

　　「今年誰去？」賀紹武磕著煙袋一連問了三遍。堂屋內圍坐了四五十人，男人們低頭抽悶煙，黑壓壓的頭頂上繚繞著一圈圈的煙霧，偶爾有幾個漢子抬頭瞟一眼自己的婆娘；婆娘們則一列板著臉，好像是與這幾百斤穀有著深仇大恨似的，這樣子既是做給賀紹武看，也是做給自己的男人們看。婆娘們打著自己的小算盤，有人在下面嘀咕：前幾年某某去長湖寨守草，與鯉魚精搞到了一塊，被吸幹了精氣，回來後成了藥渣子，肩不能挑，手不能提。

　　「今年去的再加一擔穀！」賀紹武提高了嗓門。幾個男人挪動了一下屁股，卻被身後的婆娘狠狠地掐了一把，婆娘們才不稀罕呢。

　　「秋生伢子，還是你去！」

　　「我，不行不行，湖風大著呢，我去年落下的頭痛病還沒有好。」賀秋生縮著油黑頸脖，搖著腦袋慌忙往後退。

　　「秋哥，紹武叔點將了，你就莫賴了，好歹還要紹武叔為你尋一門好親事。」

　　「秋哥好福氣，去年阿桂姑娘相不上你，聽說是長湖寨的蚌

殼精把你給迷住了，哈哈哈……」

賀秋生是賀衷寒的遠房叔輩，是個少年，父母早亡，只給他留下二間茅房，成天東遊西蕩，一人吃飽，全家不餓，是鄉下人眼裡的二流子。

「秋叔，今年我同你去打伴。」賀衷寒纏著賀秋生說。蚌殼精的故事在他小小的心靈裡已經生了根。正好這幾天先生家裡有點事情，學堂放了假。賀楚卿拗不過賀衷寒的糾纏，答應讓他去陪賀秋生幾天。

這天是個好日子，賀紹武喊來幾個年輕後生，幫賀秋生打點行裝。柴米油鹽鍋碗瓢盆被席套鞋煤油燈鋤頭砍刀幹木棒等等，一件件清點好，搬上了船。看見幾個年輕人還在祠堂裡喊喊察察，賀紹武臉一沉，故意咳嗽一聲，後生們再也不敢多言語。

守草起程前，不僅要選個好日子，還要祭家神，更不准亂說亂敲。心若不誠，龍王爺就要興風作浪作怪哩。湖裡翻船是常有的事。賀紹武拈了一把香，站在家神牌位下念念有詞，畢恭畢敬三鞠躬。室內空氣稠密，香火形成的煙霧停滯在眾人頭頂，形成了一個神秘的氣場。眾人肅立一旁，學著族長的樣子規規矩矩鞠躬，一個個感覺頭皮涼颼颼的──神位前的祖宗們復活了，閃動著無數雙威嚴的眼睛，肥大的衣袖裡伸出了長長的冰涼的手，一下子就能勾住了這些子孫。

賀衷寒問賀秋生為何有那麼多的規矩，他撓著頭皮說：「老輩規矩多著呢，夾菜只能夾面前。一定要等長輩先動筷子。嚼東西嘴巴還不能出聲音。簡直是無聊！吃個飯都不讓人開心。」

儀式終於結束，後生們肩挑手提，簇擁著磨磨蹭蹭的賀秋生朝鹿角碼頭走去。倒是賀衷寒心情迫切，步子格外輕快。拐了幾彎，一夥人來到了碼頭。一隻小船泊在湖岸邊，在湖風鼓蕩中，

小船左右顛簸。搭上跳板，後生們魚貫而入，七手八腳將東西安置好。賀紹武最後一個上船，朝著斜對面的長湖寨喊了一聲：「開船──」幾個人使勁，「欸乃」一聲，小船一下子梭進了水霧繚繞的洞庭湖。

因為地理關係，湖州姓「公」，水漲而沒，水退而現，是庵裡的尼姑沒有婆家管。又因為地利之故，長湖寨便有了賀耕九這個婆家，但這並不是說長湖寨就是姓賀了，人人都得有碗飯吃，到了開始長草的季節，你不派人去守，那就是「和尚動得，我也動得」了，人家就可以堂而皇之乘虛而入，這上千畝綠油油的草地就是外姓的了。這也就意味著今年的糧食、棉花減產，意味著全村人受凍餓肚皮。

「來來，忠漢伢子，給你講一個故事。」賀紹武很老練地將賀衷寒拉到身邊。後生們咧開舌頭，頭扭到了一邊，心想：紹武叔能講什麼呢？還不是拿自己的老祖宗來顯擺。那一套，年年守草年年講，耳朵都起繭啦。

記不清是哪一年的事情了，洲子上剛冒出點芽兒，十幾個外鄉人開了三條船，一窩蜂上了長湖寨，紮下營，生了火，賀耕九的人還蒙在鼓裡。那一天，賀秋生的爺爺、60多歲的賀矮爹從旁邊打漁經過，看見洲上冒出了炊煙，心裡一驚，來不及細想，就棄船飛奔上岸。矮爹搶先一步占住一塊高地，一雙腳板釘在草地上，一根竹扁擔攔在胸前，喉結抖動著，嘴巴裡吐出的每一個字都像銼刀銼過的釘子。

「哪裡來的朋友？兄弟我有失遠迎。」矮爹沉住氣問。外鄉人顯然是有備而來，自顧燒乾柴做飯，懶得搭理矮爹。過了一會，一位滿臉橫肉的中年漢子走過來，斜著眼睛掃了矮爹一眼，咳嗽一聲，說：「咯地方水草蠻好，比我們沅江要好！」

「東洞庭西洞庭，井水不犯河水，不知你們來此為哪門子事？」矮爹明知故問，毫不示弱，話語中有逐客之意。

這漢子不做聲，瞅了一眼矮爹，知道他是一個練家子。漢子指了指碼成一堆的乾柴說：「弟兄們初來乍到，沒有帶見面禮，這堆乾柴，挑得動就歸你了。」

矮爹瞅瞅乾柴，一估量，足有三四百斤。「哼，看來是賴著不走了。」矮爹不聲不響，將乾柴紮緊捆好，紮一個馬步，憋一口氣，大喝一聲，就穩穩紮紮地將這幾百斤重的乾柴一肩挑到了船上。矮爹立在船頭，向岸上目瞪口呆的沅江人拱手，朗聲說道：「明天再來會客！」

第二天，矮爹帶領一批漢子早早趕到長湖寨，沅江人早已開溜了，岸上的棚子和爐灶被踩得七零八碎。

「衷漢啊，矮爹沉得住氣，辦得成大事，為賀耕九爭了光。哎，我們賀耕九沒有這樣的人啦！」賀紹武一邊說，一邊搖頭歎息。「我也要像矮爹一樣，做響噹噹的男子漢！」賀衷寒脫口而出。

「好，好，乖孩子。家無讀書子，官從哪裡來？要想出人頭地，必須發奮讀書呢！」賀紹武摸著賀衷寒的頭，喃喃自語：「看來，我們賀耕九屋要出貴人了！」

逆著水劃了七八裡，小劃子斜著身子拖出一條長長的波紋。約摸兩小時，終於靠近了長湖寨，一行人七手八腳搭好跳板，搬下東西，長湖寨頓時熱鬧起來，幾隻在湖灘上親熱的水鳥呀的一聲飛向空中，打了一個鏇子又落到了不遠處的草地上。

賀衷寒跟在賀紹武的後面，一上岸便東瞅瞅，西逛逛，開心極了。後生們已幫賀秋生選中了一個地勢稍高的平地，準備安營紮寨了。大夥用鋤頭在地上抽出了幾條深溝，然後用幾根木棒搭

成「人」字樣的寮棚，在寮內鋪上厚厚的蘆葦，在寮週邊抽出一條排水溝，就大功告成了。這種窩棚僅在背風處留下一個供人進出的小口子，防風、防雨、防蚊蟲、防地氣，這寮子還有個好聽的名字叫「觀音合掌」。

太陽終於從湖心裡爬出來，水淋淋地掛在半空，打著哆嗦。後生們忙著挖灶、生火、做飯。賀紹武親自主廚，只見紅中透亮冒油的臘肉片倒進鍋中滋滋作響，一股香味倏地蕩開去。賀紹武麻利地翻炒，倒進一點水，命令道：「快拿鍋蓋來悶。」幾個後生肚子餓得咕咕叫，左揀右翻，哪裡找得見鍋蓋，急得團團轉。

「鍋蓋呢？」賀紹武翻著白眼，罵罵咧咧。湖州上風大，濕氣重，沒有鍋蓋這菜難炒熟。

「找到了！找到了！」突然有人大叫，原來鍋蓋在家神龕上放著呢。

半下午，賀紹武帶領後生們圍著長湖寨走了一遭，算是完成了對領地的巡視。「記住，這是祖宗留下來的土地，要用心看守，」賀紹武頓了頓，「桂子姑娘那邊我再給你去說。」賀紹武紅著脖子，噴著酒氣，拍拍賀秋生的肩膀，又拍拍賀衷寒的肩膀：「乖孩子，你就到這裡陪你秋叔幾天，到時候我來接你去讀書。」

似乎是為了再現老祖們當年的威風，賀衷寒繞著長湖寨來回地瘋跑，神氣活現的，現在他就是這長湖寨的寨主了。天上天下像扣緊了一個鍋蓋，到處都是水、草、霧氣，偶爾趕出幾隻水鳥撲騰亂飛。湖水從上游一圈又一圈地蕩過來，打著旋兒跑。長湖寨就像一隻無舵的大船，在一片汪洋的水中滴溜溜地轉。

賀秋生望著遠處的湖面發呆。賀衷寒跑過來：「秋叔，族長說這是祖宗留下來的土地，要用心看守，我將來不僅要守住鄉土

還要保衛國家。」賀秋生睜大了眼睛望著賀衷寒覺得這個後生不平凡啊！

　　賀衷寒抓住一把青草，用力拔下，嫩嫩的綠葉上有著細細的白色絨毛，被拔斷的地方滲出清亮透明的汁液。青草的氣息在他的身體裡沉浸、瀰漫。

第4節　接受新思想

　　賀衷寒族學三年屆滿之後，又與二哥賀醒漢同去吳文高屋場，就讀於許年初先生門下。許先生學識修養俱佳。吳文高是鄉中望族，早年功名富貴，盡是吳家子弟，其中以吳敏樹最甚。

　　吳敏樹（1805-1873），嗜好古文，因有書齋建於故里南屏山，遂自號南屏，世稱南屏先生。吳敏樹1832年鄉試中舉，1844年受命到瀏陽縣任教諭。因厭惡爭權奪利、爾虞我詐的官場生涯，他只當一年多教諭便稱病告退了，從此謝絕聲華，不求仕進，家居誦弦，潛心於詩詞、古文之學，終成大器，成為中國柈湖文派的創始人。

　　吳敏樹高潔自持，既不愛攀高枝，也不喜錢財。咸豐、同治年間，曾國藩、左宗棠兵權在握，聲名顯赫，許多有志之士想依附他們求得顯貴。吳敏樹與左宗棠是同榜舉人，與曾國藩交往尤篤，但他從未向曾、左有所求請。曾國藩曾舉薦他任兩廣鹽運使，這是當時不少官僚政客垂涎欲滴的「肥差」，一屆三年任期下來，至少可攫取白銀10萬兩，還算是「清廉之官」，但吳敏樹一笑了之：「我們吳家人不當鹽販子」。

　　1868年，吳敏樹乘船沿江而下，遊覽廬山、石鐘山和杭州西湖等江南名勝後到達南京，時任兩江總督的曾國藩親迎至府，尊為上客。曾國藩的帥府幕僚、眾多名流及才智之士，都爭先恐後地與吳敏樹建交。曾國藩在題為《贈吳南屏》的詩中歎曰：「黃金可成河可塞，惟有好懷不易開。」大江南北的著名詩人爭相唱和，和詩者達300餘人，詩會極盛一時。

　　因為有了吳敏樹的影響，去吳文高屋場求學的人自然趨之若

鶩。學舍環境幽雅，學員來自各地，學歷大致相等。賀衷寒與哥哥同來就讀，同學當中還有許克黃等人。

許年初先生身著長袍，蓄著一尺多長的辮子。學生見了老師行跪拜禮。許先生微微點頭，問大家讀過什麼書。學生們大多聽說過先生的嚴厲，畏畏縮縮，只有賀衷寒抬起頭回答：「四書五經都已讀完，今年想讀子書。」賀衷寒旁若無人地侃侃而談，其他同學均驚訝其膽大放肆。舊學時期，師生間極為嚴肅，不敢隨便大言。

次日早晨，許先生特意將賀衷寒喊至一旁，和顏悅色地對他說：「幼年時宜熟讀四書五經，子書的文路比較偏窄，可待日後作參考書看。」賀衷寒點了點頭，乃繼續重溫《四書》《五經》，晚間則攻讀《左傳》《資治通鑑》。許先生稱讚他說：「此子稟賦優異，後必有成。」

許先生傳道授業解惑，注重自主學習精神的培養，師生相處甚為融洽。在這樣的學習環境中，賀衷寒一晃就過了三年，對於讀書之樂，已略有領悟。

除先生教習之外，十來歲的賀衷寒時常在油燈下貪婪地閱讀古書典籍。夏夜，月明星稀，大人與孩子們紛紛在戶外納涼，擺龍門陣，不時傳來朗朗笑聲。賀衷寒則充耳不聞，坐在書房裡，就著一盞青燈，看書習文。大汗淋漓，腳上又有蚊蟲叮咬之苦，賀衷寒心生一計，打來一盆涼水，赤腳浸泡水中，倒也自得其樂。母親心疼兒子，過來幫他搖扇驅蚊，賀衷寒讀書入迷，竟渾然不知。一時在鄉里傳為佳話。

別人讀《三國演義》大都是讀書中的戰爭和計謀，賀衷寒讀《三國演義》，卻是讀書中的兵秣糧草。他老在想這樣一些問題：曹操打仗既然「千里無雞鳴，白骨露於野」，那他是怎麼搞

到飯吃的？三國形成割據，除了軍事上的勢均力敵外，還有沒有別的原因？

三國中蜀國物產豐富，蜀地又少遭兵禍，為什麼卻最先敗亡？這跟劉備被火燒連營、諸葛亮七擒孟獲六出祁山、姜維九伐中原有沒有關係？蜀國哪來這麼多的人口與糧草來支撐這些連年的戰爭？

為此，他推算蜀國的人口，根據人口又推算蜀國的糧產和每次舉兵所需的兵秣糧草，結論是蜀國亡就亡在它舉兵過多而喪失民心上！魏國大將鄧艾之所以很快就能兵臨蜀都城下，這說明蜀國的軍民早已不堪軍事上的重負，先自行崩潰了。劉備、諸葛亮、姜維雖能運籌帷幄，但都不懂先休養民生和富國強兵的道理，只知一味地打打殺殺，強求恢復漢統，悲哉！

由此，他明白了這樣一個道理：人是世界上最寶貴的，經濟是一個國家最重要的，動亂是最不得人心的。不過，這已是後話了。

當時，歐風東漸，舊學式微，許多省、縣已經開辦了新學，一般稱為洋學堂。許年初先生只有30多歲，頭腦比一般的舊學先生進步，容易接受新思想。每日晚飯後，他便在廳堂裡走來走去，後面吊個長辮子，兩邊擺動，不斷地講述著當代風雲人物，如戊戌變法中的康有為、梁啟超、譚嗣同，以及辛亥革命中的孫中山、黃興等人的故事。那時的鄉村，幾乎看不到報刊雜誌，資訊極為閉塞，學生們都齊聚廳堂，或站或坐，全神貫注，聽其講述。儘管許先生講的只是一些皮毛，但對新知識一無所知的學生們說，無異於打開了另一個世界。

「梁啟超先生的《飲冰室文集》知道不？少年強則國強，少年富則國富。至理名言啊！」許先生的話語激起了賀衷寒極大的興趣，他的思想由此受到啟發，並能舉一反三，提出許多新的

見解。賀衷寒時常請教許先生，可這許先生對新知識的瞭解也十分有限，時常答非所問。許先生察其言行不凡，便常對大家說：「衷漢日後必成大器！」

辛亥革命後，當地知名人士何雲槎先生，深受孫中山先生的革命學說和新興教育思想的影響，毅然聯絡縣裡進步人士和學界名流胥敬軒、周士銓、李劍初、潘曉山等，商議籌辦新學，為國家培養人才。

何雲槎（1860-1930），鹿角何伏二屋場人。父親何鐘毓是一名郎中，先在湖北荊州開診所，何雲槎跟在父親身邊念書學醫。後來，何鐘毓回到岳陽城裡繼續行醫，何雲槎則在金鶚書院讀書。何鐘毓年邁後返鄉，家裡只剩下三間木板房。何雲槎為了養家糊口，就在老家辦私塾教書。

辛亥革命後，孫中山先生的《三民主義》讀本風行一時。何雲槎儘管年過五旬，但思想開明，追求進步，對《三民主義》這本小冊子再三捧讀，愛不釋手。

這一天，何雲槎本來是躺在竹椅子上讀書，突然從椅子上蹦起：「你們看，這民族、民權、民生講得多好，中國要國富民強，非得走這條路不可！」他意猶未盡，大聲吟哦起來：「始知徒致國家富強、民權發達如歐洲列強者，猶未能登斯民於極樂之鄉也。是以歐洲志士，猶有社會革命之運動也。余欲為一勞永逸之計，乃採取民生主義，以與民族、民權問題同時解決，此三民主義之主張所由完成也。」

當時的岳陽三區，包括現在的鹿角、麻塘、黃沙街、新牆一帶，人口有十多萬，卻沒有一所宣傳新思想、傳授新知識的學校。1912年下半年，何雲槎帶頭發動群眾，將鹿角古寺洞天觀僧徒遣散，排除重重阻力，砸毀寺院內神龕、塑像及迷信工具，接

管該寺出租水田七畝，利用寺院僧房，因陋就簡改建成校舍。至此，一所新式學堂在何雲槎先生的苦心運作下建成，取「十室三邑，必有忠信」之義，命名為忠信學校，附近群眾習慣稱之為洞天觀學校。

忠信學校面向全區招生，要經過嚴格的筆試與面試。渴望學習新知識的賀衷寒被錄取了，開始了新的學習生涯。

忠信學校借鑒西方先進的教育思想與教學內容，辦學認真嚴謹。校長事務會必須經地方群眾代表選舉才能擔任，校長專管教務，事務員負責校產收支和統管，每年定期核算帳目。何雲槎先生出任忠信學校的第一任校長，聘請了周士銓、李劍初等一批業務能力和學識水準都很高的新文化人擔任教師。

學校注重對學生傳授現代文化知識，除國文外，還授以算術、歷史、地理、自然、圖畫、音樂、自然、體育等課程，與私塾教育迥然不同。學校在提倡學習自然科學、反對封建思想、幫助學生接受新文化、新思想方面起到了重要作用。

由於校舍系道觀改建，規模較小，故招收學生不多。草創之時，學生僅三十來人，且都是男生，同起床、同上課、同遊戲。賀衷寒興致勃勃，對各種課業都能投入學習，全面發展。

何雲槎既有新學思想的教育，又重視傳統文化的傳承，是一個很嚴格的人。他規定學生每天一節習字課，讓學生練習寫毛筆字。有一天的習字課，何雲槎轉到了學生教室裡巡查。學生們抬頭看見了這個身材胖大、鬍鬚飄拂的老者，趕緊挺胸收腹，三指握管，有模有樣地練起字來。見到學生們認真的勁頭，何雲槎連連點頭。

不一會，何雲槎轉到了賀衷寒面前，只見他將字帖丟在一邊，自己寫自己的。何雲槎驚訝地說：「孩子，你為什麼不臨貼

呢？字是門頭書是屋，要練好字，必須規規矩矩地照貼寫。」

哪知賀衷寒並不認同，反問道：「校長，這個貼是人寫嗎？」

「不是人來寫，難道是神仙寫？」何雲槎不以為然地說。

「既然是人寫的，我為什麼就不能寫呢？」賀衷寒以為抓住了理由，頗為自得。

何雲槎頗為詫異，隨即規勸道：「字無定法，但物有常理。習字之人須從無法到有法可依，從有法再到至法，即無法之法，寫字才能應心自如，隨心所欲，藝術修養與技能才能天人合一。」

賀衷寒認真地點點頭，照著字帖重新練習起來。後來，賀衷寒能寫一手漂亮的魏碑體，這得益於他小時候的嚴格訓練。

由於何雲槎的思想比較進步，經常給學生灌輸一些新的思想，不斷講述康有為、梁啟超、譚嗣同、孫中山等風雲人物的故事，賀衷寒聽得津津有味，思想上受到很大啟發。

賀衷寒楷書，現存南京總統府展覽館　　　賀衷寒的雙勾字

第5節　自號為「君山」

賀衷寒喜歡吃梨子，便央求父親買來梨樹苗，在自己家的地裡栽種了上百棵梨樹，命名為「梨園」。一有空，賀衷寒就帶領小夥伴們去「梨園」玩遊戲。

1914年，賀衷寒從忠信高小畢業。當年忠信高小參加全縣的小學畢業考試，整體成績名列全縣第一，賀衷寒又是全班第一。這樣，賀衷寒成了「小狀元」。

何雲槎校長一高興，弄來一頂轎子，雇了三個人抬著賀衷寒，仿效舊時的狀元打馬遊街。師生們從忠信高小出發，沿四裡八鄉遊了一個遍，弄得沿途許多人出來看熱鬧，最後轎子停在賀耕九屋場地坪裡，老老少少圍得水泄不通，族長賀紹武高興地放了一掛響鞭。

兒子有了出息，老父臉上自然有光。賀楚卿一高興，便帶著兒子去君山遊覽。

洞庭湖裡一青螺——君山島

　　君山，位於岳陽市境內，系洞庭湖中一小島，與岳陽樓遙遙相望，是一座面積不足100公頃的小島。君山原名洞庭山，傳說「洞庭山浮於水上，其下有金堂數百間，玉女居之，四時聞金石絲竹之聲，響徹於山頂」，後因舜帝的兩個妃子娥皇、女英葬於此，屈原在《九歌》中稱之為湘君和湘夫人，故後人將此山改名為君山。

　　賀衷寒和父親乘著一葉扁舟，蕩槳在洞庭煙波間，放眼望去，這雲夢水澤的巴楚聖地，千里湘江滔滔北去，萬里長江滾滾東流，白鶴雲間啼，彩蝶花間飛，千帆競渡，百舸爭流，一派王者之氣。湖邊的岳陽樓，這四柱三層的江南名樓，飛簷陡頂，簷牙雕琢，金碧輝煌，恰似一隻淩空欲飛的鯤鵬，銜著一池碧水。賀衷寒心裡默誦著《岳陽樓記》，感受著范仲淹胸中的豪邁氣勢與「先天下之憂而憂，後天下之樂而樂」的情懷。那鏗鏘的文字，激起了男兒的血性豪氣。

　　扁舟向含煙滴翠的君山劃去，父子倆在烏龍尾角登上了石灘。站在湘妃祠前，賀衷寒看到了心儀已久的斑竹，那是舜帝的兩個妃子娥皇、女英的淚水飛濺在青青翠竹上留下的痕跡。賀楚卿感概地說：「那哭聲啊，驚天動地，翻江倒海，愁雲慘澹，日月無光，連秦始皇也不得不掏出九龍玉璽，在君山之巔蓋上四顆大印呢。」

　　賀衷寒聽了，興趣大增，要父親講講秦始皇君山封印的故事。

　　賀楚卿興致頗高，便娓娓道來。當年秦始皇南巡來到洞庭湖時，狂風大作，濁浪排空，船行不利。他問左右臣子：「這島上供奉的是哪路神仙？」當大臣們說供奉的是上古舜帝的兩個妃子時，秦始皇不禁勃然大怒，說兩個女人也膽敢在他面前興風作浪，於是下令三千刑徒把島上的房子樹木全部燒掉。可是，狂風

還是一樣的刮，暴雨仍照下不誤，還差點把秦始皇的龍船都掀翻了。秦始皇驚慌失措，一旁的臣子趙高就給他出了個主意，讓他拿出玉璽到島上封印，以示鎮壓，後人稱之為「封山印」。

賀楚卿父子來到君山東側，只見湖水之濱確有一塊似大印狀的青石，上刻「封山」二字，字跡清晰可辨，筆力蒼勁。旁邊還有一印鈴。賀衷寒走上前去，用手反復摩挲。

賀衷寒少有大志。秦始皇怒蓋「封山印」的故事，已經深深地烙在他的心底。後來他看到軍閥割據，國家分裂，他想起秦始皇統一六國的宏偉大業，便給自己取了個別號——君山。

1914年也是賀衷寒極悲傷的一年，他的母親在那年十二月病逝了，他才十四歲。

第二章
立志出鄉關

第1節 武昌求學

自明至清初，兩湖統稱為湖廣省。至康熙六年（1667）裁湖廣省，分設湖南、湖北兩省。由於歷史、地理上的原因，兩省在政治、經濟、文化上關係十分密切，即便在商人的稱謂上，也往往稱為湖廣商人。所以，清代湖南商人到湖北城鄉經商謀生者，不乏其人。如在漢口鎮，清朝乾隆初年湖北巡撫晏斯盛在《請設商社疏》中指出：「（漢口）戶口二十餘萬，五方雜處，百藝俱全，……鹽、當、米、木、花布、藥材六行最大，各省會館多。」在六行之中，米、木、花布、藥材等四行與湖南關係最大，且多由湖南運來。

會館是明清時期發展起來的一種工商社會組織，由客籍人士在外地建立的館舍建築。清康熙以來，山西、陝西、江西、安徽、河南、湖南等省商人和船幫在「南船北馬」的武昌陸續建立多個會館。因漢水水運發達、漢口區位優勢所賜，這一座座會館就像是沿漢江飄來的華麗樂章和燦爛明珠，蘊含著豐富多彩的歷史資訊，赫然輝煌，映照古今。

武昌湖南會館位於中山前街東端，坐北朝南，南臨前街，大門正對碼頭，後門開向後街，與江西會館、鹽業公所相對。由於

湖南會館與兩條繁華街道相接，占地面積3000多平方米。旅鄂湘人以湖南在鄂公產收入，及由湘運銷武漢及長江下游之竹木過境稅附加為經費，在武昌湖南會館設有湖南旅鄂中學。

清末張之洞主政湖北，提倡新政，開辦工、商、農各種專科學校，並選派青年出洋，確有一番改革圖強計畫。教育比較發達，對公費學生，學費與伙食費不花一分錢，還發放寒暑假回家旅費。因此湖南學子，紛紛去武昌求學。

1916年初秋，16歲的賀衷寒考取武昌湖南旅鄂中學。當時的武昌，作為辛亥革命的首義之處，新舊思想、學術在這裡碰撞激蕩，加之「九省通衢」的便利，吸引了不少青年學子來鄂求學。祁陽人蔣伏生也考入該校，後來與賀衷寒一起報考了黃埔軍校。

來鄂求學的岳陽青年人中，除賀衷寒外，還有農家子弟劉大傑。劉大傑14歲進岳陽城一家貧民工廠學織毛巾、制陽傘，晚上到廠辦夜校補習算術、國文等課，在廠積蓄35塊銀元後，於1919年考取武昌湖南旅鄂中學，後來成為著名的翻譯家、文學家。

賀衷寒在校學習期間，由於勤奮努力，各門功課均得高分，尤以國文為佳，每次作文均由老師批示「傳觀」。同鄉許克黃在湖北省甲種農業學校讀書時，逢星期日便去旅鄂中學，在公佈欄裡看到那些「傳觀」的作文中，賀衷寒的總是擺在顯要位置。

期間，賀衷寒懷著極大的興趣讀了梁啟超的《飲冰室文集》。他在武昌城購到梁啟超著的一套16本線裝書，如獲至寶，日夜閱讀，梁啟超提出的富國強兵的思想對他影響很深。

戊戌變法失敗後，梁啟超流亡到日本，並旅居日本達14年之久，當時正值日本社會蒸蒸日上，全民崇尚「武士道精神」，欣欣向榮的日本與每況愈下的晚清中國形成了強烈的反差，這使客居異鄉的梁啟超無限感慨，渴望祖國強大的愛國主義情懷促使他

不斷思考。梁啟超在《飲冰室文集》中總結了日本由弱變強的經驗：我東鄰日本，其人數僅當我十分之一耳，然其人剽疾輕死，日取其所謂武士道大和之魂者，發揮而光大。……且庚子之役，其軍隊之勇銳，戰功之強力，且冠絕聯軍，彼日本區區三島，興立僅三十年，顧乃能一戰勝俄，取威定霸，屹然雄立於東洋之上也，曰惟尚武之故。

　　賀衷寒被梁啟超那種憂國憂民、飲冰懷霜的情懷所打動，思想漸漸激進，對帝國主義侵略中國的行徑充滿義憤，對勞苦大眾表示出深切的同情。在一次關於中國之變革的作文中，賀衷寒寫道：「中國歷代封建王朝大多重文輕武。統治者害怕百姓身體強壯起來造反，危及自己的統治地位，歷代統治者積極宣傳『勞心者治人勞力者治於人』的封建理論，不僅輕視武人，還用種種方法禁止強身健體的活動，實行弱民弱種的政策。19世紀中期，晚清政府聽任鴉片流入中國，白銀流失，國民身體受到摧殘。列強瓜分中國，中華民族陷入了滅國滅種的危險境地。中國政府不僅要發展強大的軍事裝備，更要塑造軍人之精神，提倡全民尚武之風尚。」

　　國文老師閱讀賀衷寒的該文後，大為振奮，寫下了「條分縷析，抨擊時弊，中華之崛起指日可待」的評語。賀衷寒因喜愛讀梁啟超文章，常以天下事為己任，被同學稱為小梁啟超。

第2節　傾向革命

賀衷寒平日從不多言，頗為嚴肅，每出一言，必令人動容。他對外國在華勢力的厭惡、對國內勞動群眾的關切與同情，常常溢於言表。

一個星期天，在武昌商專讀書的同鄉胡惟君做東，約賀衷寒等人出外遊玩，同鄉許克黃、劉炳黎、蔣伏生也在邀請之列。他鄉遇故知，分外高興。有人建議去漢口英、日、法租界，賀衷寒則大聲反對說：「看到那些洋鬼子耀武揚威的樣子，我討厭極了。他們憑什麼在我中華大地上橫行霸道。」友人紛紛點頭表示憤慨。於是，漢口之遊作罷，改遊漢陽龜山。

路過漢陽街頭，只見十幾個苦力，肩挑重擔，汗流浹背，喊著口號，艱難行進。賀衷寒不由得停下腳步，感慨地說：「這種以人當牛馬的運輸方式，何日才能改為機械運輸！」那時候的漢陽街頭，還看不到一輛汽車。

龜山風景區在歷史上就是有名的遊覽勝地。從山的東麓拾級而上，順山脊行百餘步就踏進瞭望江亭，這裡是觀賞長江的最佳這處。名勝古跡可謂琳琅滿目，山頂有禹王宮、月樹亭、龍祥寺等；山南有太平興國寺、桂月亭狀元石等；山北有關王廟、藏馬洞、磨刀石等。另外還有三國魯肅墓。古琴台位於龜山西麓、月湖東畔，又名伯牙台，是為紀念伯牙與子期「高山流水遇知音」的故事而修建的，始建於北宋。琴台主殿前的漢白玉方型石台相傳就是伯牙撫琴處。晴川閣在龜山腳下，與黃鶴樓遙遙相對，始建於明嘉靖年間（西元1522-1567年），取唐代詩人崔顥登黃鶴樓寫下的詩句「晴川歷歷漢陽樹」中的「晴川」二字命名。龜山是

俯瞰武漢三鎮景色的最佳去處，一行人興致勃勃，爬上山頂，但見長江煙波浩渺，白帆點點，令人心曠神怡。幾個年輕人雅興大發，許克黃推搡著賀衷寒，「君山兄，如此美景，豈得無詩？君山兄，來一首吧。」

賀衷寒少年心性，當仁不讓，沉吟片刻，當即填詞一首《庚夕令·遊龜山有感》：

「形勝據南堂，憑高瞰武昌。把江天懸掛樓傍。萬里風光皆入眼，多變化，有文意。子弟聚湖湘，誰雲盡楚狂。作前賢桃李門牆。樂後憂先循大道，逢際會，挽危忘。」

劉炳黎拊掌大笑，「好個樂後憂先，君山賢弟文采了得，有此情懷，循大道之日定當不遠矣。」

胡惟君、蔣伏生也一旁打趣地說，「劉兄平時也做得好文章，何不來一首？」

劉炳黎連連擺手，「眼前有景道不得，君山題詩在上頭！」

一行人哈哈大笑，盡興而去。

民國初期，董必武從日本留學歸國後，在湖北武漢地區從事教育工作，和張國恩等人一起創辦了私立武漢中學。董必武十分重視學生的思想教育，自編了一套弘揚愛國主義、提倡革新的白話文教材，把古代愛國詩歌《離騷》、《苛政猛於虎》、《木蘭辭》、《論衡》等編入教材，培養學生憂國憂民的思想。同時他還積極向學生介紹國外新思想，推介了挪威劇作家易卜生和日本社會主義先驅山川均的文章。他在給友人的一封信中寫道：「入民國以來，更覺有一驚心動魄之像，觸於眼簾，即市井蕭條，民氣沮喪，沉鬱慘澹……以此為基，而建國其上，喻以累卵，尤覺不切。」

董必武除在武漢中學任教外，還在湖北省立女師、省立一師、湖南旅鄂中學等校兼課。他的課通俗貼切，富有激情，賀衷寒是他的忠實聽眾之一。有一次，董必武在課堂上做了一首詩：武漢三鎮傍長江，今古奇聞用船裝。喪權辱國不知恥，滿目街頭一個洋。

通過這首詩，他與學生們談鴉片戰爭，談八國聯軍對中國的入侵，還談到軍閥們為了爭權奪利，不惜出賣國家主權，殘害百姓。董必武在學生中大聲疾呼：「現在的社會生病了，傳統的觀念、道德、方法都要改變了，中國必須走十月革命的道路，搞俄國的馬克思主義。中國要打倒列強、除軍閥、建立民主制度，要採取一種能喚醒群眾、接近群眾的方法。」

在董必武的影響下，賀衷寒初步接受了馬克思主義學說，積極投身到社會革命實踐的洪流中。他積極參加了反對與日本政府簽訂「二十一條」的鬥爭，曾慷慨激昂地站在桌上講演，痛斥袁世凱的倒行逆施和賣國求榮。1919年，巴黎和會處理中國「山東問題」，偏袒日本，導致國人憤慨，爆發了五四愛國運動，號召群眾「內除國賊，外抗強權」。全國各地紛紛響應，漢口地區積極性高漲。當時賀衷寒正在中學就讀，由於他在校內表現優秀，被推選為學生代表，參加各項集會，極大地擴展了他的視野。李大釗等人在北京創辦了社會主義研究會（後更名為馬克思主義研究會），董必武、陳潭秋、包惠僧等人在武昌成立分會，桴鼓相應，廣收會員，賀衷寒被吸收入會。他義無反顧地投身到這場偉大的反帝愛國洪流中。

1920年秋，董必武和陳潭秋在武漢成立了共產主義小組，組建了馬克思主義研究會，並且把平民夜校識字班辦進了紗廠、煙廠、兵工廠。哪裡有工人，哪裡就有共產主義小組活動的身影。

董必武還把武漢中學的進步青年組織起來，成立了武昌社會主義青年團，後又在中華大學、武昌高師、湖北一師、女師、高師附小、湖南旅鄂中學等成立團組織，組織進步學生參加研究會，宣傳馬克思主義。

「五四」運動如火如荼，青年賀衷寒走出了書齋，走到街頭，走向群眾，去參與反帝、反軍閥的示威遊行。由於他能說善辯，又有很強的組織能力，被當選為武昌湖南旅鄂中學的學生代表。

1920年，賀衷寒加入了社會主義青年團。適逢蘇聯召開遠東民族會議，賀衷寒旋即被選為東方勞工代表，準備去世界第一個社會主義國家——蘇聯參加會議。

第3節 去蘇聯看看

蘇聯，這個地球上的第一個社會主義國家，散發著巨大的神秘感。

正處在內憂外患、前途未蔔的中國，迫切需要參照他國的成功經驗。蘇聯十月革命的成功，驚醒了一批批的中國志士。「去蘇聯看看！」或許可以找到中國未來的道路。況且，蘇聯對中國確有親善的表示，自動廢除不平等條約，退回租借地。因此，許多中國青年對蘇聯存有親切之感。

現在，蘇聯革命領袖列寧發出了熱忱的邀請，當選為代表的賀衷寒決心踏上西伯利亞的征途。然而，從中國的南方到歐洲的莫斯科，這八千多公里的行程，千山萬水，困難重重，也不是光憑一腔熱血就可以跨越的。雖說沿途一切均有蘇聯大使館照顧，但服裝費以及個人費用等仍需自備。

賀衷寒躊躇再三，回到了湖南老家賀耕九屋場。這時，賀衷寒的大哥賀煦庭已自立門戶，在家務農；二哥賀醒漢在忠信高小任教，也已經成家。兒子能夠走出國門增長見識當然是一件好事，但賀楚卿的家境已經大不如前。他為二個兒子操辦婚事，加之這些年為賀衷寒送讀的花費，在農村足以將一個家庭掏空。

賀衷寒看到家裡的境況，就不好再說去莫斯科的事兒了。次日一早，他就扛一把鋤頭，背一個簍子，出門挖團魚去了。經過賀紹武家門口，賀衷寒地喊了一聲：「紹叔！」

「喔，衷漢，你回來了啦！」族長賀紹武每次看見賀衷寒，總喜歡問這問那。在他的眼裡，賀衷寒是賀氏宗族裡最有出息的青年。

「這次回來了還走不？」

「走是想走，上面安排我去蘇俄開會、學習，恐怕有大半年時間呢。」

「到外國去長見識好呀，這是我們賀耕九屋場的光榮啊！」

「可是，紹叔，這需要一筆錢呢。我也許去不成了。」

「這個好辦，要你父親今晚上到我家吃飯，大家商議一下。」

族長相請，賀楚卿自然要去的。三杯酒下肚，賀紹武滿臉通紅，他快人快語，直奔主題：「老弟，要我說這四鄰八鄉地方上的能人，只有忠漢，你可不要錯過機會啊。」

「可是──」賀楚卿直歎氣。

「你家裡請了兩個長工，怎麼沒有錢？有錢難買子孫賢，你可不要後悔。」賀紹武毫不客氣地打斷了他的話。

「哎，承蒙老哥看得起，忠漢是我的兒子，我還不巴望他出人頭地？可是這家裡吃飯的人多，我手裡實在拿不出這麼多錢哪。」

「這好辦，你打個條子，到祠堂裡先借著。我賀耕九屋場幾百口人，還怕供不起一個賀忠漢！」賀紹武豪氣沖天，彷彿在祠堂的主神位上，老祖宗賀耕九在為他暗中打氣。

就這樣，賀楚卿從祠堂裡借出一筆錢，解決了賀衷寒奔赴蘇俄的費用。

賀衷寒發跡後，第一件事情就是如數奉還祠堂欠款。每次回鄉，對恩人賀紹武都是噓寒問暖，關懷備至。當然，這已是後話。

賀衷寒籌措到了出國資金後，返回了武漢，準備行程。他找到漢口一家衣店：「師傅，我想買二套西服，舊的。」

老裁縫在昏暗的屋裡抬起頭，上下打量一番：「小夥子，趕時髦呀，還是結婚用？」

「師傅莫取笑，要不是出遠門，誰穿這個啊。」賀衷寒道。

「遠門？哪裡啊，莫不是出國？」老裁縫漫不經心地問。

「是呢，去蘇聯開會，八千多公里呢。」

老裁縫驚訝地瞪大了眼睛，看著眼前的這個學生伢子，連聲誇獎：「不錯，年輕人有志氣，我這裡有二套毛料西服，厚實，不賺你的錢了，按成本價給你。」

1921年春，賀衷寒在組織的安排下，先赴上海，進入「外國語補習學校」學習俄語。實際上，這個補習學校的代號，就是SY（即社會主義青年團）。

賀衷寒外國語學校學習了大半年的俄文。在這裡，他結識了很多中共方面的早期領導人，同年10月，作為武漢記者代表參加中國代表團赴莫斯科，出席遠東各國共產黨及民族解放團體的第一次代表大會。

去蘇聯的行程，共有三條路線。一為從哈爾濱轉中東鐵路；二為轉道歐洲去莫斯科，但路途太遠，旅費太貴；三為從上海搭蘇聯貨輪到符拉迪沃斯托克，再改走陸路。

出席大會的中國代表團有44人，團長為共產黨中央指定的張國燾。共產黨中央給張國燾的任務是：向共產國際彙報中國共產黨的工作，聽取共產國際的指示並研究蘇俄及其他各國的革命經驗。代表當中，有中國共產黨與中國社會主義青年團的代表，也有中國國民黨的代表；有工人、農民、知識份子的代表，也有城市中、小資產階級的代表；有學生、文化團體的代表，也有婦女團體的代表；有來自上海、天津、廣州、太原、漢口、杭州、唐山、山東、湖南、安徽、廣東、浙江等省市的代表，也有新聞記者和留學生的代表。

在這些代表中，有任弼時、羅亦農、肖勁光、瞿秋白、張太

雷、張秋白等人，不少人後來成為了影響中國歷史命運的人物。

在團長張國燾的帶領下，代表們先從上海坐輪船到符拉迪沃斯托克。符拉迪沃斯托克歷史上曾是大清帝國的疆土，咸豐手裡割給了俄國，改名為符拉迪沃斯托克，是蘇聯東方重要的海軍軍港。西伯利亞鐵道的終點也在這裡。

符拉迪沃斯托克的貿易十分繁榮，華人約占全部人口的三分之一，華人經營的餐館、茶室、賭館、戲院、煙館等應有盡有，中國色彩十分很濃厚。賀衷寒覺得這裡除了朔風凜冽，冷得不太習慣以外，並無異鄉異樣的感覺。

第三國際負責人韋登麥在這裡接待了全體代表。一行人在符拉迪沃斯托克稍作停留後，登上了去莫斯科的火車。

第4節　傷情河山淚

　　這是一段枯寂而又漫長的行程，每人分配到的床位是雙層硬席，車外漫天飛雪，車內無取暖設備。車上沒有餐車，沒有飲水，依靠停站供應。因為缺少原煤，車頭引擎的動力依靠木材，行駛緩慢，逢站必停。

　　符拉迪沃斯托克距莫斯科還有七千四百公里。火車自符拉迪沃斯托克出發後，因為路線彎曲，地勢高低不平，以故車行甚緩，第三天才到赤塔。

　　赤塔位於貝加爾湖以東的赤塔河與音果達河匯流處，境內有山地、高原、河谷和寬廣的盆地，是西伯利亞的東部重鎮，縱貫東北三省的中東鐵路即在此接軌，彷彿一把利劍當胸插入我國東北的心臟，而刀柄就在這赤塔！

　　賀衷寒等人正在赤塔站上欣賞冰雪風光，忽然，一個持槍的士兵緊追著一位代表不放，直迫車箱，氣勢洶洶，彷彿是抓強盜似的。賀衷寒擔心出事，趕緊跟著上車。幸好赴蘇之前，賀衷寒等人在上海學習了半年俄語，查問情由，才知道這位代表曾以自備照相機在車站攝取風景，這是他們的法律所不容許的。

　　賀衷寒忙用俄語向士兵解釋，說當事人第一次到俄國來，只是拍照留影，並無他意。士兵聽完解釋後，只將膠捲沒收了事，但這位代表卻早已嚇得面無人色了。士兵下車後，張國燾從一旁鑽出來，劈頭蓋臉地將擅自照相的代表罵了一頓。

　　自赤塔西行的第三天早上，遠遠地就望見了貝加爾湖。冰封的貝爾加湖純淨、透亮，整個世界彷彿只有純淨的藍色和白色，美不勝收。貝加爾湖是一個奇跡，它存在至少2500萬年，是世界

上最大、最深的湖泊之一，被稱為「西伯利亞的藍眼睛」。

　　晌午時分，火車始近湖濱，接連穿過了幾十個山洞。這些山洞都是在湖濱岩石之下開鑿而成的。隧道雖多，但都很短，車行其中，一如游龍穿洞，蜿蜒曲折，景致絕佳。

　　火車靠站，大家一擁而下，爭相欣賞這世界第一深水的內陸大湖。雖然冰封的湖面上寒風刺骨，但大家熱血沸騰，此時早已忘記了那一刻有多冷，只知道有些事只有剎那的機會，錯過也許終將錯過！

　　一月的貝加爾湖冰封千里，湖面冰的厚度達到1米，在一片白色的廣褒冰原，充分感受到西伯利亞的冬日美景。雖然氣溫零下20多度，但其實並沒有想像中的那麼冷，一件毛衣加稍微厚點的棉襖，配上帽子、手套和圍巾，就足以禦寒。

　　在白與藍的幽光中，唯一可資憑弔的就是兀立湖濱的一座小神龕，用火磚砌成，不過數尺見方，龕內空無一物。大家對這奇特的東方式神龕充滿了興趣，紛紛猜測它的用途。眾說紛紜，莫衷一是。

　　「君山，你的學問好，說說看。」有人扯了一下賀衷寒說道。幾天前，賀衷寒在赤塔挺身而出，為代表解困，很多人已對他另眼相看。

　　賀衷寒凝視著幽藍的貝加爾湖，自言自語道：「衛律知武終不可脅，白單于。單于愈益欲降之，乃幽武，置大窖中，絕不飲食。天雨雪，武臥齧雪，與氈毛並咽之，數日不死，匈奴以為神，乃徙武北海上無人處，使牧羝，羝乳乃得歸。」

　　代表們都是活潑的年輕人，不乏飽學之士，有人附和道：「君山說得對，這裡就是漢代蘇武牧羊北海時棲身的所在。蘇武的民族氣節值得我們學習！」

　　大家在戀戀不捨的回味中上了火車，繼續前行。

　　賀衷寒半夜裡被凍醒了，哐當哐當的火車聲撞擊聲讓他無法入睡，他不知道走了多少行程，只知道離開自己的祖國是越來越遠，一種深入異國他鄉的孤獨感油然而生。西北邊境歷來就是中國與外族鬥爭的風口浪尖，賀衷寒從小就博覽群書，對這一段歷史如數家珍。他輕輕地吟哦著范仲淹的《漁家傲‧秋思》：「塞下秋來風景異，衡陽雁去無留意。四面邊聲連角起。千嶂裡，長煙落日孤城閉。濁酒一杯家萬里，燕然未勒歸無計。羌管悠悠霜滿地。人不寐，將軍白髮征夫淚。」

　　想到百年來中國丟失了那麼多的國土，賀衷寒索性爬起來，摸出紙筆，就著微弱的燈光奮筆疾書，填《漁家傲‧夜過滿洲里》一詞：

　　「去國身知邊塞異，長空月照初霜意。鐵馬棚車輕駕起，荒野裡。加鞭越境關旗閉。客問前途多少裡，回頭信答無心計。足履俄人迎接地，無法寐。傷情暗灑河山淚。」

　　伊爾庫次克以西，東方色彩逐漸淡薄而趨於消失。伊爾庫次克是西伯利亞的首府，其規模之大，工業之盛，在當時的西伯利亞區首屈一指。這從車站建築之宏偉及工廠煙囪之林立，可窺知一二。

　　蘇聯境內有幾座大橋，其中以伏爾加大橋為最長。橋的兩瑞及中間橋墩上，五步一崗，十步一哨，戒備甚為嚴密。火車過橋，必將窗門關閉，不准窺視。

　　漫長的旅程終於在某一天的下午到達了終點——莫斯科。若從上海出發之日算起，這段行程大約是一個月光景。

第5節　與張國燾不合

　　莫斯科建城於1147年，迄今已有800餘年的歷史。它是歐洲最大的城市，也是世界特大都市之一。莫斯科位於俄羅斯歐洲部分中部，伏爾加流域的上游，跨莫斯科河及其支流亞烏紮河兩岸。

　　十月革命勝利後，蘇維埃政權面臨著嚴峻的形勢：內有地主和資產階級發動叛變，外有英、法、美、日等國家的武裝干涉，蘇俄進入了艱苦的三年（1918-1920年）國內戰爭時期。但新生的蘇維埃政權，在列寧的領導下粉碎了內外勢力的進攻，鞏固和維護了十月革命的勝利成果。共產主義、列寧、托洛茨基，為黑暗的舊世界帶來了希望的光芒。共產主義的偉大理想，在世界各地的青年心中產生了巨大的震盪。

　　1922年1月21日，第一屆遠東大會在莫斯科召開。加藤、張國燾、羅易、貝拉‧庫恩等16人組成主席團，推舉列寧、托洛茨基、季諾維也夫、片山潛、史達林五人為名譽主席。

　　國際形勢報告結束後，遠東各國代表分別介紹本國情況。中國代表先後有6人在大會上發言。張秋白介紹了國民黨的現狀和孫中山先生領導的南方政府，女代表黃碧魂介紹了中國婦女運動的狀況，張國燾就中國形勢問題作了主要發言。

　　在大會上，張國燾介紹了中國無產階級、土地關係和農民狀況，以及中國革命運動的發展情況。他說：「我們這個會議有絕大的希望。自此以後，我們勞動階級必團結一致，我們各民族間必聯絡一氣。我們革資本家的命，必一舉成功。」

　　在這次代表大會上，各國代表的發言反映出他們面臨的一個共同問題：即共產黨和各民族革命政黨之間的關係問題。為了解答

這個問題，共產國際東方部主任薩發洛夫，專門作了題為《共產黨人在民族殖民地問題上的立場及其與民族革命政黨的合作》的報告。報告結合遠東各國的實際情況，系統地闡述了列寧關於民族殖民地問題的革命理論，回答了有關殖民地、半殖民地國家民族民主革命的性質、物件、任務和前途等一系列極為重要的問題。

大會的最後一項議程是通過宣言。這次代表大會的宣言，首先痛斥了帝國主義侵略中國的暴行，揭露了華盛頓會議侵略中國的陰謀，並明確指出中國和遠東各被壓迫民族當前的革命任務，是進行反對帝國主義和封建主義的民族民主革命。宣言表示：「我們要對剝削中國的中國封建軍閥宣戰，我們要對日本武人和官僚宣戰，我們要向詭詐式的美國帝國主義的貪婪的英國投機家宣戰，我們不得勝利誓不休止！」宣言號召「在共產國際的旗幟下結成遠東勞動者的牢不可破的同盟」「全世界無產者和被壓迫民族聯合起來」，並要求把這個號召「傳遍貧窮痛苦的農村，傳遍遭受奴役的莊園，傳遍工廠、學校和兵營」。

列寧十分關心「國共合作」這個關係中國革命前途的重大問題。會議期間，列寧抱病接見了參加會議的中國代表張國燾、張秋白和鄧培。接見時，他先後詢問國民黨代表張秋白和共產黨代表張國燾：中國國民黨和中國共產黨是否可以合作？表達了列寧和共產國際對中國革命的關懷，也表達了列寧和共產國際希望國共兩黨進行合作的願望。

會議期間，中國代表團團長張國燾盛氣淩人，頤指氣使，讓許多人心裡窩火。張國燾這個人向來脾氣暴躁，待人傲慢，喜歡弄權，這次出國當然也不例外。他不把自己也看作「代表」之一，而是處處以「團長」的身份自居，動輒訓人，今天罵這個，明天罵那個，要所有的代表唯他是從才心裡舒服。

　　賀衷寒這時才22歲，年輕氣盛，一次，一位代表請假外出有事，因為路徑不熟，遲到了幾分鐘，未在張國燾規定的時間裡返回駐地。就為這一點小事，張國燾借題發揮，將大家召集起來開緊急會議，大罵代表團的成員：「要不是我張國燾，你們一輩子也別想到莫斯科來，要是不服從領導，我就一個個把你們開除回去。」

　　賀衷寒騰地站了起來，當即大聲問道：「張先生，我們都是中央書記處選派來開會的，你沒有權力開除我們？」張國燾習慣了養尊處優、自以為是，一聽這話，這還了得！不禁勃然大怒，拍著桌子說：「滾！不服你就給我滾！」然後站起來抓住賀衷寒往外推，張國燾體格健壯，個頭比賀衷寒要高出不少，若論真動起手來，賀衷寒肯定要吃虧。但賀衷寒就是這樣一個血性之人，也有為大家打抱不平的意思。其他代表們連拉帶勸，又因是在異國他鄉的地盤上，張國燾一時也沒有別的辦法。他臉紅脖子粗，喘著粗氣，惡狠狠地說：「好小子，咱們走著瞧。」賀衷寒也回了一句：「離開你張國燾，會也照樣開。」

　　回國後，張國燾立即向陳獨秀告狀，終於以賀衷寒目無組織，將其開除團籍。賀衷寒對張國燾公報私仇之舉亦感到寒心。此後，賀衷寒通過在蘇聯的學習考察，回國後又經過生活的磨礪與沉浮鬥爭，最終選擇了國民黨與三民主義，走上了另一條人生道路。

第三章
奔向黃埔

第1節　返鄉成婚

　　1922年2月，代表團取道西伯利亞平原回到中國。賀衷寒梳理近半年來的學習、考察心得，不由得感慨萬千。

　　中國一向以「中華文化，源遠流長」而傲視環宇，因而產生出天朝文化中心論的驕傲和優越感。最明顯的一個事實，我們祖先把國名定為中國，自許為宇宙的中心，它的周圍則是蠻夷之邦，化外之民。

　　不錯，幾千年的中國歷史，確實有過燦爛輝煌。絲綢之路，首啟外貿之端。唐代萬邦來朝，東鄰日本甚至派遣大量留學生，乘風破浪到長安求學。歷史是一面鏡子，同樣也是一個沉重的包袱。自視甚高的結果是適應性比較差，對待外來文化均采鄙夷拒絕的態度。

　　鴉片戰爭以後，大清帝國的天朝面具拆穿了，國人為祖先們的驕傲和偏見付出了巨大的代價。繼外侮日甚，有識之士覺醒到「非堅甲利兵，不足以保中華於不墜」。以張之洞為首的士大夫們，喊出了「中學為體，西學為用」的口號。晚清政府也派出青年士子出洋留學，實行洋務運動。

　　留學的目的地始則歐美，後受甲午戰敗的刺激，遂認為日本的「明治維新」值得我們效法，便改去東洋。一時間，留日的風氣取代了留英、留美的熱潮。蔣介石、閻錫山、張群等人，均選擇去日本留學，說明了當時的風向。

　　俄國十月革命成功，馬克思主義如浩浩洪水，迅速傳播。許多青年人嚮往蘇聯的社會主義，留學蘇聯頓成時尚。但從民族感情上，賀衷寒對於這位北方的近鄰並無好感，他認為北極熊的

侵略性比起大英帝國，不過五十步與百步之差。由依凡到尼古拉斯，中國所喪失的土地面積，超過歐洲許多小國的總和。其次，他認為俄羅斯民族的科技與文化不能與英美相比，少有值得效法的地方。

　　在上海，賀衷寒作了短暫的停留。黃浦江渾濁的江水依舊悠悠地流著，海關樓頂的巨鐘照常響起。各國租界林立，帝國主義的勢力有增無減。軍閥統治下的上海，並沒有什麼顯著的改變，而他由於張國燾惡人先告狀，已經被開除了團籍。

　　賀衷寒回鄉時途經武漢，昔日在武昌各校讀書的朋友許克黃、張平、劉威鳳、潘光第、胡維等人，湊份子在黃鶴樓下的一家飯館裡為他接風洗塵。對外面精彩世界無限嚮往的年輕人，都想聽聽他的講述。

　　賀衷寒說道：「經過西伯利亞鐵道沿線車站時，看到許多俄國男女討乞食物，得到一針一線也跪地叩謝；到達莫斯科及各都市時，仍然是物資缺乏，人民生活貧困，到處有乞丐、娼妓、小偷；政府對地主、資產階級、貴族進行殺戮、清算，鬥爭極為悲慘；俄國『十月革命』取得了勝利固然不錯，但人民群眾依然處於水深火熱之中，社會各種矛盾非常突出……」

　　隨後，賀衷寒回到了老家賀耕九。

　　「忠漢回來了，他到了萬里之外的俄國，坐了大洋輪、鐵火車，喝了洋墨水，與列寧稱兄道弟！」賀衷寒前腳進門，那些看到他和沒有看到他的鄉親們奔相走告，越傳越玄乎。

　　賀楚卿也沒有指望賀衷寒當多大的官。社會兵荒馬亂，老百姓有那麼一畝三分地安身立命，保本經營，就是搭幫菩薩保佑了！作為一個鄉紳，他經歷了幾十年的人生歷練，自以為洞悉了世事。

　　為了拴住兒子的心，賀楚卿為兒子說了一門親事。新娘子叫李憐影，是鄰村李應宗屋場人，秀才李松超之女。這李松超家中薄有田地，本人飽讀詩書，可惜左腿殘疾，有志難酬，於是將希望寄託在子女身上。他有李慰如、李啟如、李新如三個兒子與女兒李憐影，個個都上過幾年私塾，尤其是李憐影，天資聰穎，相貌端正，儀態優雅，挑花刺繡，無所不能。

　　賀衷寒儘管是一個新式青年，但對父親定下的這一門親事並無不從，於是，賀家歡歡喜喜地舉行了一個完全老式的婚儀。

　　「報本堂裡，燈燭輝煌，伏豬伏羊，絲竹大鳴。行禮如儀，一拜天地，二祭祖宗，三拜父母。」禮畢，鞭炮齊放，鑼鼓喧天，送入洞房。新郎賀衷寒身穿長袍，頭戴呢帽。新娘李憐影鳳冠彩裙，一如戲台上的誥命夫人。

　　凡婚慶大事，均按里中風俗，即置辦酒席請同族吃酒。這一席喜酒足足辦了四五十桌。賀楚卿家裡一連熱鬧了好幾天，待眾親百眷散去，這才這安靜下來，進入了正常的生活軌道。

第2節　反對趙恒惕

學好文武藝，貨賣帝王家。小小的賀耕九屋場栓不住年輕人的心。

賀衷寒按捺不住青春的激情與夢想，告別父母，告別新婚的妻子，前往武漢尋找發展機遇。在這裡，賀衷寒遇到了蔣伏生，老同學見面，分外高興，兩人摩拳擦掌，準備大幹一場。

賀衷寒心直口快地說：「我們要鼓吹革命，與資本家、反動軍閥作鬥爭，我們的長處是寫，乾脆辦一張報紙吧！」

說幹就幹，二人利用微薄的積蓄租了一個很偏僻的門面，掛起了「人民通訊社」的牌子，賀衷寒擔任社長，蔣伏生擔任編輯、他們寫稿、印刷、發行，忙得不亦樂乎。在這裡，賀衷寒並將自己的名字「賀忠漢」改為「賀衷寒」，衷寒的意思就是由衷覺得心寒，當時軍閥橫行霸道，社會黑暗使他感到心寒。

賀衷寒從事各種大膽的報導，經常發表評論，抨擊軍閥橫行、政治腐敗，闡揚主、自由之可貴，積極鼓吹革命。此時的賀衷寒，就像一位角鬥士，衝鋒在反帝反封鬥爭的前列。可惜，好景不長，報紙才辦了幾期就被吳佩孚下面的軍閥查封了。

「此地不留人，我們去長沙吧。」賀衷寒的提議得到蔣伏生的回應。

1922年下半年，不甘休的他們來到長沙尋找發展機會。又在坡子街租賃了二間房子，設立了「平民通訊社」，繼續為社會進步鼓與呼。

此時的湖南省省長是趙恒惕。這趙恒惕屬大器晚成之人物，小時候不會讀書，屢應童子試不取，再報考國子監生仍名落孫

山，於是心灰意冷，發誓不再進科場。後來，他考入了湖廣總督張之洞創辦的方言學堂就讀，旋即被選送赴日本留學。趙恒惕在日本加入了同盟會，並成為黃興組織的鐵血丈夫團的成員，1909年回國，後參加武昌起義，被湖北都督黎元洪任命為左翼軍司令，率湘桂聯軍參加湘軍援粵。南北議和後，趙恒惕部滯留湖南境內進退兩難。這時，正值譚延闓將原來屬於焦達峰的部隊全部清理出湘，正愁自己身邊沒有貼心的軍隊，於是一邊是要補鍋，一邊是找鍋補，兩下就一拍即合了。1920年11月下旬，趙恒惕當上了湘軍總司令、代理督軍。

趙恒惕這人似乎特別重視「程序」，凡事不弄出點「民意基礎」，他是絕不硬幹的。可對他來說，程序也好，民意也好，仍然全是為我所用，跟所謂民主精神基本是不沾邊的。對於這一點，要舉兩個例子才好說明。

第一，他逼得譚延闓不得不將湘軍總司令的位置讓給他時，卻表示出不願「私相授受」，譚延闓只好召開在長沙的各軍政要員、各機關首腦、甚至各報館、各公團聯合會議，公開讓職於他，趙恒惕這才接受下來。

第二，他趕走了譚延闓之後，又接著清洗在湘的程潛派軍人。按說這時在湖南已無人可與爭鋒，他完全可以將湘軍總司令、湖南督軍和湖南省長三職全收入囊中，可他卻不這樣做，一定要「名正言順」。他先通過省議會成立「制憲籌備處」，制定一部正式的省憲法交省議會議決，選舉湖南省長。1922年1月1日，趙恒惕正式公佈《湖南省憲法》。公佈之日，趙恒惕命人以黃紙書寫憲法全文，張貼在一個特製的亭子中，由軍警開道，用八人大轎抬著遊行市街，並開放各個衙署，任人參觀，「以示民主之意」。全省各機關團體和群眾大慶三天，各地張燈結綵，宣傳講演省憲，並向全

國各地發佈通電宣言。整個湖南政界為之沸騰。

　　這時，湖南第一紡紗廠發生工潮。黃愛與龐人銓等組織湖南勞工會，以「團結工人，改造物質的生活，增進勞工的知識，謀求工人福利」為宗旨，發動工人起來為爭取自己的權利和自由而鬥爭。這引起了毛澤東的高度重視。不久，黃愛和龐人銓在毛澤東的幫助下，由傾向無政府主義轉而信仰馬克思主義，加入了中國社會主義青年團。湖南勞工會也納入中共湖南省支部指導的工人團體之列。

　　1922年初，湖南第一紗廠工人發動大罷工，遭到了湖南當局的殘酷鎮壓，當場死亡3人，傷30人。當局又派兵包圍湖南勞工會，逮捕了黃愛和龐人銓。因他倆在工人中享有較高威望，軍閥當局未經審訊，即在次日清晨將他們慘殺在長沙瀏陽門外。黃愛被砍三刀後仍奮力高喊：「大犧牲，大成功！」

　　這個消息迅速傳遍全國，毛澤東立即在長沙舉行兩次追悼會，發行紀念特刊，迅速把湖南工人運動和群眾鬥爭推向高潮，同時還策動在上海等地進行追悼烈士、抗議暴行鬥爭。繼而引發全國各地集會遊行，各地的軍閥都感到慌張。尤其是趙恒惕惶惶不可終日，慌忙要華實公司向工人讓步，勿再起事端。

　　中國共產黨的創始人李大釗為《黃龐血記》一書寫的序言中，高度評價黃愛「是我們勞動階級的先驅」，「是為救助他的勞動界的同胞脫離資本階級的壓制而死，為他們所信仰的主義而死……他的血為我們大書特書了一個新紀元」。當時在德國留學的周恩來聽到噩耗，極為悲憤，為表達對黃愛烈士的懷念與讚頌，他寫下了題為《生離死別》的長詩，詩中一段是這麼寫的：

　　　「壯烈的死，苟且的生。

貪生怕死，何如重死輕生！

生離死別，最是難堪事。

別了，牽腸掛肚，

死了，毫無輕重，

何如作個感人的永別！

沒有耕耘，哪來收穫？

沒播革命的種子，卻盼共產花開；

夢想赤色的旗兒飄揚，

卻不用血來染他。

天下哪有這類便宜事？」

　　剛到長沙的賀衷寒，出於對工人階級的同情與新聞記者的敏感，冒著生命危險，以極大的義憤撰寫了《黃龐案之真相》一文，對趙恒惕大加抨擊，替死者鳴冤。他寫道：「朋友們，你們要知道中國軍閥的模仿性很大，湖南的趙恒惕既然大膽開其端，自然就有同樣的軍閥繼續其後，那末，我們有時走在路上，就許過來幾個大兵，把我們捉去說：『總司令要殺你』！那時，我們雖沒有犯罪，亦不免要和黃愛一樣把頭讓他殺掉。所以，現在我們為保護自己的生命安全和維持正義人道起見，對於這些萬惡的軍閥和資本家，用最大的努力，打消他們的勢力。一來為黃愛伸冤，安慰死者；二來擁護人道主義，免掉我們生命的危險。有良

長沙失業學生遊行示威

心的人快起來運動，全體勞動者結合起來呀！」

趙恒惕惱羞成怒，下令將賀衷寒逮捕入獄。

賀楚卿聞訊大驚失色，一時沒有了主意，急得團團亂轉。族長賀紹武一錘定音：「趕緊找人打點，少了錢，由祠堂出。」後經岳陽縣的兩名省議員吳確夫、袁湘傑等人具保，賀衷寒才被獲釋。賀衷寒在監獄中關了三個多月，受盡折磨，幾乎命喪囹圄。

當時的湖南省政府實施自治，儼然一個小朝廷，不經審判，亦可槍斃人。賀衷寒這次入獄、最終倖免於難，使他更加認清了中國黑暗社會的現實，更加體會到了封建軍閥的殘暴，更增強了他「改造」中國的決心。

賀衷寒出獄後，回到家鄉。親人團聚，仿如隔世，百感交集。

賀楚卿望著骨瘦如柴的兒子，長歎了一口氣，說道：「兒呀，胳膊怎麼能擰得過大腿呢，你還是在家教書吧，免得在外面惹是生非。」

賀衷寒在家裡過了一個難忘的春節。這時，他的大女兒賀妙文出生。妻子李憐影身子虛弱，但她很識大體，體恤丈夫，弄來好吃的調養他的身體。有了妻子的照顧，賀衷寒的身體很快康復了。

1923年，賀衷寒向家人一再表明自己投身「改造」中國之決心。告別父親、妻子，返回長沙，繼續從事新聞事業，擔任長沙青年服務社教務主任，並兼中學課務。不久，又被聘為武漢《大漢報》與上海《時報》特約記者，繼續用他的筆桿和嘴舌，抨擊軍閥統治，揭露社會黑暗，鼓動青年愛國，在社會上產生了較大影響。

賀衷寒表面上看來是一個自由之身，但軍閥趙恒惕的手下將他當作是一個危險分子，對他處處提防與監視。

1924年春，賀衷寒在長沙呆不下去了，便又回到武漢。賀衷

寒接到武昌一所中學的聘書，邀請其擔任國文教師。熱心社會活動、關心民眾疾苦的賀衷寒慕名加入了共產黨員惲代英開辦的「共存社」。

在沒有見面以前，賀衷寒以為惲代英是一位「翩翩佳公子」，見了面後才曉得他是深度近視眼鏡，藍布學生服，青年鞋和滿頭「怒髮」，終年不戴帽子，是一個非常樸素、毫不講究的人。賀衷寒與惲代英長談後，被他的才情與理想所吸引。

惲代英畢業於武昌中華大學，文史哲皆通，不但對中國古典文學很有造詣，而且懂英文，富有科學知識。他寫文章從不打草稿，順手拿到一張紙頭就寫，要言不繁，明白通暢，不需要多大修改，寫完就是一篇好文章。同時，惲代英又是天才的雄辯家，在講演時始終神色不變，慢條斯理，保持其一慣冷靜而詼諧的風格：有時嘲諷，有時詼諧，歷兩三個小時，講者滔滔無止境，聽者亦無倦容。

共存社中又分社員、社友。社員中有自由支配的銀錢財產應統捐入，不能捐入須向總務股經濟幹事報帳，申明理由；社員中無自由支配銀錢財產的應儘量多捐，至少每年三元；有困難的亦得申明理由減免。完全為團體服務的社員，其最低限度生活費用由團體供給。社友沒有向團體捐入銀錢財產的義務，但有選舉權，不能介紹其他人為社員或社友。

賀衷寒覺得這是一種社會改革的新模式，處在探索之中的他欣然以社友身份入社。但是，他很快發現這個社團組織嚴密，等級分明，儼然是一個國家，一般的工農子弟和小知識份子很難融入這個群體中。賀衷寒向惲代英、林育南等人提出：應該打破社員、社友界限，入社不必要設置捐錢的門檻。但這個建議遭到了他們的否決，賀衷寒忿然之下退出了共存社。

第3節　董必武指路

　　想到自己屢屢碰壁，壯志難酬，賀衷寒不禁黯然神傷。一日他一邊吃飯，一邊漫不經心地看報，一篇標題字很大的關於董必武引導青年的文章吸引了他。「哎喲！」，自言自語道：「我怎麼將董先生給忘了呢？何不去找他！」一陣衝動驅使他立即出門，夜訪董必武。

　　賀衷寒憑著記憶七拐八彎，摸到了董必武的住處。聽到敲門聲，董必武打開門一看，門外站著一個年輕人，只見他中等個兒，操著雙手，圓臉盤凍得通紅，兩顆黑眼珠透出倔強的神情。

　　賀衷寒叫了一聲「先生」。董必武像是猛然間記起了這個人，熱情地說：「原來是君山吶，快請進屋！進屋！」

　　董必武給賀衷寒泡了一杯熱茶：「來，趁熱吃，別凍壞了身子。」賀衷寒「咕咚」幾口喝下，心裡暖和多了。他像見到了自己的長輩與親人，歷數了自己和通訊社被查封的遭遇。

　　董必武感歎道：「你的遭遇我多少知道一些，一個青年學子要向舊社會開炮，不容易呀。革命是需要文武兩條戰線的，但筆桿子只能喚起民眾，說它能橫掃千軍，那是一種誇張的浪漫的說法。俗語說，秀才造反，三年不成！要打倒軍閥，推翻舊的社會制度，歸根到底還要靠軍隊，要靠武裝。你去蘇俄考察，俄國十月革命就是無產階級武裝革命。我們中國的辛亥革命不也是武裝起義嗎？光用筆桿子寫文章，把滿清王朝罵得一塌糊塗，批得體無完膚，皇帝老兒也決不會自動退位去當個百姓的！」

　　「先生所言極是，但我目前究竟該如何辦呢？」賀衷寒懇切地問道。

「國民革命不僅需要文化運動、工人運動，尚須軍人運動。中山先生提出以俄為師，現在在廣州大本營黃埔島上創辦陸軍軍官學校，正在招收新生，你是個有為青年，何不去投考呢？」

「我的志向與長處在文，先生，你能不能介紹我去大本營的宣傳部門覓一差事？」賀衷寒顯得有點無奈，小心翼翼地提出了這個要求。

「現在廣州已聚集了許多像你這樣的熱血青年。可以預料，這所軍校在不久的時間內，必將造就出一批精英。」

「可我對軍事一竅不通。」

「凡事皆學而知之，哪有生而知之？何況軍校課程設計是三分軍事，七分政治。憑你的基礎，大可不必擔心學業。」

「黃埔軍校在上海設有招生辦事處，你可以先赴上海參加考試。」

「好的，可是，先生，我對廣州與黃埔一無所知，先生能否為我引薦呢？」

「我可以把你的情況介紹給詹大悲與廖仲愷。」

「那就太好了！」賀衷寒轉憂為喜。

董必武一揮而就寫好一封信，交給賀衷寒，囑咐道：「你到廣州後先去找詹大悲，他是我的老鄉，現在在孫中山手下工作，是孫先生的得力助手，他會幫助你的。」

賀衷寒早就聽說過詹大悲的名字，早在1908年，詹大悲在漢口舉辦《商務報》，使《商務報》成為「湖北革命團體創辦的第一個機關報」，武昌起義爆發後，組建漢口軍政分府並被推為主任。中華民國政府期間，任孫中山大本營秘書，協助重建大元帥府，參與起草了《國民黨改組宣言》。

　　董必武又走進內室，不一會兒，手捧10塊光洋走出來：「君山，這是給你的盤纏，你明天就啟程，早些到穗，以防夜長夢多！」

　　對董必武的熱情推薦與慷慨解囊，賀衷寒著實感動不已，頓時熱淚盈眶，哽噎著說：「董先生，謝謝，盤纏不用了，我自己有，我這就收拾啟程，數日後必到廣州！」

第4節　巧遇胡宗南

賀衷寒與董必武一席交談後志向已定，決定放棄記者生活，前往投考黃埔軍校。此時，恰好賀衷寒的同鄉蔣伏生也在漢口，得知賀衷寒心意，遂一同前往。

賀衷寒與蔣伏生結伴而行，風塵僕僕地趕到上海，哪知黃埔軍校招生考期已過。賀衷寒失望之餘決定兼程赴粵，一刻也不想停留，倆人幸運地購得日輪嵩山丸船票。

這時候的上海灘，是外國冒險家的樂園，美女、香車、電影、雜耍、魔術，在霓虹燈的映照下，光怪陸離，充滿新鮮與刺激。但這時的賀衷寒懷著滿腔熱血，他於大上海只是一個匆匆過客，他的心早已經飛到了數千里之外的珠江。

不料，當他們抵達黃浦江碼頭時，船已起碇，離開碼頭十餘丈。賀衷寒急忙雇了一隻小舢板緊追該船，不停地催促著船夫快點快點。船邊浪花四濺，打濕了他的衣裳。眼看著小舢板靠近嵩山丸輪船，船上一青年向他招手，賀衷寒急忙揮手相答。只見他騰身一躍，翻身攀上船檻，船上青年亦伸手相援，賀衷寒與蔣伏生得以登上甲板。

上得船來，賀衷寒長舒了一口氣，這才看清船上青年的模樣。對方二十七八歲的年紀，個子不高，皮膚白淨，高鼻樑，厚嘴唇，濃眉下閃爍著一雙大眼，一看就是一個有內涵的人。

賀衷寒連忙拱手致謝：「請問先生尊姓大名？」

那位青年拱手回禮：「在下姓胡，名宗南。」

賀衷寒見對方彬彬有禮，甚為歡喜，經過一番攀談，意外得知胡宗南也是去廣州投考黃埔軍校的，親近之感不覺又進一

層。此乃賀衷寒、胡宗南相見之始，因彼此意志相投，日後便情同手足，私交甚深。又因賀衷寒擅長於「文」，胡宗南擅長於「武」，故後來在國民黨黃埔系中曾流傳「文有賀衷寒，武有胡宗南」之說。

海面風浪很大，船隻顛簸起伏，賀衷寒感覺一陣陣頭昏目眩。幸而有胡宗南作伴，倆人說說笑笑，時而談論時局，時而憧憬未來。交談中，賀衷寒進一步瞭解了胡宗南的身世。

胡宗南是浙江鎮海人，1896年出生於浙江鎮海的一個貧寒人家。他三歲時隨父遷居於浙西孝豐縣城西鶴鹿溪，中學時受親戚資助就讀於湖州中學。畢業後，胡宗南在孝豐縣立高等小學任國文、歷史、地理教員，做了幾年的小學教員。期間，胡宗南暗戀上了城內大戶梅家漂亮的二小姐，便央求熟人牽線，終於如願以償抱得美人歸。

梅家二小姐嫁過來後，胡宗南每天守著美貌的新婚妻子，過了一個甜蜜的暑假。轉眼間，暑假結束了，胡宗南戀戀不捨地離開梅氏，回城去教書。

後來梅氏病故，胡宗南的第一段婚姻也結束了。

1923年，因競爭校長失利，胡宗南來到了上海，在朋友家開的毛竹行做店員，屬於半無產階級。適值黃埔軍校招生，胡宗南毅然投筆從戎，到廣東投考。

不覺間，嵩山丸號已航行了一個多星期。這一天，遇到大風浪，加之該船需要到汕頭裝卸貨物，於是在汕頭停泊了三晝夜。

賀衷寒恨不得插上翅膀飛進廣州城。他心潮澎湃，浮想聯翩，詩興大發，便填了一首《浪淘沙·赴粵途中》，以紀其事：

「異地問前程，無限心情，清明時節我南行。舟次汕頭三日夜，一水盈盈。何處是羊城，山嶂雲橫，倩人指點未分明。我欲

乘風飛渡海，罷卻長征。」

　　寫畢，賀衷寒拍著欄杆，正在淺唱低吟，不料身後傳來一陣喝彩聲：「好詞，好詞！」

　　不知何時，胡宗南站到了他的身邊：「巧笑倩兮，美目盼兮。君山賢弟莫不是思念家中賢妻？」

　　「壽山兄，見笑了。」賀衷寒搓著手，臉色莊重地說道，「我和兄此去投身革命，但求改造舊社會，打破舊世界，豈能以家中妻兒為念！」

　　胡宗南也收斂笑容，嚴肅地說：「此詩清新豪邁，足見賢弟胸有大志，意志堅定，令人敬佩。國難當頭，何以家為？我等此去，定要幹出一番事業，方不負國家和百姓！」

　　倆人相視而笑。

賀衷寒與胡宗南

第5節　考入黃埔

　　初到廣州，人生地疏，賀衷寒、蔣伏生、胡宗南時相過從。胡宗南在上海初試時已經錄取，而賀衷寒、蔣伏生倆人名都沒有報。

　　蔣伏生急得直跳腳，賀衷寒倒顯得不急不忙，他心裡有數，懷裡還揣著董必武先生的推薦信呢。

　　這一天，蔣伏生約賀衷寒上街，在十字路口看到了一張宣傳單，原來是《陸軍軍官學校考試委員會啟示》，倆人饒有興趣地走上前去閱讀，其大意是：「本會各職員接獲各方同志友好推薦要錄之函件甚多，稍有徇私，不特無以示大公，亦違本會組織之本旨，與五權憲法中考試權獨立之精神相抵牾……」

　　「怎麼辦，怎麼辦？董必武先生的推薦信沒有用了！」不過，這賀衷寒還是沉得住氣：「我們老家不是有一句戲文『學好文武藝，貨售帝王家』嗎？要有出頭之日，走，我們現在就去找詹大悲先生！」

　　二人一路步行到東山，廣州是民主革命的發祥地，地處廣州市中心的東山（現為越秀區）則是廣州民主革命的搖籃，反帝反封的硝煙與熱血在這裡揮灑。

　　東山區的小別墅被稱為「東山花園洋房」，在新河浦、龜崗一帶，高高低低的洋房有五六百棟。1911年廣九鐵路通車後，東山交通便利、環境清幽，備受青睞。外國人、華僑和本地富商在東山擇地大建住宅。流傳甚廣的諺語「西關小姐，東山少爺」精准地注解了廣州的權貴文化，在廣州，素有「有錢住西關，有權住東山」的說法。

　　賀衷寒、蔣伏生幾經打聽，找到了週四島路35號詹大悲先生

的住所。不巧的是詹大悲有事外出。賀衷寒知道詹大悲是一個大忙人，他略一思索，提筆給詹大悲寫了一封信，細數自己從蘇聯考察回國以及決心放棄記者生活，來粵投身革命、報效國家的決心。賀衷寒將自己寫的信和董必武先生的推薦信，交給了詹大悲先生的家人。

沒有找到詹大悲，二人年輕人未免悶悶不樂。

「這一趟不能白跑，伏生，我帶你去附近的一個好地方。」賀衷寒說道。

「這裡到處是好地方，好玩的、好吃的遍地都是，問題上我們沒有錢，窮光蛋一個。」蔣伏生沮喪地說。

賀衷寒哈哈大笑，「看你說到哪去了，我說得好地方是黃花崗七十二墓園。先輩們為革命奮鬥犧牲，我們到此豈有不拜之理！」

蔣伏生眼睛一亮，「要得，心誠則靈，也許先烈們會助我們一臂之力。」

二人興沖沖地朝陵園方向走去。

二人輕輕走入墓道，拾級而上。烈士墓構築在崗陵之上，居於墓台當中，紀功坊峙立墓後。墓道兩旁蒼松翠柏，烘托出滿園黃花輝映碧血的莊嚴肅穆氣氛。南墓道為碑林，鐫刻有「自由魂」、「精神不死」等碑文，字字語重千鈞。兩條3米多高的連州青石透雕龍柱，夾道相對。

巍峨的正門為高13米的牌坊，上面鐫刻著孫中山先生親筆題詞「浩氣長存」四個大字。園內有墓亭、陵墓、紀功坊、記功碑等。記功碑上刻有歷史緣由和烈士英名，頂部是高舉火炬的石雕自由神像。崗陵上安放著七十二烈士之墓，墓後的紀功坊上屹立著自由女神像，墓旁孫中山先生手植樹蒼勁挺拔。

二人在紀功坊前停下來。賀衷寒佇立良久，右手輕輕地摩挲著

一個個滾燙的名字：喻培倫、秦炳、林覺民……，不覺淚眼婆娑。

「君山兄，你怎麼啦？」蔣伏生關切地問。

「烈士不死，革命精神不死，孫先生寫的《黃花崗七十二烈士事略》，可謂驚天地泣鬼神也！」賀衷寒抬起頭，目光炯炯，脫口而出：

「……然是役也，碧血橫飛，浩氣四塞，草木為之含悲，風雲因而變色。全國久蟄之人心，乃大興奮。怨憤所積，如怒濤排壑，不可遏抑，不半載而武昌之革命以成。則斯役之價值，直可驚天地，泣鬼神，與武昌革命之役並壽。……倘國人皆以先烈之犧牲精神為國奮鬥，助余完成此重大之責任，實現吾人理想之真正中華民國，則此一部開國血史，可傳而不朽。否則不能繼述先烈遺志且光大之，而徒感慨於其遺事，斯誠後死者之羞也！……」

「我願意以七十二烈士為榜樣，建設自由平等富強之中國，犧牲性命，在所不惜。」賀衷寒堅定地說。

「君山兄果然是志向遠大，不同凡響！」蔣伏生感佩說道。

詹大悲收到賀衷寒的信，為賀衷寒從軍的決心、精彩的文筆所打動，立即將信轉交給廖仲愷，懇請他特殊關照。廖仲愷當時負責黃埔軍校的籌備工作，閱信後當即同意賀衷寒、蔣伏生與初試錄取生一同參加複試。

賀衷寒等人順利地通過了筆試，闖過了第一關。

接下來是面試，由廖仲愷主考，親自把關。考生們依次排隊等候，賀衷寒在筆試中取得了優秀的成績，對於面試，他同樣信心滿滿。

考生走出考室，有人躊躇滿志，有人滿頭大汗。胡宗南從賀衷寒旁邊走過去，朝賀衷寒比劃了一下自己的個子。原來，胡宗南參加複試時，主考官見他的個子矮，不願意錄取他。胡宗南

一著急，脫口而出：「你們憑什麼以貌取人？拿破崙個子矮小，孫先生個子也矮小嘛！」主考官見他言談機智，微微點頭。終於輪到了賀衷寒，他邁著均勻的步伐走進去，大喊了一聲「報告！」，在長凳子上規規矩矩坐下，目不斜視地盯著考官。

考官在詢問過一般內容後，問賀衷寒：「青年軍人與軍閥有什麼區別？」

賀衷寒低頭沉思片刻，答道：

「帝國主義者只是利用他們的工具——軍閥來製造中國的內亂，軍閥同樣利用他們的工具——軍隊來擴充自己的勢力。中國的禍亂，完全是軍閥造成的，軍閥用他們的大炮來殺人放火，搶奪地盤；軍閥用他們的大炮來保護自己的利益——包括洋房與小老婆。」

「大家都知道，以前的中國的禍亂，的確是軍閥們造成的。但是，我們更加明白青年軍人是最容易感覺自身的痛苦，是最富於抵抗環境的，是最善於打破惡魔的壓迫的。只有軍閥才是青年軍人的大敵，也只有青年軍人才能夠打倒軍閥！中國的政治與經濟，人民的生活與和平，才有希望與保障！」

賀衷寒越說越激動，四肢舒展開來，像拿著一支筆，力掃千軍，將查封他的通訊社、抓捕他進監獄的反動軍閥，統統掃進歷史的垃圾堆。

考官在賀衷寒的名字下面打下了一個端正的五角星。主考官廖仲愷也為賀衷寒激烈的言辭所打動，頻頻點頭。

數日後，第一期學生入學考試放榜。正取生350名，備取生100名。賀衷寒、蔣伏生、胡宗南同時被錄取。賀衷寒編在黃埔軍校第一期第一大隊，湖南人宋希濂也編在第一大隊，胡宗南、蔣伏生則編在第二大隊。

賀衷寒、胡宗南等人領到新發的灰布軍裝、軍帽、皮腰帶。兩人裝扮一番，抬頭挺胸，精神抖擻，你看我，我看你，不由得咧開嘴笑了。

這黃埔軍校建於四面環水的黃埔島上。校本部建築原是清末陸軍小學堂，籌辦軍校時略加修葺，並在門前增建歐式大門，上懸校名。其四進三路、回廊相通的兩層樓房，總共有一萬多平米，為軍校各部辦公、授課和師生活動的主要場所。

1924年5月5日，賀衷寒等人到達了黃埔軍官學校。未進校門，一眼就看到了大門兩邊所題寫的八個大字：「先烈之血，英雄之花」。進入第二進大廳，又是八個大字：「承前啟後，繼往開來」。當時的黃埔軍官學校，類似這樣的標語有十數副之多，賀衷寒感到深深的震撼。

多年後，賀衷寒還在回憶文章中發表感慨：「把國民革命的歷史，與三民主義的信仰結合起來，教育青年幹部，使他們在精神上和思想上武裝起來，創立為三民主義而奮鬥的革命軍，並使用各種方式及方法來宣傳主義，藉以激勵士氣，喚起民眾，擊敗敵人，推進革命，以期早日完成國家的統一、獨立與自由平等的目標，宣傳主義的方式與方法是多種的、不定型的、主動的、攻勢的，有時且是行動的、事實的，或直接或間接，或有形或無形，務必使全國同胞易於瞭解與接受，樂於信仰與奉行。」

黃埔軍校的校址是孫中山先生親自選定的，這主要是從安全角度考慮。因為當時的大小軍閥隨時發山大王脾氣，弄不好就會突然襲擊軍校。這個四面環水的黃埔島，的確是個進可攻退可守的好地方。

黃埔島位於廣州市中心約20公里的東郊，是長洲要塞所在地，一直是防衛廣州海路的要衝。清政府設廣東海關黃埔分關。

林則徐在此築長洲炮台。民國後又成立了長洲要塞司令部。駐守炮台的軍隊很特別，採取世襲制，一家人祖祖輩輩都是炮台守軍。老祖父兩眼昏花，依然認為炮台上少了自己不行，堅持當瞄準手，兒子和孫子只好去搬炮彈，好在打炮的事兒多少年都碰不到一回。平時，一家老小便在島上種菜，以賣菜為生。

1924年6月16日上午，黃埔島上到處張燈結綵，喜氣洋洋。由孫中山先生親手創立的陸軍軍官學校開學典禮即將舉行。操場前頭搭起了檯子，台正中央掛著黃埔軍校的校訓——親愛精誠，兩邊還掛著一幅對聯——養天地正氣，法古今完人。建立黃埔軍校，是孫中山先生歷經多次政治、軍事鬥爭的挫折與失敗後的必然選擇。這個日子也是由他特意選定的。這一天，正好是總統府被炮擊兩周年紀念日。

1922年6月16日，因政治理念的紛爭，孫中山總統府遭陳炯明軍隊炮轟，史稱「六一六兵變」。

陳炯明出生於廣東海豐縣一個地主書香之家，初名「捷」，中秀才後改名「炯明」。他是廣東法政學堂的第一屆學生，畢業後當選廣東諮議局議員，是清末維新運動培養出來的立憲人才。後加入孫中山創辦的同盟會，投身辛亥革命，逐漸成為粵系地方軍事首領。

辛亥革鼎之際，各省脫離清政府而獨立，「聯省自治」的聲浪播散於全國，省憲運動的潮流激蕩一時。陳炯明主政廣東期間，提出「粵人治粵」的口號，主張「廣東者，廣東人民共有之，廣東人民共治之，廣東人民共用之」，推行民選縣長、縣議員等地方自治措施，致力於把廣東建設成為「全國模範省」和「南方文化之中心」。但是，「聯省自治」的主張並不為孫中山所接納，他主張更直接的武裝革命，即依靠武力實現南北統一。

1920年12月，孫中山在與《廣州新民國報》記者的談話中說：「余生平酷愛革命，昔以革命創造國家，今以革命改造國家。余信革命為救國不二法門，舍此實無良策。」

孫、陳二人由同志變仇讎，孫中山避難海上，遂痛下決心，以俄為師，建立忠於自己的黨軍。中國「列寧式革命」的進程由此發端。蔣介石千里赴難，而得賞識重用，出任軍校校長，逐漸踏上了中國軍政權力的巔峰。

孫、陳二人的分裂，深刻影響了而後歷史的走向。黃埔建校不到一年，蔣介石即率黨軍東征討伐陳炯明。陳炯明兵敗下野，隱居香港，但他仍頑固地堅持其政治理念，甚至還對孫中山的訓政、三民主義等學說提出更為激烈的批判。他在《中國統一芻議》中說：「夫一黨專政，實與民主政治根本不能相容，稍有民治思想，決不涉此妄念。若震驚蘇俄專政之成功，則歷史帝王之專政，何嘗非絕大成功……黨化教育更屬荒謬絕倫。蓋黨者不過團體之謂，絕無神妙之說……國民黨何故違背真理，以一黨之信仰，作宗教式之宣傳，尚為未足……三民主義及其發表之政綱，類皆東抄西襲，絕少獨立之思想。」

有趣的是，孫中山先生逝世後，陳炯明得知噩耗後發來一副輓聯：「唯英雄能活人殺人，功首罪魁，自有千秋青史在；與故交曾一戰再戰，私情公義，全憑一寸赤心知。」聯語文字爽利，態度磊落，顯示出一代梟雄本色。但此聯一出，立刻引起了國民黨人的不滿。邵力子認為陳的這副輓聯是詆毀孫中山，美化個人，把他對孫中山的背叛，輕描淡寫為彼此內心才知曉的「故交」與「私情」。於是，邵力子把下聯中的「一戰再戰」改為「一叛再叛」，「赤心」也改為了「黑心」。1933年，陳炯明淒涼病逝於香港，蔣介石也頗表同情，送去撫慰金三千元。

第6節　參加典禮

1924年6月16日，廣州軍界各位要人起了個大早。

孫中山坐軍艦由珠江口駛向黃埔島，出席黃埔軍校開學典禮儀式。江面上波光粼粼，一輪紅日冉冉升起，黃埔島坐落在江心，活像一隻臥虎。從甲板上望去，虎門要塞像兩顆虎牙寒光凜凜。過了虎門，水道狹窄起來，長洲要塞──黃埔島就在眼前，島上樹木蔥蘢，山巒起伏，地勢由北向南漸漸傾斜下去。

7時40分，孫中山抵達黃埔島。

500名從全國各地招收來的熱血青年，身著嶄新的灰軍裝，列著整齊的隊伍，整隊進入操場。

舉行隆重的閱兵儀式後，上午9時30分，一個身材不高的大人物登上了主席台作開學演說。他就是已為中國民主富強艱辛奮鬥近40年的孫中山先生。

站在隊伍前列的賀衷寒，挺直胸膛，睜大了眼睛，眼皮都沒眨一下。第一次近距離地接觸孫先生，賀衷寒異常激動。十多年前，他還在家鄉洞天觀讀書時，校長何雲槎就眉飛色舞地給他們講述過孫中山。「孫中山先生是中國當代偉人！」何雲槎的話深深地烙印在賀衷寒幼小的心靈裡。

這天，孫中山穿著白色的中山服，戴一頂白通帽。宋慶齡很優雅地站在孫中山旁邊，白衣黑裙，美如天仙。此時，孫中山已是身患重屙，昔日器宇飛揚的神采已大半消退，身體的虛弱使他顯得勉力支撐。然而，孫中山的這次演說很長，講了一個多小時。此後，直到逝世，再也沒有進行過這樣長時間的演說。

孫中山說：「民國革命勝利已經有13年了，可中國還是軍閥

割據，人民生活在被壓迫的困苦之中。看看中國的鄰居俄國，比中國的革命要晚了6年，可是已經徹底成功了。俄國革命和中國革命比起來，要更為艱難困苦，為什麼反倒比中國成功得快呢？原因只有一個，那就是俄國從一開始就組織了革命的軍隊，以武裝鬥爭的形式打倒了反革命的軍隊。反觀中國，一直沒有建立一支革命的軍隊，因此就無法動搖官僚軍閥的基礎。沒有革命的軍隊，中國的革命就永遠不可能成功。因此，今日建立軍官學校，就是要為將來建立一支真正的革命軍隊打基礎。

　　「在此前的革命中所依靠的軍隊，都是軍閥的私人軍隊，並沒有受到過革命的教育，不知道什麼是理想和信仰，只知道升官發財，是不可能真心擁護革命的。所以，革命每到重要關頭，這些人就會以自私自利之心取代革命的口號，掉轉槍口充當軍閥的走卒，而革命也就不可避免地遭到挫折。在今後，就是要建立一支以主義和信仰為支撐的革命軍隊，他們不存升官發財的心理，只知道救國救民，實行三民主義和五權憲法。在先前的辛亥革命中，革命黨人就是以很少的人數和武器而打勝了佔優勢的清兵。所以，革命的勝利，不在於人多人少，而在於有沒有革命志氣。」

　　孫中山先生是一位優秀的演講家，講到這裡，他稍微停頓了一下，環視全場，所有的目光都在凝視著他，一張張年輕的面孔，那樣的虔誠、那樣的充滿朝氣。孫中山慈祥而銳利的目光從一張張年輕的臉上掠過，是在檢閱他的學員，檢閱他的部隊，更像是檢閱他的將軍們。

　　最後，孫中山迅疾地掃向北方的蒼穹，拼盡全身的力氣，告誡各位黃埔學生：「革命是不尋常的事業，必然艱苦卓絕，有升官發財之心者請莫入此門。革命的目標首先是要打倒北洋軍閥，所以一定會有犧牲。革命黨的精神，就是不怕死的精神。每一個

革命者，都要有必死的信念。有了這種精神，一百個人可以打一萬個人，有一支一萬人的革命軍，就可以打倒軍閥，取得革命的勝利。」

頓時，會場上掌聲雷動，口號雀起。孫中山先生演講完畢，將黃埔軍校的校旗親自授予蔣介石。接著，由黨代表廖仲愷主持開學儀式。他身材矮小，由於激動，右邊眉毛上的那顆黑痣一跳一跳的，格外顯目。

而後，南方政府參議院總參議兼廣東省省長、有「副帥」之稱的胡漢民宣讀《總理訓詞》：「三民主義，吾黨所宗。以建民國，以進大同。諮爾多士，為民前鋒。夙夜匪懈，主義是從。矢勤矢勇，必信必忠。一心一德，貫徹始終。」

午餐時，特意加了幾個菜，有牛肉燉蘿蔔。大家胃口大開，沉浸在興奮之中。賀衷寒很快吃完了飯，離席獨自走到一棵大榕樹下，他的內心頗不平靜，孫中山先生的演講還在他的耳際縈繞。聽孫先生的演講他還是頭一次。孫先生開始說話時，沒有什麼特別使人驚奇的，但是他的演講是一步一步深入，情緒一步比一步緊張，最感痛快的時候，他的話突然收束，令人回味無窮，熱血沸騰。

黃埔軍校建校初期，被軍閥挾制的孫中山批給軍校300條槍，軍校黨代表廖仲愷到軍閥辦的兵工廠苦苦哀求才搞到30支步槍。軍閥們信奉「有槍就是王」，因此瞧不起黃埔軍校。孫中山曾在一次會議上表揚黃埔軍校，結果與會的滇系軍閥范石生很不服氣，會議一散，馬上輕蔑地斜眼看著蔣介石：「姓蔣的，你在黃埔辦什麼鳥學校？你那幾根吹火筒，幾個娃娃兵，信不信，我只派一個營就可以繳你的械！」

蔣介石受到侮辱，無可奈何，氣得臉上紅一陣，又白一陣。

　　事情很快就有了轉機。1924年10月初，蘇聯一次就秘密運來了8000支嶄新的俄式步槍（全部配有刺刀），每槍配500發子彈，直接送到黃埔島，武裝黃埔軍校。同時運來的還有10支小手槍（《黃埔軍校史料》（1924-1927），第72-73頁）。

　　據不完全統計，從1924年到1927年，蘇聯撥付給黃埔軍校辦學經費二百萬盧布，步槍二萬六千支，子彈一千二百萬發，機關槍九十挺，大炮二十四門，炮彈一千發。

　　不僅如此，蘇聯還派出了蘇軍黃埔軍校顧問團，開國元帥之一的布留赫爾元帥（化名加倫）親任團長，最初有軍事教官4人，後來增到30人，對黃埔軍校學生進行軍事示範教學和形象化教育。

　　賀衷寒在蘇聯呆過大半年，懂俄語，往往充當了臨時翻譯，深得蘇聯教官的喜愛。有了這個得天獨厚的條件，他的學習進步很快。在一次戰術訓練課上，蘇聯步兵顧問舍瓦爾金一身戎裝，站在佇列前。舍瓦爾金講道：「單兵戰術，是一門完全以複雜動作示範為主的課程，單兵戰術水準的高低，可以明顯地反映出單兵戰鬥力的水準。下面我給大家單兵示範，請注意看！」只見他拿起一支蘇式步槍，從起點開始，身姿矯健地在一百多米長的戰術訓練場上運動了幾個來回。在塵土飛揚中，他示範了各種姿勢的隱蔽前進、火力封鎖下的翻滾跳躍；運動中的舉槍射擊等動作。看到精彩處，場外的教官和學員們都忍不住熱烈地鼓掌。

　　聯俄、聯共、黃埔建校、建軍，是孫中山在晚年作出的最重要的決策，當時的蘇聯政府在人力、物力、財力上給予了很大的幫助，起到了關鍵性的影響和作用。連蔣介石自己都說：「本黨不改組，蘇俄同志不來指導我們革命的辦法，恐怕國民革命至今還不能發生。」

第7節　黃埔三杰

考入黃埔軍校在當時是件很不容易的事，為能考入這所革命軍校，很多同學都費了不少心思。如黃鰲和鄭洞國，他們兩個人是表兄弟，在考試時，鄭洞國身邊沒有中學畢業證書，便借了黃鰲的畢業證書去登記報名，考試中用的也就是黃鰲的名字。同時，黃鰲也參加考試。結果兩人都考中，又恰好都分在第2隊。所以，一旦有信件寄來，一喊黃鰲，兩個人都爭著跑上前來要信，成為當時大家逗笑的一件樂事。畢業前夕，鄭洞國才正式恢復正名，大家方知有這段趣聞。

又如周士第，籍貫本是廣東省，在登記時他擔心廣東人參加考試的人太多，不易錄取，就改填為河南省人，進校後才公開說明自己是廣東人。這些小事都反映了當時廣大熱血青年渴望進入這所典型的革命軍校的迫切心情。

關於黃埔第一期學生的編隊情況，是這樣的：

第1、第2、第3隊是硬考來的，每隊定額是120人。

第4隊是備取生和保送生合併成的一個隊，年齡和文化程度都參差不齊。

第5隊是吳鐵城的警備軍講武堂併入黃埔軍校的。第5隊併入時間很晚，規定是第2期，但在同期學習。

第6隊是程潛軍政部講武學校的學生，由於東征中急需用人，這一隊中老兵又多，有實戰經驗，併入本校後馬上開赴東征前線。事情是這樣的：在黃埔軍校建校時，廣州革命政府軍政部長程潛曾招收湖南籍學生為骨幹，建立了一個「軍政部講武堂」，陳明仁、左權、蘇文欽、蕭贊育、蔡升熙等人，即是由湖

南醴陵同登一條船來到這所學校的。軍政部講武堂的軍事教育很強，在一次由孫中山親自校閱的各大軍校比賽中，這所學校贏得了軍事比賽的第1名，黃埔軍校贏得了政治教育比賽第1名。1924年11月，程潛因奉令擔任「攻鄂軍總司令」，無暇兼顧校務，孫中山便命令將「軍政部講武堂」併入黃埔軍校。這期學生有140多人，併入黃埔軍校第一期，稱學生第6隊，人數約占黃埔第一期畢業生的四分之一。

另外，還有一個第7隊，不知什麼原因，後被取消。

學校實行軍事和政治並重的方針，對學生進行經濟、政治、歷史、主義、黨綱和政策的政治教育。學校的軍事教育科目分為學科與術科，學生上午在課堂上學科課，下午到操場進行術科操練。

每天晚上7點至9點為學生自習時間，學校專門開闢了自習室，購置了各種書籍以及出版物供學生自學參考。每個自習室可容納30多個人。同時，除軍校所發書籍外，未經准許的私置書籍不得帶入閱讀。但在學校訓令中明確規定：社會主義、共產主義、馬克思主義等書籍，學生皆可以閱讀。

軍校的學習生活是非常緊張的，少數人曾產生過學不下去了的想法，但大多數仍是咬緊牙關堅持了下來。軍校的伙食在當時應該說是相當好的，娛樂生活也很豐富，新成立的「血花劇社」編排了很多節目。曾擴情是茄子臉，長得像老太婆，每逢有老太婆的角色，也就必然由他主演。同學們背地裡叫他「老太婆」，也是句笑話而已。

黃埔軍校的辦學方針，重視理論與實踐相結合。因此，對原來當過兵的學員比較重用，一般都任命為班長等職務。賀衷寒在進入軍校前，沒有當過一天兵，但他以勤奮好學、刻苦用功著稱，學習上是一個不知疲倦的人，從不滿足。每逢星期天，黃埔

軍校有專船送學生去廣州市內遊玩。賀衷寒總是利用這一時機，趴在大通鋪上整理課堂筆記，撰寫文章。

入伍生經過一個多月的操練，學會了軍人的基本動作：立正、敬禮、集合、整齊隊伍、正步與跑步。

發槍的那一天，校長蔣介石親自訓話：「學生領了槍，就是正式的軍人，就要嚴守軍紀。槍是軍人的命根子⋯⋯我們軍人拿槍的目的，是要保護百姓與國家的⋯⋯拿了槍就要準備吃苦。本校長職級做學生在軍校的時候，一餐只吃一碗飯，三塊蘿蔔，或者是一塊鹹魚。行軍演練就更苦了，有時只允許帶一塊麵包，一壺水，要行一天一夜的軍⋯⋯」

軍校課程排得滿滿的。軍隊要求動作迅速，所以吃飯、上廁所都受到時間限制。每個人每天都緊繃著弦。生怕自己落後，被淘汰。

賀衷寒是一個特別執著的人。他認真鑽研政治和軍事理論，積極參加各種軍事操練，各項成績都名列前茅，加上他在組織社會活動中所表現出來的熱情和才能，便逐漸在黃埔軍校嶄露頭角，與蔣先雲、陳賡等人一時成為黃埔軍校的風雲人物。

這蔣先雲是湖南新田大坪塘人，字湘耘，別號巫山。1924年3月，蔣先雲以第一名的優異成績考入了黃埔軍校。在校期間品學兼優，深得校長蔣介石的器重，曾任黃埔軍校政治部秘書、蔣介石侍從秘書、北伐軍總政治部秘書。可惜英年早逝，1927年5月在河南臨潁與奉軍作戰中壯烈犧牲。

陳賡是湖南湘鄉人，早年人生履歷異常豐富，當過四年湘軍的小兵，做過鐵路局辦事員，認識中共「一大」代表毛澤東與何叔衡，1922年便加入中共組織，是年輕的「老」共產黨員。1924年1月，已經被程潛湘軍講武堂錄取的陳賡，退學轉而報考黃埔

軍校，一舉首登「龍虎榜」，被編入第一期第三隊。對陳賡個人而言，這是一次十分明智的選擇。否則，他的人生傳奇也就平淡許多。因為陳賡入校前有著中共黨員、知識份子、有實戰經驗的士兵三重身份，見多識廣，性格又詼諧幽默，因而在軍校十分活躍，敢作敢當，是同學中的模範人物。

賀衷寒、蔣先雲、陳賡三人均是湖南人，可見「惟楚有才，於斯為盛」。時人將三人並稱為「黃埔三杰」，有「蔣先雲的筆、賀衷寒的嘴、陳賡的腿」之說。

這事說來話長。蔣先雲文武全才，在黃埔軍校期間，潛心攻讀古今兵法，「學術兩科，冠於全校」，校長蔣介石「愛之如手足」，校黨代表廖仲愷認為他是「軍校中最可造就的人才」，校政治部主任周恩來說他是「軍校中的高材生」。

賀衷寒被稱為辯才，嘴頭上的功夫在黃埔學生中的確是無人能及。他有一套屢試屢勝的辯論法，把蔣介石在軍校所提倡的「禮義廉恥，信義和平」解釋得頭頭是道，因而愈加博得蔣介石的歡心。

從左至右依次為：蔣先雲、陳庚、賀衷寒

至於「陳賡的腿」一說，更有傳奇色彩。1925年10月，黃埔學生軍第二次東征時，蔣介石將陳賡的連隊調為東征軍總指揮部護衛，直接負責他的安全，足見他對陳賡才幹的器重。不久，蔣介石在華陽戰鬥失利，陳炯明的勇將林虎率部如潮湧來，蔣介石兇險萬分，陳賡用一雙飛毛腿將負傷的蔣介石背離了險境。事後，蔣介石感歎地說：「什麼是黃埔精神？陳賡就是黃埔精神。」

黃埔三杰，名不虛傳。

蔣介石也全力投入了軍校工作。他刻意在學生中樹立自己的威信。他親自檢查防疫衛生。經常在起床號音一落即巡視學員宿舍，堅持在學生食堂就餐。他不舉箸，學術不准動筷子。規定每餐只許添一次飯。對操練也十分嚴格，遇見他必須行軍禮。蔣介石每個星期都要找學生談話，幾乎所有的學生都與他單獨見過面，談過話。大有勵精圖治之意。

賀衷寒的才能引起了蔣介石的注意。蔣介石幾次與賀衷寒個別談話和察訪，漸漸地瞭解了他的不平凡經歷，認為他是黃埔軍人中不可多得的人才。

一日，賀衷寒應招來到校長辦公室。走馬樓的二樓西頭，一間普通的房子，中間一桌一椅，圍著二把籐椅，非常的簡陋。蔣介石身著軍裝、平頭，背後的衣架上掛著他的軍帽和著名的黑絨斗篷。

一見賀衷寒，蔣介石深邃的目光一直盯著，好像要看透他的五臟六腑。

賀衷寒在校長的目光注視下，渾身發燙。他緊走幾步，一個軍禮，大聲報告：「軍校第一期第一隊第一區隊學生賀衷寒前來報到。」

蔣介石的目光柔和了，說了聲：「請坐。」賀衷寒走到蔣介

石對面的，挨著籐椅坐下。

「我找你隨便談談，你不必拘束。你的軍事理論考試、操練都很不錯嘛。」蔣介石揚了揚手中的學生成績冊，滿臉微笑。

「謝謝校長栽培、誇獎。」賀衷寒挺直了腰杆，目光炯炯。二個多月的軍事訓練，賀衷寒面龐黝黑，健碩有力，頗具軍人的氣質。

「你已經是革命軍人了，我問你，你對軍校的感覺如何？」蔣介石慢條斯理。

「黃埔軍校給予我第二次生命，讓我實現打倒反動軍閥的革命理想。可惜——」賀衷寒的回答鏗鏘有力，但是欲言又止。

「可惜什麼？」蔣介石來了興致。

「可惜我們的人數太少了！」

蔣介石接過了話頭：「辛亥革命時，當時在武昌、漢口參加首義之人，總共不足300，真正的革命黨人才幾十人，兩盒子彈，一共不過50顆。就靠這50顆子彈，進攻總督衙門，趕走總督，佔領了武昌。」

「校長說得對，我一定向革命黨人學習，仿效他們救國救民的思想和革命志氣。」

「曹錕、吳佩孚算什麼？等你們學好了軍事知識，練就了過硬的本領，一定能夠將他們統統消滅！」蔣介石語氣堅定，拽緊了拳頭。

「我喜歡你這樣品學兼優的學生，你要好好幹。最近在看什麼書？」蔣介石和顏悅色地問。

「孫先生的《建國方略》、《三民主義》等。」賀衷寒回答。

「很好，我每天都要讀書看報。這部書我幾乎天天讀。」蔣介石指著桌子上的一本書《曾、胡治兵語錄》，「我先送一本

給你，以後我準備給每個學生髮一本，這是強軍治國治軍的精髓啊。」

賀衷寒接過書，鄭重地點了點頭。

黃埔軍校1924年春夏之創建時，正逢國共兩黨第一次合作期間。

在軍校裡，不分國民黨人和共產黨人，都能登台向學生作政治演講，除軍校領導人和政治教官如廖仲愷、周恩來、惲代英等外，當時的社會名人如毛澤東、劉少奇、何香凝、魯迅等也曾應邀來校演講。

其時，毛澤東擔任國民黨中宣部代理部長。

周恩來在黃埔軍校擔任政治部主任期間，開創了黃埔軍校政治工作的先河。周恩來與從黃埔走出的國民黨高級將領保持了良好的師生感情，也為其在抗日戰爭與解放戰爭中成為國共兩黨聯繫的紐帶打下堅實的基礎。

蔣介石校長注重學生的內務和整潔，經常全副武裝，一早便到學生寢室、教室檢查。他戴著白手套四處抹拭，發現不合意之處即命令「立即改正」。

蔣介石的這個習慣是從日本學來的。1910年，蔣介石在日本陸軍第13師團野炮兵團第19聯隊服役。部隊所在地高田是接近北海道新泄所管轄的村鎮，冬季天氣嚴寒，大雪紛飛。蔣介石對自己擔任日本二等兵時的生活有著深刻的體驗，他曾經回憶道：「軍隊長官檢查寢室講堂的時候，一進門，必先察看室內四角，是否整齊，再看門的背面有無灰塵，並且帶了白手套在門的橫木上擦拭，如手套沾上了塵埃，既是內務整齊尚未做到實在，必須重新做過……」

第四章
軍中歲月

第1節　移師韶關

　　孫中先生領導的國民黨經過改組後，內部基礎雖然逐漸得到鞏固，但在廣州大本營周圍，形勢並不容樂觀，仍然非常險峻。

　　一方面，反動軍閥企圖推翻廣州革命政府。廣州革命政府是孫中山在1923年春建立的，它管轄範圍不大，只限於以廣州為中心的珠江三角洲周圍的三十餘縣，而且處於反動軍閥的包圍之中，東面有陳炯明的軍隊盤踞，南面有鄧本殷、申保藩的軍隊佔領，北面有屬於直系的方本仁軍隊。這些軍隊對廣州政府都心懷惡意，虎視眈眈地想佔領廣州，推翻廣州革命政府，消滅革命勢力。

　　另一方面，廣東革命形勢發展也引起外國列強，特別是英國帝國主義的干涉和阻撓。因為「廣東接近香港，差不多什麼都受英國的支配」。廣東地區的革命化，不僅意味著它要喪失對廣東的控制權，而且亦嚴重威脅到它在香港的殖民統治，所以它千方百計要進行武裝干涉。

　　廣州商團肆行猖獗的行為，已經達到無以復加地步。但作為資產階級革命家的孫中山，由於他所代表的階級利益決定，當商團反動面目還未完全赤裸裸地暴露出來時，他不可能輕易就與之徹底決裂，動用武力進行鎮壓。然而，在沒有尋找到解決商團這一棘手問題良機之時，又不能因此而坐困廣州，於是，孫中山決定引師北伐。

　　1924年9月3日，國民黨中央政治會議召開第七次會議。孫中山、伍朝樞、瞿秋白、鮑羅廷等人出席，議決發表《北伐宣言》，將大本營移駐韶關，以「反對帝國主義」與「反對北方軍閥為號召」，進行北伐，聯合盧永祥、張作霖共抗直系。

9月4日，孫中山在廣州組建北伐軍。當日，孫中山在大元帥府召開籌備北伐會議，決定湘、贛、豫軍全部參加北伐，滇、粵軍抽調一部隨行。

9月13日，廣州大元帥府移大本營於粵北韶關。這天早晨，孫中山由廣州大本營出發，乘電船至黃沙，再轉乘火車前往韶關督師北伐。

一列火車賓士在廣州至韶關的崇山峻嶺間。在第二節車廂裡坐著孫中山及夫人宋慶齡。路邊，一些閒散的滇軍與桂軍士兵在打鬧，指著火車在惡狠狠地叫喊著。孫中山修剪得短而齊的鬍鬚抽搐了一下，不由得站起來，憑窗而立，思緒翻滾。

自去年北洋軍閥曹錕通過賄選竊取總統之位，孫中山就主張起兵討伐。無奈桂軍、滇軍盤踞廣州一帶，把持財政，不聽指揮。孫中山想乘北伐之機把他們調出廣東境內，以消除隱患。他率部赴韶關督師北伐，以胡漢民留守廣州，代行大元帥職務。

國難當頭，時局艱難。他一路上憂心忡忡。

根據孫中山先生行前提議，黃埔軍校第1期第1隊全體學員隨行列車，全程護衛孫中山先生安全抵韶。

此時的黃埔軍校，在孫中山先生極力推崇下創建興起，第1期學員從1924年5月5日新生入校，時間僅過4月餘，第1期第1隊全體學員即獲此護衛殊榮，實為黃埔軍校建校初始之重大幸事。蔣介石特派軍校教官文素松率第1隊學生，擔任護衛。黃埔軍校第1期第1隊全體學員，在教官兼隊長文素松帶領下赴韶，第1期第1隊學員有賀衷寒、徐向前、鄧文儀、王爾琢、曾擴情、宋希濂、余程萬等135名學員。當年追隨孫中山到韶關的警衛部隊還有：廣東警衛軍（軍長吳鐵城）第1團第3營的3個步兵連。

護衛車廂裡，第1隊的學生們抱槍坐在地板上。開始，他們

滿面春風，喜氣洋洋，不停地唱著校歌，後來開始互相拉歌，一群年輕的軍人的士氣也隨著嘹亮的歌聲越來越高昂。

火車猛烈地抖了一下，目的地到了。

為了便於指揮和部隊行動，以及避免造成城內食宿的困難，孫中山決定，北伐大本營不設在韶關城內，北伐軍也不准入城駐紮。

北伐大本營設在城外火車站粵漢鐵路養路處的一棟兩層小洋樓內，孫中山和北伐總司令譚延闓辦公、分別居住在一樓和二樓。由於該樓房面積有限，大本營有的處室還安排在附近河面的船上。陸續抵韶待命的北伐軍，大部分駐紮在火車站右側山崗上的數十座臨時搭建的營房裡，一部分駐紮在東河壩，還有少部分駐紮在火車站前河面的船艇上。

9月17日，吳佩孚的直系和張作霖的奉系兩大軍閥集團發生了第二次直奉戰爭。孫中山在韶關召開北伐軍旅長以上軍事會議，研究北伐計畫問題。

北伐前的黃埔學生軍

　　9月18日，孫中山認為出師北伐的時機已到，為進一步宣傳北伐，以中國國民黨的名義發表《中國國民黨北伐宣言》，明確宣告：「此戰之目的不在覆滅曹、吳，尤在曹吳覆滅之後永無同樣繼起之人，以持續反對革命之惡勢。換言之，此戰之目的，不僅僅在推倒軍閥，尤在推倒軍閥所賴以生存的帝國主義……以造就自由獨立之國家也。」

　　9月20日，孫中山在韶關南教場（今韶關市區中山公園內）舉行北伐誓師大會，並檢閱北伐部隊，會上還發表長篇演說。隨後，駐韶各軍分兩路出發。

　　這天，孫中山令粵軍總司令許崇智速調黃明堂部（粵軍第二軍）開赴韶關，又令駐石龍的滇軍司令嚴德明部撥歸湘軍總司令譚延闓節制，參加北伐。同日，孫中山令廣東工團軍、農民自衛軍赴韶關訓練，以備維護後方，並擔任後方宣傳工作。

第2節　模擬演習

9月21日，孫中山偕夫人宋慶齡，以及蘇聯顧問鮑羅廷夫婦、鮑氏男女秘書三人和大本營各部長官，黃埔軍校第1期第1隊百餘人，及鄧彥華率領的衛士隊80人，由軍需處派專人引路，從火車站大本營出發，在南門碼頭乘船前往西河壩到芙蓉山視察，隨後轉赴蓮花山及東河各高點要隘巡視防務。

在行營附近的芙蓉山上，業已建造的臨時營房，用竹子作架、茅草為頂的兩幢宿舍，一座講堂，一座飯廳及辦公室雜房等，乃是一所戰地的隨營學校，第1隊同學，親受到孫大元帥兼總理的教導，人人都感到欣慰和愉快，孫總理每週都有一次或兩次到營地巡視，有時孫夫人宋慶齡也同來，孫夫人並常派人送豬肉及水果犒勞。

「怎麼樣？」由於內心的預感，宋慶齡暗自皺了皺眉頭問。她將一杯新泡的茶遞給丈夫。

「遠不如意。」孫中山呷了口茶，擺了擺手，緩緩說道，「願意出師北伐的，只有譚延闓所部的湘軍，朱培德所部的滇軍，樊鐘秀所部的豫軍，總共不到三萬人。楊希閔的滇軍、劉震寰的桂軍，仍盤踞廣州及附近各縣，不聽調遣。我的計畫怕又要破產了。」

孫中山顫抖的聲音使宋慶齡憂慮起來，她面壁低聲做著禱告。

響起了敲門聲。

進來的是文教官和陳隊長。

孫中山揚揚手，示意他們坐下，說：「你們在附近選擇一個高地，把隊上學生分成兩部分，一部分防守，一部分攻擊，明天

上午我去觀看你們演習。」

　　他們去執行軍令。學生第一隊住在離車站約兩裡路的一所用木頭和竹子蓋成的寬敞的房屋裡，每次派四人到專車附近擔任警衛，其餘大部分時間仍從事軍事訓練。

　　孫中山感慨地對宋慶齡說：「軍閥靠不住。建國大業只有靠這支學生軍了。我要給介石寫封信，務必儘早成立黨軍，練兵一事，為今日根本之圖。」

　　午後，天氣晴和，風光明媚。教官挑選了幾個精明強幹的士兵搭上汽車，南行三十華里，護送孫中山和夫人來到六祖廟。孫中山仔細觀看了六祖盤坐圓寂的軀體，向方丈詢詢了種種情況，平生第一次清楚地、幾乎確定無疑地想到了自己死的可能性。在這個想像的廟宇裡，一切從前使他苦惱的，使他心神不定的東西，都突然被這褐色的軀體凝固了。他回首逐一望著護衛他的蔣先雲、宋希濂、賀衷寒、曾擴情等人，訥訥說道：「本黨主義的實行，希望寄託在你們身上。人總是要死的，不過要死得其所。今天看見你們有這樣吃苦耐勞，努力奮鬥的精神，定能繼續我的生命，完成我的志願，所以我這次北上，雖死也可以安心了。」

　　宋慶齡轉過臉去，偷偷用手絹拭著眼淚（不到半年之後，這些學生才恍然大悟，這位年僅59歲的偉大鬥士當時一定知道自己患了不治之症，不然不會說出這樣的話）。

　　孫總理讓文教官和陳隊長在附近選擇一個高地，把隊上學生分成兩部分，一部分防守，一部分攻擊，文教官等將地形選好，作好了攻防計畫，並叫第1隊實地演習了一次，然後去報告了孫總理。蔣先雲、徐向前、曾擴情所在的第3區隊擔任防守，一大早就來到山頂周圍挖散兵壕，佈置防禦，賀衷寒、宋希濂等人編在第1區、徐向前等人編在第2區，第1、2兩區隊擔任攻擊。

　　第二天上午9時，在群山環抱、林木蔥蘢的六祖廟附近的一座八百米高山上，擔任防守的蔣先雲等，一大早就在山頂周圍挖了許多散兵壕。孫中山和宋慶齡的轎子一到，演習便開始了。

　　這座山高約800多米。孫總理親自帶領第1期第1隊野外演習，親作作戰想定，就附近山區地形，指示前方敵情，要軍校學生實施進攻，率先向陡坡直下領頭前進，這是以身作則、以身行教、冒險進攻敵人的行動，使得全隊同學既驚奇，又佩服。中山先生年近60，仍有英勇豪邁的精神，極大的鼓舞了大家的鬥志。

　　進攻陣地響起一聲深沉的的號炮，又對空射擊了一陣子彈，演習的氣氛頓時緊張起來，空氣裡飄著硝煙味兒。賀衷寒所在區隊擔任攻擊。所有人的臉上都顯出英勇、好奇、激動的神色。灌木叢不時撕扯他們的軍衣，石頭塊在腳下磕磕碰碰，但沒有人理會。所有的目光和槍口都對準了前方。

　　孫中山從山下用望遠鏡觀看戰場。山丘上佈滿了土黃色的軍人。聽得見軍官的指揮聲，可以看見戴著大簷帽的黑壓壓的後腦勺。剛才還是寂靜的山林，頓時被軍人和硝煙湮沒了，閃光的刺刀，跳躍的士兵，震天的喊殺聲，這一切都是那麼生動、壯觀。孫中山回頭看了看宋慶齡和他的隨從，嘴角露出了難得的微笑。

　　10時半，演習完畢，隊伍集合，大家是第一次進行實彈演習，既新奇又刺激，別提多開心。賀衷寒的額頭被樹枝刮破了皮，凝固了一道血污，他用衣袖去擦汗，臉上又多了一道黑印子。蔣先雲指著他的臉哈哈大笑：「看，大花臉！」賀衷寒看了看蔣先雲，指著他的褲襠也不由得揶揄道：「你看你，褲襠都刮破了。」蔣先雲低頭一看，不知什麼時候褲襠扯破了一個口子。他自己也難為情，嘿嘿地笑起來。

　　兩隊人馬還在爭論著。宋希濂指責衝擊的隊伍沒有迂回，速

度太慢。徐向前則反駁說控制制高點的高地無人防守，趴在掩體裡是等死……

孫總理集合第1隊講話，佇列便鴉雀無聲。首先讚揚了大家演習中勇敢沉著的精神，然後說到做一個革命軍人，第一要抱有救國救民的大志，畢生為這個目的而奮鬥，要學習革命先烈的犧牲精神，革命軍要以一當十、以一當百……

回到韶關車站時，已經是下午5時。這時，傳令兵送來了蔣介石的急電：「商團武裝叛亂，廣州危在旦夕，請總理即刻班師，鞏固省垣……

在演習回營之後，同學們互相議論，都敬佩孫中山大元帥的偉大英勇，矢志師承，終身不忘。

中山先生鑒於形勢的變化，乃決定停止北伐，並準備啟程北上（北京），學生軍於10月底隨侍孫中山先生回到廣州，旋即返校。」

10月11日下午，孫中山先生再致電函蔣介石：「介石兄鑒，新到之武器，當用以練一支決死之革命軍，其兵員當向廣東之農團、工團（軍）並各省之堅心革命同志招集，用黃埔學生為骨幹，練兵場設在韶關。故望兄照前令辦理，將武器速運韶（關），以免意外，至要至要！此意請轉知鮑（羅廷）顧問，並請他向各專門家代籌妥善，計畫及招致特種兵之人才為荷。文。十月十一日。」足見孫中山先生在危難關頭仍對黃埔軍校深寄厚望。

危急形勢有了轉寰後，此時駐韶關的黃埔軍校第1期第1隊全體學員，因輟學日久，患病較多，經孫中山先生批准，決定整隊擇日離韶返穗。1924年10月12日早晨，黃埔軍校第1期第1隊在隊官文素松率領下，乘坐火車南返廣州，而後轉赴黃埔軍校本部續學，遂結束了隨侍孫中山參加北伐督師22天的難忘歷程。此次第

1期第1隊學員全程整隊、貼近護衛國父孫中山，是黃埔軍校學員首度亦屬唯一一次。

　　不料，就在孫中山施展拳腳之際，廣州後院卻起火了。

第3節　廣州平叛

　　早在1923年12月，當廣州革命政府截留粵海關關稅餘款、要求收回海關主權時，英、美、法、日、意等國為了掠奪廣東「關餘」，截斷革命政府的經濟來源，就調集軍艦二十艘，集中黃埔，進行威脅。廣州革命政府又扣留陳廉伯非法運的大批槍械時，英國於8月28日出動九艘軍艦集中到廣州白鵝潭，將炮口指向中國軍艦，進行恫嚇。與此同時，英國總領事向孫中山提出最後通牒，宣稱：「英國海軍即以全力對待」。

　　原來，匯豐銀行廣州分行買辦漢奸陳廉伯接任商團團長後，廣州商團實力不斷擴充，政治傾向日趨保守，逐步演變為與孫中山革命政府對抗的武裝力量。1924年國共合作聯合戰線建立後，陳廉伯在香港英國殖民當局支持下大肆攻擊孫中山的革命政策，煽動商民對抗革命政府。

　　1924年5月，廣州市政府公佈「統一馬路兩旁鋪業權辦法」。陳廉伯便指使商人向廣州革命政府請願，反對抽收鋪底捐，並聲稱如達不到目的，即行罷市。同時，廣州商團擅自召開廣東省商團代表會議，成立廣東省商團聯防總部，陳廉伯任總長，廣州商團還派人四出運動罷市與脅迫罷市，「迭發誣詆政府之宣言，遍貼通衢」。企圖以商團武力推倒孫中山的革命政府，另組「商人政府」。

　　英國等列強除直接武裝干涉外，還間接支持陳明炯等反動軍閥「從香港暗輸軍械給陳炯明，以香港為陳炯明陰謀密探的中心地，想顛覆廣州革命政府」；並策劃商團在革命策源地的心臟——廣州發動反革命叛亂。

　　由此可見，在強敵窺伺、列強干涉下的廣州革命政府，所面臨的形勢是非常嚴峻的，大有烏雲壓城城欲摧之勢。

　　8月9日，廣州革命政府扣留了商團私運到廣州的長短槍9000餘支，子彈300餘萬發，並揭露商團頭目陳廉伯的陰謀。陳廉伯以「扣械」事件為反對孫中山革命政府的藉口，大造反孫反共輿論。8月12日和15日，商團軍代表兩次向大元帥府請願，要求發還扣留的軍火；其後，更驅使佛山及廣州等埠商民罷市，拒收政府紙幣，拒不納稅；聯防總部遷到佛山後又命令各屬商鄉團來省作亂。

　　這一天，一向戒備森嚴、相對平靜的黃埔軍校忽然熱鬧起來，廣州商團派一干人馬來領取先前被革命軍扣押的槍械彈藥。

　　原來，孫中山赴韶關督師北伐後，又對廣州商團採取容忍態度。9月15日，陳廉伯、陳恭受通電表示擁護孫大元帥和廣州革命政府後，孫於19日令省長公署取消對兩陳的通緝令，發還其家產。後孫又令范石生、李福林等在商團繳足北伐經費、改組立案後，可辦理發還一部分「扣械」。於是，商團從黃埔軍校領回了槍支4000多桿、子彈12萬多發。不料，商團竟憑此一部分槍械叛亂。

　　10月10日，在中共廣東區委領導下，廣州反帝大同盟、廣州工人代表會、社會主義青年團等30個團體，約五六千人舉行紀念辛亥革命大會，強烈要求打擊反革命商團。當會議結束，各團體結隊遊行示威經過太平南路時，商團軍竟向遊行隊伍開槍，打死20餘人，傷100餘人，繼而以武力威脅商戶罷市，更張貼佈告，請孫中山下野，歡迎陳炯明回省主政。

　　孫中山大怒，於韶關電令蔣介石、廖仲愷、胡漢民、許崇智等火速平定商團叛亂，並令北伐軍一部回師廣州戡亂。

　　這時，黃埔軍校剛成立不到半年，400多名黃埔學員在校長

蔣介石的率領下踴躍參戰，牛刀初試，賀衷寒自然也參加入了戰鬥行列。他不再是先前的文弱書生，而是第一次拿起了槍，經過了戰鬥的洗禮。

10月15日淩晨，黃埔軍校第1、2期學生在鮑羅廷、蔣介石、廖仲愷、譚平山等指揮下，聯合許崇智的粵軍與李福林的福軍、吳鐵城的警衛隊等，分5路包圍西關。民國初年，廣州西關被稱為廣州的「上海灘」，三欄行（果、菜、魚欄）給了不少人營生，也是魚龍混雜之地，當時廣州的碼頭都是武館包裝起來的，練武風氣很濃。清末民初的洪拳大師、嶺南武術界一代宗師黃飛鴻在西關開設了一家醫藥館「寶芝林」。苦心經營了數十年，是他行醫濟世、廣收門徒的重要場所。

陳廉伯武裝了12000人的商團隊伍，與政府軍決意來一個魚死網破。戰鬥一開始就很激烈，商團利用熟悉的地形負隅頑抗，政府軍中不少人中彈倒地。

情急之中，蔣介石下令炮擊西關。打了六發炮彈，有幾處起火，約300箱煤油引發大火，焚毀了西關商鋪。商團潰不成軍，紛紛逃竄。

軍校學員佔據屋頂，向逃往街道上的商團射擊，商團一部分逃往太平馬路，一部分被政府軍迫退回火區，直至焚斃。黃飛鴻的「寶芝林」醫藥館就在此次事件中焚毀。

至下午二時左右，商團遂停止抵抗。一直在學生軍前列衝鋒陷陣的賀衷寒，至此才松了一口氣，如釋重負地癱坐了下來。此時，西關街頭巷尾殘垣破壁，殘煙嫋嫋，不時可見腳下青石板上殷殷血跡，街市上人跡凋零，景象淒然。

陳廉伯逃回香港沙面，副團長陳受恭投降。

第二天，全市商店複市，商團叛亂宣告平定。黃埔軍校的學

生得到了一次實戰鍛煉，樹立了軍威。軍校利用收繳商團的大批槍械，成立了學生總隊，鄧演達為總隊長。總隊下分4個隊，均為步兵科。國民革命軍之基礎由此展開。

第4節　籌建「青軍會」

1924年11月30日，黃埔軍校一期生畢業。1924年5月入學499人，11月底畢業時及格者456人。由湘軍講武學堂合併到軍校的158人，及四川送來的20餘人編成的第6隊學生也歸入第一期，因此一期畢業生實際人數為645人。

這些黃埔熱血青年，除部分留軍校外，大多數分配到新成立的教導團，其餘派往海軍、空軍、工人糾察隊、農民自衛軍等任軍事教官或從事政治工作。賀衷寒被分配到軍校政治部任上尉秘書。

黃埔軍校是國共合作的產物，共產黨和國民黨都在黃埔學生中發展黨員。共產黨發展黨員是個別秘密進行的。但國民黨覺得這樣一個一個地去找人入黨太麻煩，就乾脆在課堂上把入黨登記表當作業發下去，規定每人都要填好。道理很簡單：你不是想當革命軍人？那你就得先是革命黨人。於是大家都填了，包括共產黨員們。共產黨組織早有決議：共產黨員可以以個人身份加入國民黨，毛澤東、譚平山等人都入了國民黨，並在國民黨中央執委當著部長。填寫入黨介紹人時，黃埔軍校的黨代表廖仲愷在會議上說：「你們剛來不熟識，填加入國民黨組織的介紹人時，就寫我的名字好了。」

賀衷寒感念詹大悲的引薦之恩，在入黨介紹人一欄恭恭敬敬地填上了他的名字。

學員杜聿明同時收到兩張表，都發展他入黨。對這兩個黨究竟是怎麼回事，他也說不清。他略想了一下，「共產」這兩個字，可能是把家裡的財產歸大家所有吧，他老家有些財產，這可捨不得，還是入國民黨吧。國民黨是孫中山的黨，不會有錯的，

杜聿明就填了國民黨的那張表。杜聿明可能沒想到，在他加入國民黨時，他的妻子曹秀清卻正在陝西榆林中學加入共產黨，舉著右手朝斧頭鐮刀和列寧像宣誓呢。

賀衷寒早年就接觸了馬克思主義，1920年還加入社會主義青年團，並被選為東方勞工代表去世界第一個社會主義國家──蘇聯參加了會議。他又是武漢共產黨的創始人之一董必武先生給他指點迷津，來到了黃埔軍校。照理來說，他與共產黨的淵源是極深的，但他經過再三的思考，卻毅然加入了國民黨。其後，就一直忠心耿耿地追隨孫中山的三民主義與蔣介石，直至暮年而不渝。

在黃埔軍校，有許多共產黨員的身份都是公開的，例如洪劍雄就是校內知名的共產黨員骨幹分子，他經常給《嚮導》投稿，給大家留下的影響很深。還有周士第、李之龍等同學，活動都相當出色。平定商團叛亂前夕，李之龍等人經常在夜晚去江邊觀察商團運載武器的船隻。

無論加入了哪個黨派，他們為國家的命運擔憂與思考則是相同的。四處軍閥混戰，列強虎視眈眈，新生的廣州革命政府尚在風雨飄搖之中，內憂外患。

那時，廣州除了黃埔軍校外，還有粵軍講武學校、桂軍軍官學校、滇軍軍官學校、軍用飛機學校等軍事學校。在廣州商團叛亂前夕，賀衷寒與蔣先雲、李之龍、楊其綱、陳賡等人商議，把駐紮在廣州的粵、桂、湘、滇各軍的軍官學校和部分軍閥的革命軍人聯合起來，成立「中國青年軍人聯合會」，並以「中國青年軍人代表會」的名義定期召開聯席會議。賀衷寒說：「成立這個聯誼會的目的，是廣泛地聯合這些軍校的青年軍人，壯大革命隊伍。」蔣先雲、陳賡等黃埔軍校中的活躍分子紛紛表示同意。

說幹就幹，在經過幾番商討後，賀衷寒動手寫了一個報告向

上呈報。

後經報請黨代表廖仲愷和校長蔣介石同意，由蔣先雲、賀衷寒、曾擴情、何畏能4人負責籌備工作。

1925年2月1日，「中國青年軍人聯合會」正式宣告成立，賀衷寒擔任了青年軍人聯合會的中央執行委員會秘書。在成立大會上，他代表「青軍會」宣讀了三點志願：（一）竭誠擁護革命政府，實現三民主義；（二）不做後起的軍閥；（三）與農、工、商、學、婦各界大聯合，一致進攻帝國主義與軍閥。

賀衷寒還把自己入學時面試的發言整理一番，寫出了一篇《青年軍人與軍閥》的文章，發表在當時的《青年軍人》雜誌第一期上，控訴了近年來帝國主義勾結軍閥的罪惡，指出中國的禍亂是由帝國主義支持下的軍閥造成的，號召青年軍人要打倒軍閥，為中華民族的獨立、富強而戰。一時間，《青年軍人》雜誌被廣泛傳閱，賀衷寒風光無限，成了青年軍人中明星。

其後，「青軍會」迅速發展壯大，成立一年多時間，會員發展了二萬餘人，還把教職員中的左派和共產黨員金佛莊、郭俊、茅延楨、魯易等人發展成了會員。

第5節　請纓東征

　　再說這孫中山先生的北伐。從1924年11月初到12月中上旬，北伐各軍不斷告捷：豫軍樊鐘秀部繞贛、鄂邊區，未經過什麼劇烈的戰鬥，即勝利地到達豫南地區。滇軍朱培德部佔領南康，宋鶴庚等部攻入贛州，程潛部也曾一度攻下湖南宜章縣城。到12月下旬，譚延闓率領北伐軍由贛州向吉安進攻，在吉安近郊與方本仁的埋伏部隊發生遭遇戰。此時，陳炯明和趙恒惕各派軍隊從北伐軍背後進行夾攻，致使北伐軍腹背受敵，餉彈缺乏。第一次北伐便草草結束了。

　　1925年春，孫中山又發起了對陳炯明的東征之役。其時，黃埔一期學員已畢業，黃埔軍校以教官和第一期畢業生為骨幹，成立了兩個教導團，約3000餘人，編入東征右路軍。蔣介石以粵軍參謀長、軍校校長的身份，參與指揮右路軍作戰。

　　1925年1月4日，軍校政治部遷往廣州北校場省城分校，設分部於黃埔本校留守，校方指定由賀衷寒和李之龍（共產黨員）負責。當時黃埔一期畢業同學，除李岳陽因原為川軍團長，畢業後被分配擔任國民革命軍第一軍第20團團長外，賀衷寒的軍階算是最高的。

　　2月1日，黃埔軍校教導團和學生軍，配合許崇智部第一師及第七旅，總共約一萬人，從黃埔出發，水路並進，向虎門、東莞集結。

　　胡宗南則分配在教導一團任見習官，隨蔣介石征討陳炯明。

　　賀衷寒在收到了胡宗南軍次途中寫給他的一封信，中有「國危民困，至今而極，既不能救，深以為恥，獻身革命，所為何

事，此次出發，但願戰死」等語。

賀衷寒感同身受。東征部隊進展神速，前方營連級黨代表緊缺，賀衷寒主動請纓，請求去前線工作，獲得蔣介石批准。

自從上海相識，到黃埔共學，賀衷寒與胡宗南已成莫逆之交。在校期間，倆人常常一起竟日長談，無非是三民主義信仰與奉行、革命方略研究與實現、先烈革命奮鬥事蹟、對軍閥的掃蕩與肅清，而對於帝國主義鯨吞中國的陰謀，則談論尤多。倆人對當時中國革命的見解完全相同。

鐵流滾滾，戰事一觸即發。美國駐廣州領事報告黃埔校軍開赴前線的情形稱，每一節運送兵員的火車都由俄國軍官檢查裝備，「俄國人特別注重機關槍隊，空軍現全為俄人所控制，鐵甲火車也全為俄人設計和駕駛。」

2月15日東征軍攻克淡水城，3月7日佔領汕頭。

士兵們穿得很少：藍布做的軍上衣，露著膝蓋的短褲，穿草鞋，打著裹腿。有些人背上掛著草帽，另一些人拿著傘，為了對付行軍時遇上熱帶傾盆大雨時用。人人脖子上戴著一條紅巾。士兵在早上行軍之前和晚上用餐。飲食主要是大米飯和青菜之類。因為行軍體力消耗大，往往還沒有到開飯時間，士兵們就把飯菜吃光了。

周恩來建立了行軍作戰中一整套政治工作制度。他經常派出宣傳隊走在部隊最前面。宣傳隊到處貼標語，向老百姓宣傳，爭取群眾的瞭解和支持。每一個士兵胸前所佩符號的背面印著「愛國家，愛人民，不貪財，不怕死」的字樣，由各連黨代表經常對士兵講解這四句話的意義。

士兵們一邊行軍，一邊高唱《愛民歌》：「紮營不要懶，莫走人家取門板，莫拆民房搬磚頭，莫踏禾苗壞田產，莫打民間鴨

和雞。……」

東征軍獲得了群眾的支持。部隊要過河，老百姓就找來木船。天黑，老百姓用竹子捆成團，淋上桐油點燃，把兩岸照耀得如同白晝一般。官兵們即使只喝老百姓一杯水，或者吃一個番薯，都要給老百姓留下幾個銅板。

連黨代表賀衷寒執行檢查軍紀特別認真。他發現哪個官長或者士兵，只要打破老百姓一隻碗或者損壞一棵莊稼，都要照價賠償，有時候自己掏錢賠償。

3月13日，陳炯明的林虎部隊已先到棉湖西面和順一帶，佔據有利地形，且兵力強於東征軍十倍以上。其時，東征軍以黃埔軍校教導團第一團（何應欽）正面攻打大功山林虎部；第二團（錢大鈞）由梅塘攻打裡湖劉志陸部；粵軍第七旅由塔頭繞攻和順右側，形成先掃除週邊小股敵人，後形成三面包圍的態勢。初戰時，由於對地形不熟，再加上通訊不靈，行動遲緩。

上午8時，教導一團在新塘村與敵遭遇，展開激戰，而正面敵軍多其近10倍。何應欽指揮全團3個營的兵力投入戰鬥，命令第一營為前鋒，向敵正面進攻，第三營向敵左側背攻擊，第二營為預備隊殿後。敵軍借人多勢眾，將第一營包圍，何應欽親臨指揮第一營官兵沉著應戰，以至用刺刀肉博，但因寡不敵眾，傷亡頗多，何應欽急令預備隊第二營拼死向敵衝鋒，並命令以陳誠為連長的炮兵連向敵陣開炮。終將敵暫時擊退。

學生軍每排有俄人指揮，所用槍械均系去年由俄艦所運來，俄國援助的大炮，共有28尊，屬於快炮一類，且口徑比粵軍火炮要大，粵軍「每次戰鬥均為炮火所迫，不得不退」。

黃埔第一期畢業生周士第曾任大元帥府鐵甲車隊副隊長，他回憶說，鐵甲車由鋼板製成，一般子彈打不進去，車上還安裝

有機關槍，鋼炮，可以隨時打擊敵人，需要時還可拖大炮到前線，「鐵甲車隊的經費不是從大元帥府撥來的，而是由蘇聯幫助的……（鐵甲車隊）對以後革命軍攻佔東莞、惠州、潮汕、梅縣，起到一定的作用。」

午後，負責左側攻敵的第三營被敵包圍，何應欽一面即令學兵連增援，集合團部所有工作員，包括警衛、勤務兵、伙夫都投入戰鬥；一面設起空城計，命令士兵在陣地周圍插遍東征軍的旗幟，迷惑敵軍。有一處陣地被敵人突破，陣線幾乎崩潰，敵軍衝到團部指揮所附近，大喊要「活捉蔣介石和蘇俄顧問」。

在團指揮所的蘇俄顧問束手無策，極感憂慮。蔣介石更是著急，在指揮所裡反剪著雙手，急速地踱來踱去。

陳誠當時也站在蔣介石身旁，炮打不響，他也乾著急。蔣介石看著他氣不打一處來，說道：「你這個炮兵連長為什麼不試試？把炮架起來打打看！」隨即，他偕同蘇俄顧問跟著陳誠前往

蔣介石與黃埔一期師生合影

炮兵陣地。

蔣介石在日本留學三年多，學的就是炮兵專業，他要去炮兵陣地看個究竟。說來也巧，陳誠將一門山炮稍加調整，裝上炮彈，親自拉火，「轟」的一聲響了，炮彈落在向第一團指揮部蠕動的敵人中間，隨即有幾個敵軍被炸死。

陳誠喜出望外，立即命令其他五門炮都架起來調試，結果均打響了。炮彈雨點般地落在敵群之中，敵人紛紛棄陣而走，炮兵大顯神威，敵軍開始動搖。

第一團以千餘人獨擋林虎部二萬多敵人，犧牲慘重。總預備隊已無兵可上，第二團還聯繫不上。敵人卻有增無減。一時間白刃相接，喊聲震天，戰鬥激烈達到頂點。

連黨代表賀衷寒組織了敢死隊。賀衷寒與連長率領部隊剛衝過河，在他們前面三四十步遠的地方，影影綽綽有一群人。賀衷寒回頭喊「當心」的一剎那，對面開槍了。連長一揚手，學生軍臥倒射擊，對面敵人應聲從一匹馬上栽倒；馬猛然衝撞過來，將賀衷寒推倒。他被馬蹄踏得渾身是血，神志不清，突然感到有人揪住他的胸口，隨著一個人尖厲的辱罵聲，刀鋒逼近了他的喉嚨。

說時遲，那時快，就在敵人要下手割斷賀衷寒脖子時，只聽「噗」的一聲，敵人腦袋一歪，滾向了一邊。排長冷欣及時趕到，結果了敵人。

賀衷寒爬起來，抹去嘴角血跡，轉身又投入戰鬥中。敵人被學生軍這種不要命的打法嚇壞了，掉轉頭逃跑。

冷欣保護賀衷寒向前衝鋒，不幸被敵人子彈擊中腿部。賀衷寒命令旁邊一個士兵照顧冷欣，與連長一起勇猛追擊敵人。

第二團代理團長錢大鈞，得到當地農民的協助，找到通路。下午2時後，該團到達和順，直接攻擊林虎的司令部。林虎軍受

前後夾擊，看前方又旗幟遍佈，疑有伏兵，遂不敢戀戰，率殘部敗走。

該役由教導第一團、第二團以3000多兵力，擊潰陳炯明部粵軍20000精銳部隊，堪稱軍事史上以少勝多典範戰例。此次戰役在我國軍事史上稱「棉湖戰役」，是第一次東征中最激烈的一次戰役。黃埔軍校校軍在此役中傷亡大半，如該團第三營3名連長2死1傷，排長9人中7死1傷，385名士兵僅餘111人。

戰後，賀衷寒特意趕到臨時醫院，看望臥床休養的冷欣。醫院只是連成一片的幾頂帳篷，臥在近郊的小樹林裡。帳篷裡滿是傷兵，沾滿鮮血的紗布扔了一地，止血鉗變了形。一位士兵被抬了出來，臉上的血跡被護士小心地擦乾，他是在手術台上死去的，像一名嬰兒般沉睡。死去前他想親吻護士的手，沒有成功。

醫生從冷欣的大腿裡，取出一枚彈頭。彈頭是從骨縫中夾出來的，已經變了形。

賀衷寒握著冷欣的手，充滿感激地說：「我們勝利了！謝謝你關鍵時刻救我一命！」冷欣掙扎著坐起來，「君山兄，我們勝利了，我們命大福大，都沒有死！」賀衷寒哈哈大笑，起身將病床旁邊的尿盆倒掉。冷欣急忙搖手，「君山兄，快別這樣，髒！」賀衷寒說：「希望你快點康復，我願意天天來幫你倒尿盆。」後來他們成了莫逆之交。

棉湖戰役對於國民黨及其黃埔軍校校軍，具有重大的歷史作用和意義。蔣介石在戰鬥危急關頭對何應欽說：「何團長，必須想辦法挽回局勢，我們不能後退一步，假如今天在此地失敗了，我們就一切都完了，再無希望返回廣州了，革命事業也得遭到嚴重的挫折。」

黃埔軍校政治部主任周恩來，也在棉湖作戰中親臨戰場第一

線，參與策劃與指揮。

　　曾參與棉湖戰役的蘇軍首席顧問加倫將軍指出：「這次戰役在世界戰爭史上都是很少的，蘇聯十月革命時，處境非常困難，但作戰是非常英勇，也很少有可以和這次棉湖戰役相媲美的。」

　　因此，棉湖大捷是具有革命意義的、里程碑式的戰役。

　　第一團團長何應欽也因棉湖大捷一戰成名，是其畢生得意樂道的勝仗。此後每年3月13日棉湖大捷紀念日，他都出面邀集參加此役的黃埔學生餐聚慶賀，此舉一直沿襲至晚年，幾十年從無間斷。

　　在棉湖戰役40年後，賀衷寒仍對此念念不忘，曾賦詩一首以示紀念：「棉湖戰例罕前聞，兵力無關致勝因。敵愾同仇賊喪膽，民心向義士忘身。指揮若定疑無事，

　　行動依時覺有神。咸協機宜成大捷，從征都是有功人。」

第6節　思想右轉

就在東征軍節節勝利之際，孫中山先生已快要走到生命的盡頭。1925年3月12日，孫中山先生病逝於北京鐵獅子胡同行轅，終年59歲。

偉人辭世，國民黨內原本複雜的派系之爭更趨激烈，國民黨高層人物各懷心思，一場權利的爭鬥與角逐悄然拉開了序幕。黃埔軍校的學生們無比悲痛，好比大廈坍塌。中國革命何處何從？賀衷寒陷入深深的思考之中。

賀衷寒與蔣先雲等熱血軍人創建「青年軍人聯合會」時，想法比較簡單，想以這個組織來團結在粵的青年軍人，削弱軍人之間派系的勢力，打倒陳炯明。這是一個統一戰線性質的組織，也無黨派之爭。但隨著青年軍人聯合會的迅速發展，許多共產黨員成了其中的骨幹力量。國共合作，這也無可厚非。

到1925年的2月間，孫中山先生在北京病危。消息傳到廣州，人心頗為不安，國民黨右派勢力便開始抬頭，乘機加緊活動，並對「青年軍人聯合會」大肆加以攻擊，驚呼「青軍會是共產軍」。

當時，國民黨老右派、強硬的反蘇反共分子謝持，正在廣州大沙頭醫院住院，黃埔軍校教授部主任王柏齡，便趁機把他請到黃埔島，讓他到接近右派觀點的學生中遊說。

謝持是國民黨的元老級人物。1921年4月，廣東召開非常國會，孫中山就任廣東政府非常大總統，謝持任秘書長，協助孫中山先生工作。次年6月，廣東省長、粵軍總司令陳炯明叛變，國民黨中央黨部遷避上海，孫中山先生令許崇智各部對叛軍發起反

擊，經一年艱苦作戰，終將叛軍擊潰。孫中山先生重返廣州主持全域，臨行時，他將謝持留在上海中央黨部，將孫文印信交付謝持，命其「凡黨中應總理簽名處決者，悉以委之」。孫中山抵達廣州後，又發電令稱：「委任謝慧生為全權代表，執行中國國民黨黨務事宜。總理孫文。」從此中可以看出，孫中山先生對謝持之信任，達到了委以全域之責的程度。

此間，俄國十月革命的勝利及中國共產黨領導的農民運動如火如荼，引起了孫中山先生的高度關注和反思，他經過思考後，決心改組國民黨，實行「聯俄、聯共、扶助農工」的三大政策。孫中山先生的政策在黨內高層提出後，立即受到謝持、張繼等人的強烈反對。

孫中山先生「三大政策」的執行，使一批優秀的中共黨員進入國民黨內，在此後不久創辦的黃埔軍校，亦任用了一批中共黨員身份的教官，國共兩黨開始了第一次合作。然而對孫中山的這一政策，謝持、張繼、鄧澤如等一批身居國民黨高層的人物，一直持反對態度。國民黨「一大」後不久，謝持、張繼、鄧澤如等以國民黨中央監委身份，向中央提出《彈劾共產黨案》，又向中執委提交《致中央執行委員會書》，向孫中山施壓。由於孫中山先生在國民黨內的極大威望，謝持等人發起的反共浪潮被平息了下去。從此以後，孫中山便漸漸冷落謝持。

孫中山先生北京病危之後，謝持、鄒魯、林森等人加緊活動串連，重提反共議案，開始了一系列的分裂活動。

面對王柏齡的邀請，謝持正中下懷，他一到黃埔軍校，就說：「國共合作，實在是孫先生做的第一件大糊塗事。共產主義是豺狼蛇蠍，與豺狼蛇蠍焉能為伍？」又說：「孫先生年紀大了，慮事難免不周。我輩正當壯年、為黨為國，都不可不中流涉

險。」他還進一步煽動說：「共產黨名雖與國民黨合作，其實是想趁機篡奪國民黨的黨權，一朝得逞，所有國民黨員，尤其是黃埔同學中的國民黨員，都將受到無情的迫害，而無立足的餘地！」

謝持瞭解到賀衷寒的才幹後，就想拉攏他，對賀衷寒等人說，青年軍人聯合會是共產黨的組織，你們在裡邊工作是為共產黨做嫁衣裳等等。賀衷寒聽了謝持的演說，很以為然。在謝持等國民黨右派的煽動拉攏下，賀衷寒、潘佑強、冷欣等這些平常與共產黨同學關係不太和睦的學生，思想迅速向右轉。

由於共產黨員在「青軍會」中起了主要領導作用，蔣介石也有不安。賀衷寒就想出了一個主意，以研究孫中山思想的名義，組織一個「學會」，以此來聯合右派勢力，對抗共產黨和青年軍人聯合會。

1925年4月24日，在蔣介石、廖仲愷的支持下，與青年軍人聯合會相對立的又一個軍人組織──「孫文主義學會」（早期也稱「中山主義學會」）成立了，發表宣言：「我們確信除掉中山主義誰能真適應事業的要求，使中國國際地位平等經濟地位平等……只有一部中山主義是先生給我們的唯一遺產，我們只有把它讀熟把它研究得徹底的明瞭，以後革命才不致走錯道路……」

孫文主義學會的主要負責人就是賀衷寒和潘佑強。賀衷寒與蔣先雲等人籌備了青年軍人聯合會，沒過多久，又創建一個與其相對立的組織。這一時期，賀衷寒思想上的矛盾與轉變，由此可見一斑。

兩個軍人組織的出現，使黃埔島上結成了相互對立的兩條陣線。由於「青軍會」成立後，組織發展很快，一年多時間成員就發展到兩萬多人。孫文主義學會建立後，第一步便是到全國各地

去發展組織，教職員中的右派何應欽、林振雄、張叔同等人也成了會員。不久也號稱有了5000會員。

接著，兩個組織便公開對著幹。「青軍會」組織了一個「血花劇社」，孫文學會就組織一個「白花劇社」唱對台戲；「青軍會」辦了《青年軍人》和《中國軍人》兩個雜誌，孫文主義學會也辦了《國民革命》和《革命導報》；「青軍會」又辦了《兵友必讀》和《三月刊》，孫文主義學會也又辦了《革命青年》和《獨立旬刊》。你開一次大會，我也開一次大會，並且比你的還要大。你在我的大會上發表了反演說，我下次就組織人去踩你的會場。你罵我一句，我罵你三句。你打我一拳，我非踢你一腳。兩個組織的出現，使黃埔島上結成了相互對立的陣營。如果看到兩夥學生吵架鬥嘴的場面，不用問就知道，肯定是「兩會」的人又碰到一起了。後來發展到動刀動槍，整天劍拔弩張。

以蔣先雲為核心的「青年軍人聯合會」，代表軍校內共產黨和國民黨左派勢力，以賀衷寒為首要的「孫文主義學會」則思想相對右傾。而在兩派對立鬥爭中，賀衷寒總是擔任孫文主義學會的智囊人物，為其謀劃，有時也公開出面展開「舌戰」。

有一次，蔣介石請部下吃飯。席間，蔣先雲、陳賡和賀衷寒等人話不投機，竟當著蔣介石的面拿著食具打了起來。後來，陳賡回憶當時的鬥爭情景時說：「那時不懂得爭取群眾，孤立對方，只是罵人。我們罵他們是反動派，他們罵我們是反動派，相互吵罵打架。」

儘管如此，這並不影響他們面對共同敵人時的同仇敵愾。他們的敵人，在當時首先是對國民革命陣營構成威脅的廣東地方軍閥。就反對軍閥和帝國主義而言，賀衷寒和蔣先雲、陳賡等共產黨人並無原則性分歧。在黃埔軍校，他還發表過《青年軍人與

軍閥》文章，指控「中國的禍亂是帝國主義支援下的軍閥造成的」。只是他加入國民黨後，逐漸受謝持、邵元沖和戴季陶等人影響，加之1922年在蘇聯遠東會議上與張國燾衝突的經歷，便與共產主義漸行漸遠。

第一次東征勝利後，由「青軍會」發起，在梅縣中學廣場開軍民聯歡會，共產黨員李之龍在台上發表演說，正講得起勁時，繆斌等孫文主義學會的人，手持短槍，突然上台來把李之龍擠開，改由賀衷寒發表演說。

「青軍會」的人不服氣，很快聚集一群骨幹，也持著槍向台上硬沖，李之龍趁勢搶佔了講台，要賀衷寒「滾下台去」。

賀衷寒堅決不肯相讓，便和李之龍在台上推擠起來。頓時，會場大亂，兩派槍口對槍口，怒目對怒目，後在梅縣黨部負責人的勸說下，才暫時平息。

事後，賀衷寒、李之龍兩人都受到了蔣介石的一頓臭罵，賀衷寒被「撤職查辦」，李之龍「令調回黃埔軍校工作」。

直到黃埔系統選舉出席國民黨「二大」代表時，蔣介石才意識到問題的嚴重性。因為選舉結果一出來，當選的幾乎全是「青軍會」的共產黨員，而孫文學會的人幾乎全部落選。蔣介石大吃一驚，便藉口「兩會」破壞了黃埔的統一，下令強行取消。

第7節　第二次東征

1925年6月，駐廣州的桂軍首領楊希閔、劉震寰乘革命軍遠征東江，在廣州舉兵叛亂。廣州國民政府危急萬分。黃埔學生軍奉命回師廣州參加平亂，很快擊潰叛軍，保住了廣州國民政府。

1925年8月18日，國民政府軍事委員會將轄下各地方軍隊名目取消，統一名為國民革命軍，簡稱國軍，也稱黨軍。初編為5個軍，黃埔學生軍擴編為國民革命第一軍，軍長即是黃埔軍校校長蔣介石，黨代表為廖仲愷。隨後，又任命共產黨員周恩來為政治部主任。

賀衷寒文才俊逸，能說會道，寫得一手漂亮文章。黃埔校軍第一次東征時發佈的《告東江人民書》，就出自他的手筆。當時，他擔任政治部上尉秘書，實際上就是蔣介石的侍衛參謀，是蔣介石身邊的人。近水樓台先得月，他有了更多的機會接近蔣介石。

蔣介石不僅有著一副威嚴的身姿和容貌，個子瘦長，目光炯炯；而且每言每行都頗有大將風度，給人以威武嚴厲之感。他對部下訓話，總是戎裝整齊，態度嚴肅，不苟言笑。他每日凌晨起床後，必坐在床邊，閉目養神，雙手搭在膝蓋上，打坐一刻鐘左右。打坐完後，即到營房附近各處巡視，若他發現有學生、部屬儀容不整，禮貌不周，都會對其嚴厲斥責，甚至讓其去蹲禁閉。

蔣介石對於個人的私生活，從不在大眾場合提半句，也不願別人知道他的所作所為，甚至是蛛絲馬跡。他與前妻陳潔如所住的公館，以及個人的辦公室和寢室，就佈置得巧妙神秘。

1925年初，蔣介石在廣東汕頭時，他的個人辦公室和寢室都在一間房子內，房間內擺著一張單人床，一張五屜桌，兩把靠椅

和一個茶几，從房內通向後院，開了一扇窄小的門，直通他的公館。其保密手法是：先將這一窄門關好，然後在這間房子的四壁貼上花格紙，再以利刃沿門縫把花格紙劃開。這樣，窄門與四壁粗看上去毫無兩樣。

賀衷寒任侍衛參謀後，曾多次只見蔣介石進入房間內辦公，而自己守衛在外間，有急事要請示蔣時，進入房間內卻找不到蔣，空空房間，渺無人影。這使賀衷寒高深莫測，疑慮重重，卻又不敢多問，一是擔心外人說自己失職，二是開始懷疑房間內有秘密通道。蔣介石肯定有什麼不願別人知道的隱私，加之蔣介石每次「失蹤」後，不一會又會神奇般地坐在辦公桌前，也就使得賀衷寒更加不便多言。

有一次，蔣介石從房內溜往公館，一時疏忽，忘記把窄門關牢，賀衷寒這才發覺房間的奧秘，原來是有扇窄門。

窄門的發現，對賀衷寒是個不小的震動。侍從參謀這一工作在行動和精神上很不自由，賀衷寒便萌發了離開此地，下部隊帶兵的念頭。於是，他密托總部軍務處，為其找機會下部隊。

不久，軍務處傳來小道消息，黃埔軍校第三期入伍生總隊政治部主任一職空缺。賀衷寒得此消息後，立即於次日清晨面稟蔣介石，說：「報告校長，學生秉性喜動，不喜靜，學生想下部隊工作，不知校長是否同意？」

使賀衷寒感到意外的是，蔣介石並未顯出任何不高興的樣子，而是滿面笑容地伸手將他辦公桌上用毛筆剛寫好的一頁信紙取來，說：「你下第三期入伍生總隊擔任政治部主任，好不好？」

賀衷寒正中下懷，心中暗喜，見蔣介石正期待地望著他，便爽快地答道：「服從校長派遣！」

蔣介石取過筆，在第三期入伍生總隊政治部主任空白處，填上了「賀衷寒」三個字，並囑以帶兵的方法等機宜。

1925年9月，原已被打敗的廣東軍閥陳炯明殘部，乘東征軍主力回師廣州，平叛楊希閔、劉震寰叛亂之機，再次叛亂，重占潮州、汕頭；盤踞廣東東南部的軍閥鄧本殷也與其配合，企圖向廣州進攻。

廣州國民政府為徹底消滅廣東省的軍閥勢力，統一廣東革命根據地，遂決定進行第二次東征，向東江地區陳炯明殘部發動進攻。東征軍轄第1、第2、第3縱隊，蔣介石為總司令。

為了準備東征，蔣介石忙於調兵遣將。入伍生總隊政治部主任賀衷寒被召回。

蔣介石在椅背上慢慢地側過身來，目光溫和，盯在賀衷寒的身上，笑吟吟地問：你下入伍生總隊工作已有些時日，領悟到了什麼？」

「總隊工作與學生打交道，學不到真本領，我還是願意回校長身邊，隨時聆聽教誨。」賀衷寒回答道。他的內心忐忑，不知道蔣介石的是何用意。

「非也，我讓你們來我身邊工作，是想讓你們瞭解我的工作作風和指揮特點。一旦身兼重任，也能領會我的意圖，明白嗎？」

「感謝校長栽培。」

「這次東征，意義重大，我派你去第一師第一團擔任黨代表。你要知道，第一師是跟隨我的最忠實最勇敢的部隊，我要將它鍛煉成無堅不摧的天下第一師！」

賀衷寒雙腿一併，立正，向蔣介石敬了一個標準的軍禮，說道：「請校長放心，我決不辱使命！」

10月1日，蔣介石偕蘇俄顧問加倫將軍、炮兵顧問加里洛

夫及東征軍總指揮總參謀長胡謙、參謀處長陳焯乘廣（州）九（龍）鐵路列車，向東江進發。

進軍途中，蔣介石主持召開第一軍政治部職員及各級黨代表會議，討論國共合作問題。大家你一言我一語，吵吵嚷嚷，半天沒有理出一個頭緒。蔣介石沉下臉來，心裡窩著一肚子的火。一抬頭看見角落裡第一團黨代表賀衷寒正在低頭沉思，便說：「君山，你的意見呢？」

賀衷寒被這些人的發言擾亂了心思，亂糟糟的，躲在一旁本來不打算發言。他被蔣介石點了將，心裡惴惴不安，忙從人堆裡站了起來，慢條斯理地說道：「一個革命政黨內，怎麼能允許兩種不同主義的信仰者長久存在呢？終究是要儘早各走各的路，戴季陶先生已經講得很清楚了，『共信不立，互信不生；互信不生，團結不固；團結不固，不能生存』。」

這戴季陶是一個大有來歷的人。辛亥革命後，戴季陶擔任孫中山的秘書長達14年之久，這使他更多的瞭解三民主義，堅定了擁護三民主義的信念。他對議會制、政黨內閣制、聯邦制發表了自己的獨特見解，並對孫中山的三民主義作了許多宣傳工作。孫中山逝世後，戴季陶發表了《孫文主義之哲學的基礎》、《國民革命與中國國民黨》等著作，對三民主義的哲學基礎進行挖掘，認為孫中山的三民主義的本體就是「民生主義」，是建立在「仁愛」的基礎之上。他把「生存的欲望為人生一切欲望的基礎」的觀點，應用到中國的政治形勢，說明「共信不立，互信不生；互信不生，團結不固；團結不固，不能生存」，得出國民黨和共產黨不能長期合作的結論。

儘管共產黨和國民黨左派對「戴季陶主義」進行了有力的反擊，但是戴季陶不僅樹立了早期反共思想的權威，更因而加速激起

了當時反共運動的浪潮，進而促成了對共產黨員和其組織的排拒以及後來的清黨運動。戴季陶認為「國民黨內，有了共產黨，就是一黨有兩個中心，這是國民黨最大有危險」，因此，他要求國民黨中的共產黨人應只信仰三民主義，而不應當信仰共產主義。

賀衷寒的一席發言，很合蔣介石的口味，但他不露聲色，只是對賀衷寒更加令眼相看。

第8節 攻克惠州

蔣介石率部東征，三路縱隊向東江進發。在列車上，蔣介石親自把軍用地圖鋪在列車間一個長方形的條桌上，不慎將桌子上的一個盛滿開水的茶杯撞到，一時水流滿桌。

熟知蔣介石的人都知道，蔣介石雖然迷信思想不很重，卻也常忌諱一些不吉利的事，如今撞翻茶杯，水浸軍用地圖，打濕了他那身尊貴的將軍制服，是否也預示著出師不利的凶兆呢？

這時，列車員和侍從人員都已被蔣介石攆出了列車間，一時又找不到抹布。若是常人在平時，這本來是件小事，可一向以老成穩重而自詡的蔣介石，一是由於犯忌，二是礙於面子，顯得手忙腳亂，十分尷尬。

新來的參謀蘇文欽見狀，連忙從自己的褲袋裡取出手帕將桌面揩幹，又重新換上了備用地圖。至此，車廂內的危機才得以緩和，愣在一邊的蔣介石，看著眼前這個年輕人的麻利動作，頻頻點頭：「唔，唔……」

他露出很滿意的神態，隨手從上衣口袋中掏出一個精緻的小本子，將這一為他圓場「逢凶化吉」的學生的名字記了下來。不久，蘇文欽就升為東征軍總政治部宣傳科長。

列車繼續向東江方向疾馳，蔣介石的臉上又綻開了笑容。他令各部指揮官馬上到列車上召開緊急軍事會議，研究「惠州攻城計畫」。

他說：「敵將楊坤如率部兩千餘人盤踞惠州城，做垂死掙扎。惠州城三面環水，僅北門一橋與外接壤，自古稱為天險，實為我國南方第一堅城，先總理孫中山先生曾親自率部先後圍攻多

次未能克復，這次敵將楊坤如一定據險頑抗，本軍決心以必勝的信心，限一周內攻下惠州城，以完成先總理的遺願，以慰先總理在天之靈！」

接著，蔣介石又講了攻心為上、攻城次之，攻心不成然後堅決攻城的訓令。會後，他又給楊坤如發去了勸降電，但楊拒不繳械。於是，大軍向惠州城下推進。

10月12日，東征軍第一師、第三師附屬1個炮兵營，及第二師之第四團，在何應欽的統率下到達攻擊準備位置，並將山炮4門、野炮2門佈置在惠州城外飛鵝嶺陣地，由蘇聯顧問親自操作。

13日凌晨，東征軍對惠州城內之敵開始攻擊，頓時火光映紅惠州城，槍炮聲大作。蔣介石遙聞惠州炮聲，乃策馬加鞭，向飛鵝嶺炮兵陣地而來。第一線指揮官跑步向前，向蔣介石報告說：「敵人在城北門橋頭一側佈置了機關槍陣地，構成了嚴密的火力網，從拂曉開始，攻城部隊第四團官兵在團長劉堯宸的指揮下，雖頑強戰鬥，前赴後繼，但傷亡慘重，至今未能破城。」

下午4時左右，團長劉堯宸疾步來到飛鵝嶺，向蔣介石報告請示。當劉團長講到該團官兵傷亡甚重，剩下戰鬥人員已不到三分之一時，蔣介石怒氣頓生，不等劉團長把話說完，即暴跳如雷地吼道：「你全團官兵都死啦，你還沒有死啊！」

劉堯宸在蔣介石的盛怒之下，不敢申辯，連忙向蔣介石行了一個軍禮，轉過身向血與火的戰場奔去，重新組織力量再向惠州城牆衝鋒。不幸的是，就在這慘澹的夕陽餘暉中，他中彈倒在了城牆腳下，前進中的第四團官兵被彈雨擋了回來，潮水般地退了下去。

暮色中，雙方火力漸趨沉寂。蔣介石在飛鵝嶺連夜召開緊急會議，分析當日作戰得失，並策定次日攻城計畫。加倫、加里洛

夫、何應欽等均到會。加倫首先對步炮協同作戰配合不善，提出了意見；何應欽對戰地敵我態勢作了報告和分析，並強調明日戰鬥要先集中火力，摧毀北門城頭橋側敵火力網，步兵在炮火的掩護下乘勝前進。蔣介石採納了加倫和何應欽的建議，作出了次日向敵發動總攻擊的命令。

14日凌晨，東征軍飛鵝嶺炮兵陣地上，各種炮集中火力於一點，直指惠州北門橋頭敵機關槍陣地，以排山倒海之勢對敵施以粉碎性轟擊。蘇聯顧問親自操炮，蔣介石、加倫都全神貫注地佇立在硝煙之中，親自督陣指揮，大有破釜沉舟之氣概。

惠州城內，到處冒煙起火。一直到下午3時左右，敵機槍陣地火力明顯減弱，北門城牆已被摧毀多處。約近4時，一發炮彈把北門城牆炸開了一個直徑約1米的缺口，這可正是步兵衝鋒爬城的大好機會。

攻城部隊第四團第二營第五連連長、黃埔一期生陳明仁，率領該連殘部迅速抓住這一有利戰機，通過北門橋向城牆缺口勇猛衝擊。該團其他各連和該團預備隊及第八團敢死隊，也同時向城牆缺口推進。陳明仁率領4名勇士，首先爬上城牆，將青天白日旗幟插上了城樓。

敵守城官兵見大勢已去，慌亂一團，完全失去了抵抗力，敵守城官兵2000餘人全被俘虜。

16日上午9時，蔣介石在惠州城內集合各攻城部隊，召開「慶祝勝利大會」，追悼陣亡將士。他把陳明仁叫上台，並親自喊口令，指揮到會全體將士向陳明仁行三鞠躬禮，以表彰陳明仁在這次攻克惠州城戰役中身先士卒、首先登城的戰績。

蔣介石對陳明仁是有著特殊感情的，但是20多年後，歷史似乎又給蔣介石開了一個天大的玩笑，陳明仁在長沙又回到了程潛

的手下，舉起了反蔣的義旗，站到了共產黨的旗幟下。

接著，蔣介石又發出了向陣亡的劉堯宸等將士默哀行三鞠躬的口令。黃埔同學們對劉堯宸團長懷有深深的哀悼之情，這不僅是因為他在東征烈士中官銜最高，更主要的是同學們深切懷念他在軍校任戰術教官時的良師益友之情。

10月17日，賀衷寒率部跟隨何應欽、周恩來率領第一師從惠州出發，掃蕩潰兵，於20日到達赤石。22日，第一師各部按計而行，一舉打敗敵軍，佔領梅隴。並乘勝佔領陸豐。

當東征軍從惠州分途進軍時，蔣介石和東征軍總指揮部，隨譚曙卿所率第三師出發。

10月27日，第三師3000多人輕敵冒進，孤軍深入，被敵軍萬餘人包圍於距華陽十餘裡的塘湖地區，形勢危急。雙方展開激戰，第三師幾乎潰不成軍，陣線動搖，丟棄的輜重、蚊帳和槍支遍地皆是。

當第三師潰退時，蔣介石此時也親自到前線裡墟指揮督戰。

時任第一師第四團連長的陳賡因在惠州戰役中英勇善戰而得到蔣的信任，並被調到東征軍總指揮部擔任警衛。

無奈譚師大部是收編粵軍，素少訓練，軍紀鬆弛，經敵林虎部一次側面攻擊，全線崩潰不說，還把總指揮部的人員也沖散了，情況萬分危急。

這時，敵軍逐漸迫近，已快到跟前，陳賡一面指揮部屬對追兵進行阻擊，一面果斷地背起茫然失措的蔣介石就跑。陳賡一口氣就跑了幾裡路，到一條河邊，找到了一條船，把蔣介石放在船艙裡，架上雙槳飛速劃到了河對岸，又旋即背著蔣介石退到了羊高墟。

蔣介石心有餘悸，對隨身而來的總指揮部的軍官說：「此地

不可久留！要與第一師周恩來黨代表、何應欽師長取得聯繫，求得救援，方是上策！」蔣介石決定派陳賡前去送信。

陳賡立即更換衣服，打扮成農民模樣，帶上50塊銀元，提著一根木棍踏上了路程。22歲的陳賡忍著饑渴疲勞，翻過海拔1300多米高的蓮花山，憑著他的機智勇敢，又兩次被「土匪」放行，終於將信及時地送到第一師師部。

何應欽、周恩來立即派出一支部隊前往護駕，蔣介石這一夜「夜不安枕」。

28日，未等天明，蔣介石由羊高墟出發，其間六十五裡，時步時騎，疲勞至極，還未完全從前一天的驚悸中緩過神來。他強打精神，命陳濟棠的第十一師和第三師、第一師立即會合華陽，實行反擊。三師會合後，首先擊潰林虎部，敵一萬餘人向梅林、安流潰逃。

是日，洪兆麟親率四五千人由鯉湖、棉湖襲擊守衛河婆的第一師第一團，企圖將第一團包圍，防止第一團支援華陽。

第一團不足千人，形勢危殆。黨代表賀衷寒急中生智，與團長劉峙計議，「與其坐而待斃，不如以攻為守，率部突然插入兩岸敵軍之間。打他一個措手不及！」

兵貴神速。兩人各帶一支人馬，切入敵軍陣地，橫衝直撞。用機關槍猛掃，又發炮遙擊洪部預備部隊。敵死傷遍野，驚惶失措，傍晚紛紛退卻，洪部喪失五千餘人，自此失去戰鬥力。

華陽、河婆戰役的勝利，使得敵軍包圍圈被徹底擊潰，東征軍長驅直入。

蔣介石事後說：「華陽一役，為成敗最大關鍵，其重要性不下於棉湖之役。」它使蔣介石及其東征戰事轉危為安。蔣介石也自謂「幸仗先總理在天之靈，出奇制勝，轉危為安」。

　　東征軍一路勢如破竹，11月初收復東江，平定了廣東最凶頑的軍閥陳炯明，統一了廣東全境，為後來的北伐戰爭建立了鞏固的後方基地。

　　據1927年黃埔本校時期編寫的《黃埔陣亡烈士芳名表序》記載，黃埔一期633名畢業生中，有300多人在畢業後不久的東征與北伐戰爭中光榮犧牲，而倖存下來的300多名畢業生在此後都成長為將軍。作為初級軍官學校的黃埔軍校，在同期畢業生中約有50%戰死在沙場，剩下的50%成長為將軍，這在世界軍校史上是絕無僅有的。

第9節 留學蘇聯

北伐前夕，中國政局混亂。

吳佩孚部盤踞兩湖、河南京漢路沿線，兵力號稱二十萬。孫傳芳部由閩、浙、蘇、皖、贛軍閥組成，號稱「五省聯軍」，兵力亦約二十萬。奉系軍閥張作霖竊據北京政府，盤踞京、津、直隸、熱河、及東北三省，兵力約四十萬。盤踞山東的張宗昌也有十餘萬兵力。北伐開始時，張作霖希望借北伐軍的力量打擊吳佩孚的勢力，對戰爭採取觀望態度；孫傳芳打著「保境安民」的旗號，暫時保持中立。吳佩孚的主力部隊正在北方進攻馮玉祥的國民軍，而在湖南、湖北的兵力包括戰鬥力很弱的各種雜牌軍在內只有10萬人，用以攻擊唐生智並企圖進窺廣東的兵力只有四五萬人。

1925年4月16日，賀衷寒擔任軍校炮兵營第一營黨代表兼第一連黨代表。這年10月份，國民革命軍為了培養軍事人才，組織了一次留蘇選拔考試。賀衷寒為了進一步瞭解蘇聯，鑽研究更高深的軍事知識，報名參加了留蘇考試。此次考試在廣州公開舉行，錄取180人（國民黨中央黨部考選150人，黃埔、湘、滇三軍官學校各考選10名），通過鮑羅廷的關係，特別推薦者20餘人，共計300餘人，分二批赴蘇留學。

1926年5月21日，中國國民黨二屆二中全會召開，通過北伐戰爭決議案，任命唐生智為國民革命軍第八軍軍長、籌建總司令部、推舉國民革命軍北伐總司令等具體計畫階段。至5月底，葉挺獨立團進抵湖南安仁一帶，陳銘樞部與張發奎部分別由高洲和瓊崖兩地開拔援湘。

7月9日，蔣中正就職國民革命軍總司令並誓師北伐。7月

間，第四、第七、第八軍攻克長沙，醴陵，取得了北伐戰爭第一個戰役的勝利。嗣後，北伐大軍相繼入湘，分成左，中、右三路，向湘北吳軍發動進攻。8月19日，中央軍向汨羅江北岸發起進攻，吳軍潰逃，北伐軍旋即佔領岳陽。

就在賀衷寒摩拳擦掌，準備大幹一番之際，賀衷寒接到了赴蘇聯留學的命令。黃埔軍校同學除賀衷寒外，尚有杜從戎、王懋功、劉詠堯、蕭贊育、鄧文儀、鄭介民等人。到蘇聯後，分派到孫逸仙大學及各軍事學校。蕭贊育、鄧文儀等人進孫逸仙大學，王叔銘、張廷孟等人進空軍學校，賀衷寒及杜從戎等人進伏龍芝陸軍大學。賀衷寒專門研習參謀業務，特別重視戰術作業與兵器及後勤業務。

莫斯科中山大學俄文全稱「中國勞動者孫逸仙大學」，是聯共（布）中央在孫中山去世後為紀念他而開辦的，目的是為中國培養革命人才。當時正是國共合作時期。1925年10月7日，國民黨俄國顧問鮑羅庭在國民黨中央政治會議第66次會議上正式宣佈莫斯科中山大學的建立。

伏龍芝陸軍大學早在1920年就為支援蘇聯國內東方少數民族革命鬥爭，而成立了東方班，並在一年後擴展為東方系。當孫中山與蘇方積極交涉，要派遣大量人員留學蘇聯後，蘇方便於1925年同意在東方系下面成立一個中國班，用來培訓由廣州政府派遣的軍事學員。左權、陳啟科、李拔夫和蕭贊育，就是第一批留學伏龍芝軍事學院的中國籍學員。由於學院不設中文翻譯，學員抵達蘇聯後需先在中山大學學習一年的俄語。

蔣介石給賀衷寒等人發放了一筆不菲的留學經費，並批准了假期。

在赴蘇聯留學之前，賀衷寒決意去湖南岳陽老家一趟，看望

家中父老。賀衷寒跨著駿馬，一身戎裝，在幾個士兵的護衛下直奔賀耕九屋場。此時的岳陽，吳佩孚部隊剛剛潰敗，完全被北伐軍控制。

1922年離開家鄉，文弱書生賀衷寒已經歷練成國民革命軍的團職軍官，蔣介石的得意門徒。

翻過幾個山頭，老屋遙遙在望，眼前是一大片碧綠的稻田，賀衷寒跳下駿馬，放慢腳步，走到田塍邊，蹲下身來傾聽，耳邊傳來禾苗拔節生長的滋滋聲。他的心裡異常澄澈，使勁呼吸著田野裡的新鮮空氣。

一會兒，賀衷寒站起來四處張望著，幾隻白鷺拍打著翅膀撲棱棱地飛走了，一會兒就消失在洞庭湖的水霧中。這個初夏的上午異常的安靜。

「哞——」山坡裡閃出了一頭水牛，看見了生人，好奇地叫喚起來。看牛的漢子也朝這邊張望，看見幾個大蓋帽，嚇得直打囉嗦，慌裡慌張轉身就跑。

「秋叔，是我，衷漢。」賀衷寒向他大聲招呼。

賀秋生站在幾丈遠的地方，怯生生地打量著一行人。不敢過來相認。

「秋叔，你怕什麼啊，幸虧我只帶了幾個人，如果帶上幾百人，你豈不是要嚇破膽了？」賀衷寒笑著說。

「衷漢回來了，衷漢當大官了！」賀秋生一蹦三丈高，一溜煙轉身報訊去了。

賀家的堂屋人來客往，親戚朋友紛紛上門看望。

賀楚卿近來身體欠佳，慢慢消瘦下來，精神不好，沒有力氣，肚子裡還會長水，一天比一天脹大。

兒子一回來，病快快的他眉開眼笑，步履輕盈，一下子精神

多了。

賀衷寒的大女兒妙文已經4歲了，她睜著烏溜溜的大眼睛看著家裡來的新客人，拼命往媽媽懷裡躲。到了傍晚，妙文就粘著爸爸，抱住爸爸的脖子不願意鬆手了。

「秋叔，你過來坐，你看見我跑什麼，還怕我吃了你啊。」賀衷寒看見站在門邊上的賀秋生，向他招手。

「看見當兵的誰都怕，今天你打我，明天我打你，槍子又不長眼睛，哪一天打到我頭上還不是做冤死鬼。」賀秋生嘟嘟囔囔。

「是啊，是啊，南軍北軍打得不可開交。不是搶地盤，就是搶財物。」鄉鄰們紛紛附和。

賀衷寒哈哈大笑：「怕死莫當兵，亂世出英雄嘛，哪一個政權不是槍桿子裡面打出來的。不過啊——」賀衷寒話題一轉，「大清亡了十幾年了，軍閥還在混戰，百姓受苦，國民革命軍是王者之師，正義之師，一定能夠取得全國革命的勝利！孫中山先生『天下為公』的理想一定能夠實現！」

接著，賀衷寒激情澎湃地向大家介紹北伐的形勢，宣講革命道理。「鄉親們，封建帝制完蛋了，軍閥割據也會完蛋，『三民主義』深入人心，北伐軍勢如破竹，已經攻佔了湖南，很快就會拿下武漢，拿下全國！」

鄉鄰們圍著他，如醉如癡，洞庭湖邊閉塞的山村裡吹來了一股清新的空氣。

賀衷寒陪伴父親與妻兒聊家常，享受著難得的天倫之樂。他特意登門看望族長賀紹武，將此前去蘇聯參加遠東會議時借下的錢還清，並將一件貂皮大衣贈送給賀紹武，感謝他當年的照顧。

賀紹武樂得合不攏嘴，逢人就說自己當年沒有看走眼，「衷漢這孩子豈是池中之物，是個出將入相之人呢！」

　　熱鬧了三天，賀衷寒與家人依依惜別，他從洞庭湖邊的鹿角碼頭坐小火輪來到岳陽樓碼頭。賀衷寒上岸小憩，乘興登上岳陽樓，極目遠眺，詩興大發，填詞一首《前調‧登岳陽樓》：

> 「樓連洞庭水連天，蹤跡杳神仙。憑欄矚目君山翠，未飛渡意已飄然，酣醉欲醒，吟哦乍起，心境更無邊。登臨人自在如煙。誰個識前賢，胸懷一片君民念，為天下樂後憂先，廊廟服官，江湖作客，同樣不情遷。」
> ……

　　當賀衷寒去中山大學時，中山大學招收的第二期學員已經開學了，蔣介石的大公子蔣經國等人已經先期入學。賀衷寒和王懋功等團級幹部是被補錄進中山大學的。蘇聯方面對這一批人給予了許多優待。

　　在莫斯科城內，一條不甚熱鬧的街，叫瓦爾芬柯街。一座規模相當大的四層洋樓鶴立雞群，這裡原來是沙皇時代的一家企業，現在改作了中山大學校址。學校前面是皇家大教堂和彼得銅像，附近的一個廣場就是操場。校本部有教室、辦公室、大會堂、圖書館、食堂等設施，另外在校外選了一座公寓作為學生宿舍。宿舍裡暖氣、被褥等設備齊全、生活比較舒適。

　　學校的伙食不錯。當時蘇聯的一般人都只有定量的黑麵包吃，而中大的學生吃的是不限量的白麵包、牛奶、肉類等。為照顧中國留學生的飲食習慣，每個星期還特別做一兩頓大米飯吃。餐後備有紅茶，供應點心。學校除供應學生一切生活和學習的必需品外，每人每月還發給12個盧布作為零花錢。

　　莫斯科城裡，有一個周圍有中國式城牆的地區，約一二裡

見方，叫中國城。旅居莫斯科的華僑多半集中在這裡，開設各種店鋪。

在國內養尊處優的一些紈絝子弟們經常向學校提意見，嫌學校的伙食不好。他們三五成群地跑到中國城去吃地道的中國菜，擺龍門陣，逛公園，過著優哉遊哉的生活。學生中由於男多女少，爭風吃醋，不時鬧出一些花邊新聞來。

賀衷寒想起1921年第一次來莫斯科時的情景，這一次是天壤之別了。初到學校，除了伙食待遇優厚，還有西服外套、襯衫、皮鞋、毛巾、浴巾，都由學校發給。對於在國內過慣了戎馬倥傯生活的賀衷寒來說，這種生活就是一種享受了。

黃埔一期畢業、參加了東征平叛的團級幹部賀衷寒，很快就成了中山大學的明星人物。他的身邊聚攏了一幫人，以黃埔軍校出身的學員鄧文儀、蕭贊育、鄭介民、康澤等人為主，加上從德國轉來的谷正綱、谷正鼎等。他們意氣相投，常常聚在一起，談論國際國內形勢。而賀衷寒閱讀的書籍較多，視野開闊，談吐機智，漸漸地成了大家的精神領袖。

中大學員中有三四百名國民黨員，這些人處於無組織狀態，除了學校組織的集會，平時沒有什麼活動，幾乎是兵散兵游勇。大家就想把這些人聚攏來，形成一股力量，也可以作為日後回國爭取權力或者抱團發展的政治資本。有人還列舉出來留學生中有國民黨旅法支部的例子。於是，大家便推舉賀衷寒領銜，發起組織國民黨旅莫支部。對於這個組織，校方相當謹慎，以國民黨中央組織部未批准為由加以制止，鬧騰了一陣子便流產了。

賀衷寒是那種意志很堅決的人，在他看來，校方反對的未必都是正確的。幾經醞釀，他們把聚會改在圖書館隔壁的一個小房間裡。這房間遠離走廊，只有一個把門的在外閒逛。會場顯得很

隨意，中間擺著一張普通的木檯子，四周隨便擺放幾把椅子。陸陸續續進來了三四十人，椅子少了，有人站著，也有人乾脆坐在地上。大家都知道聚會的意圖，少數人顯得心不在焉的樣子，附在耳邊小聲議論談笑著。

賀衷寒環視了一下四周，他情緒飽滿，聲音洪亮，一開口就吸引了眾人。

「孫中山先生在世時耳提面命，我們只要跟著走，不怕走錯路。現在，先生不幸去世了，導師失去了，再也找不到耳提面命的人了，只有一部孫文主義是先生留給我們的唯一遺產。而我們的同志身在異國，全然不去思考中國四分五裂、民不聊生的現狀，大家信仰何在？精神何在？得過且過，醉生夢死一般，與行屍走肉何異？中國革命的成功離不開總理的教導，離不開諸位同志的努力奮鬥與勇於犧牲，我們是總理的忠實信徒，決不能丟掉信仰丟掉靈魂。」賀衷寒慷慨激昂，眼角泛起了淚花。

「可我們怎麼辦呢？」一陣沉默後，在場的人問道。

賀衷寒自信地笑笑：「重整旗鼓！」

「孫文主義學會不是解散了嗎？」有人問。

賀衷寒解釋道：「那是在國內。現在我們重整旗鼓，要讓我們孫文主義學會的旗幟飄揚在莫斯科上空！」

「中大不是不讓成立小組嗎？」

「我們有研究的自由。」鄧文儀不滿地說。……

兩個星期過去了，孫文主義學會的會員們帶著各自發展的會員名單，再次來到小房間聚會。有人還帶來了伏特加。他們互相斟酒，談論著這些天來的收穫。一些原打算加入共產黨或者少共國際組織的國民黨員，猶豫觀望起來。

賀衷寒受到大家心情的感染，抿了一口酒，臉上泛起了紅

光。正說著，一名會員推開了們，匆匆走進來，神色慌張地說道，「不好了，校方正在開大會，討論要開除我們的學籍！」

「誰走漏了風聲？」康澤很生氣。

「我們去！」冷場了一會兒，賀衷寒說道，「既然秘密已經公開了，也沒有什麼好怕的，是去是留總得要給我們一個說法。」

禮堂的門敞開著。校方主持人正在宣佈孫文主義學會是反共反蘇組織，不容許學生在留蘇期間搞小組織活動，否則學校要對他們作出嚴肅處理⋯⋯

周圍的人在議論紛紛，有的主張將他們開除，有的主張責令他們檢討悔過；也有人為他們辯護，說這是「研究自由」，不應該橫加干涉。

賀衷寒擠出一條通道，登上講台，抓住了話筒，講道：「這件事是共產黨借題發揮，打壓國民黨的同志，想把中大弄成清一色的黨校。民主與自由不應該受到壓制，今後在校的每一個國民黨同志如果不能服服帖帖地聽從指揮，就隨時會扣上右派、反革命帽子的危險⋯⋯」

一陣隱約的歡呼聲打斷了他的話。裡面的人群突然騷動起來，樣子很激動。有人把憤怒的目光投向台上的賀衷寒。賀衷寒還在台上講著什麼，已經聽不見了。

最終，賀衷寒等人還是遭到了校方的嚴肅批評和警告。

隨後，賀衷寒進入伏龍芝軍事學院中國班學習。中國班一共招收了三批學員，前後共計12人。其中左權、陳啟科、劉雲、屈武、黃第洪和劉伯承是中共黨員。6人在中國班裡成立了黨支部，由劉雲擔任支部書記。抗戰期間也有一批八路軍將領被送到重新開辦的伏龍芝軍事學院中國班深造，如林彪、劉亞樓、盧冬

生等。

1927年底，距離第一期學業結束的時間已經不遠，此時國共兩黨合作破裂，國民黨方面的學員中途退學回國。學校當局將賀衷寒等人放在第一批遣送回國。路費除由學校發給，除每人一張蘇聯出境的車票外，另發旅途費用50盧布。

在一年多的留蘇學習中，賀衷寒收穫了不少先進的軍事知識，為後來在國民黨軍隊中的發展打下了基礎，但他的思想也進一步向右轉。他並不反對社會主義，但認為只能是三民主義範疇內的社會主義，並要通過國家權力來實現。他認為，像蘇聯共產黨那樣用「殘酷的階級鬥爭」去實現社會主義，不但慘無人道，也完全不必要，在中國決不能容許有這種情況發生。

1927年12月5日，上海《申報》刊發了一則衛戍司令部參謀函：「查賀衷寒等三同志，本系國民政府派往俄國學生，確為忠實同志，恐歸途或發生阻礙，特此電希轉飭軍警，妥為保護為要。」

赴俄學習，一時變得政治上不正確起來，歸來者需特別函電保護，才能免除軍警的疑慮。

第10節　就任學生總隊長

　　1927年的中國，風雲突變，國共合作徹底破裂，開始了十年內戰的民族災難。隨著北伐的勝利，國民黨加緊了清共的步伐。

　　1927年4月27日，共產黨第五次全國代表大會在武昌第一小學禮堂召開，中共中央總書記陳獨秀，在會上作了一個令人失望的政治報告，為自己的右傾問題進行辯護，卻未能提出挽救時局的方針政策。共產黨員的人數由近6萬人，一下子降到1萬多人，更嚴重的問題是那個時候，中共黨內的思想相當混亂，究竟下一步該怎麼辦，很多人不清楚，看不到前途，看不到出路。

　　蔣介石也因為北伐進程緩慢，在南京國民政府內部飽受非議，所以乾脆「以退為進」，宣佈暫時下野。期間，他與同受排擠的汪精衛達成諒解，暗中指示黨徒破壞南京新成立的「特種委員會」（桂系、西山派、孫科派聯合政府），並向宋美齡求婚成功，獲得了中國最強大的財閥家族的支持，還借機訪問了日本……蔣介石把持的南京與汪精衛把持的武漢合流，導致國共第一次合作徹底破裂。

　　共產黨急需總結大革命失敗的經驗教訓，確定新的方針。中共中央根據共產國際的指示，決定召開緊急會議。

　　8月7日的武漢，天氣特別悶熱，這天早晨，一群30歲左右的青年，陸陸續續的向鬧中取靜的三教街41號走去，出席會議的人雖然不多，但因環境險惡，由秘密交通員將代表一個一個帶入會場，代表入場後，不再外出，一日三餐以乾糧充饑，夜晚就席地而臥。

　　會議首先由共產國際代表羅明納茲作報告，瞿秋白翻譯。

接著毛澤東、鄧中夏、蔡和森等相繼發言。會上，瞿秋白代表中央常委作了報告，他指出，土地革命已到了最高點，農民要求暴動，中國共產黨必須燃著這爆發的火線，以自己的軍隊來發展土地革命。

在這次會議上，瞿秋白、蘇兆征、李維漢當選中央政治局常委，並決定由瞿秋白主持政治局工作，瞿秋白當時只有28歲，革命的浪潮已將他推上了大浪之巔。於是，自1927年夏至1928年春，中共先後舉行了南昌起義、秋收起義、廣州起義等武裝暴動，把中國革命推向了土地革命的新階段。吹響了武裝反抗國民黨的號角。

1928年初，無法維持下去的南京「特委會」聯合馮玉祥、閻錫山等北方勢力，一起恭請蔣介石「復職」。蔣介石又回到了國民政府的權力頂峰。

1927年5月，蔣介石為了統一軍校本校分校教育，在南京籌設中央軍事政治學校，不久蔣介石被迫下野，籌設計畫暫時作罷。11月，張發奎、黃琪翔發動兵變，佔據了廣州。12月，共產黨人蘇兆征、張太雷發動了廣州起義，組織廣州蘇維埃政府，黃埔軍校五、六期學生陷入了饑寒交迫之中，逃亡者日眾。當時蔣介石已經下野，對他賴以起家的黃埔軍校深感憂慮，乃號召黃埔同學會於杭州設立招待所收容黃埔學生。不久，蔣介石復職，首先電令浙江省政府在杭州設立軍事訓練班，訓練此批黃埔學生。1928年1月中旬，訓練班成立，編成一個總隊，下轄三個大隊。

這時，賀衷寒自蘇聯回國，蔣介石喜不自勝，立刻召見賀衷寒，任命他為杭州軍事訓練班學生總隊長，負責收容逃散到杭州的黃埔軍校第五、六期學生。

賀衷寒肩負起千餘名學生教育之責任。殫精竭慮，歷經三月

餘。在這批逃亡到杭州的學生中，也有不少後來的知名人物，如戴笠、唐縱等。

三個多月後，黃埔軍校正式遷往南京，改名為中央陸軍軍官學校（對內仍稱黃埔軍校）。同月，黃埔同學會在南京舉行全體會員大會，賀衷寒被選為監察委員。同時，他還擔任了國民黨南京特別市黨部監委會常委委員。

從蘇聯回國後，賀衷寒幾次請纓直接帶兵，但蔣介石卻遲遲不予表態。賀衷寒感到莫名的焦慮。

南京東30公里的群山綠蔭中，有一處絕佳的休閒勝地，這就是湯山溫泉。蔣介石嗜好洗溫泉，湯山位於甯杭公路、寧滬鐵路旁，蔣介石工作餘之後，或從上海、浙江老家回來，帶著宋美齡必到這裡休閒洗溫泉。

湯山水碧山青，溫泉滑潤，在明朝時就聞名天下。明朝遷都北京後，因留戀、懷念湯山的溫泉，於是將北京北郊的一處溫泉起名為小湯山。湯山以泉聞名，成為國民黨要員的休閒勝地。南京國民政府成立後，將湯山劃為「首都行政特區」，駐有陸軍一個精銳團，一個憲兵中隊。為了確保湯山特區的安全，湯山鎮上設有憲、警、特三部門聯合辦公的特勤處，由軍事委員會派來的一個科長領導。這兒的居民都經過幾次登記，嚴加審查，後又建立了保甲制度，可以說對保衛工作一絲不苟。

一天，蔣介石帶信約賀衷寒去湯山談話。賀衷寒懷著幾分急切與期盼的心情趕往湯山。蔚藍的天空下，一場雨洗出了一個清新明麗的世界，那啁啾的鳥鳴飛起於林間，跌落於山坡，此呼彼應。悠長的，短促的，粗獷的，細膩的，清脆的，沙啞的，高亢的，低幽的，嘰咕咕、嘰咕咕，嘎嘎嘎，啾啾啾……一聲聲濺入耳來，靜靜聆聽，顫顫然如絲弦彈撥，悠悠然似簫笛吹奏，實在

是一種怡情悅性的天籟之音，妙不可言。

在一山谷的拐彎處，古木參天，一座莊重典雅的二層中式建築約隱約現，這裡就是蔣介石、宋美齡在南京的一個住處——陶廬。濃蔭覆蓋，灌木叢生，幽篁蔥蘢。門前小溪，清泠可愛，流聲潺潺，濕漉漉沁人心扉。賀衷寒沾滿在心裡的疲憊這時候不知跑到哪兒去了，有種說不出的沉靜與清爽。

建於1920年的陶廬，原是江蘇省諮議局議員陶庠三的私有房產。乍看起來像是只有一層，實際上是兩層，一層大半在地平面之下，門前台階直通二樓客廳。樓上正中為客廳，兩側臥室、餐廳、休息室、棋室一應俱全。二樓休息廳後面有一樓梯直通底層，在走廊的盡頭，修築有一地下暗道。

經過一番檢查與通報，賀衷寒忐忑不安地來到蔣介石的辦公室，站在門口喊了一聲報告。

「君山來了，快進來吧。」蔣介石在裡面應了一聲。賀衷寒幾步跨進去，站在辦公桌前，立正，行了一個標準的軍禮。

「報告校長，學生賀衷寒求見！」在公眾場合，黃埔軍校的畢業生都稱蔣介石為總司令，私下裡稱他為校長。

蔣介石顯然很受用這一稱呼，端坐在辦公桌旁批閱檔的他，擱下了毛筆，抬起頭微笑著：「君山不必拘禮，這裡是私室，隨便坐。」

蔣介石對待黃埔軍校畢業的學生，有一種自然流露的親切，即使是在戎馬倥傯之際，也不忘找這些人談談話，這也是他籠絡嫡系的一種辦法。賀衷寒感激地點頭，側坐在一旁。

蔣介石問他最近讀了什麼書，賀衷寒老老實實地回答：「前段時間忙於收容軍校學生，給他們重新安排工作，事務繁雜。最近才看了曾文正公的《冰鑒》。」

　　蔣介石的案頭經常擺著一部《曾國藩家書集》，這時，他的眼睛一亮，不禁來了興趣：「君山，你說兩句給我聽聽。」

　　賀衷寒知道校長在考查他，不敢怠慢，略一思索，便有條有理地說道：「人以氣為主，於內為精神，於外為氣色。有終身之氣色，『少淡、長明、壯豔、老素』是也。」

　　蔣介石點頭稱是，感歎道：「文正固非有超群絕倫之才，其所遭值之事，亦終身在拂逆之中，然勇猛精進，艱苦卓絕，遂能挽大廈於將傾，成不朽之事業。」

　　賀衷寒由衷地說：「校長您就是當今的文正公，只有您才能繼承總理遺願，完成反帝反封統一中國的大業！」

　　蔣介石微微閉上了眼睛，賀衷寒的這番話讓他很受用。他咬著嘴唇，彷彿嘗到了鹹中帶甜的鮮血的滋味。在他的腦子裡，種種事變和痛苦的經歷，像火焰一般充溢和氾濫著。腦海裡閃電般地浮現出廣州、惠州、長沙、武漢、南昌、南京等槍林彈雨血雨腥風的畫面。他率領黃埔軍校的精英們一路揮師北上，所向披靡，橫掃了大半個中國。然而，他極為器重的愛徒蔣先雲卻是共產黨員，在臨潁攻打奉系張學良部英勇犧牲。另一個叫陳賡的學生，在東征時還救了自己一命，他正想重點栽培時，也跑到共產黨陣營去了。如今，共產黨與國民黨已成勢不兩立、水火不容，國民黨內派系林立，汪精衛、孫科等人與他暗鬥明爭。他需要完成統一中國的大業，他需要一個核心的團隊，一種核心的理論，他需要一大批忠心耿耿的追隨者。

　　見蔣介石心情不錯，賀衷寒趁機說道：「校長，稼軒有句詞『男兒何不帶吳鉤，收取關山五十州』，我現在感覺有力無處使啊！」

　　蔣介石突然瞪大了眼：「怎麼？你就不聽從安排了嗎？你不

是校長的學生了嗎？」

「學生不敢！」賀衷寒慌忙站立起來，大聲回答。

蔣介石點了點頭說：「你要沉得住氣，臨危不亂，才能擔大任，幹大事。我的學生，不能只知道衝鋒陷陣，還要有謀劃全域的能力。我們軍隊的政治工作和思想工作的重要性遠超過帶兵打仗，嗯，這個，不要辜負了我對你的期望！」

「是，衷寒服從命令！」賀衷寒儘管沒有達到預期目的，但至少瞭解蔣介石對他是看重並有所期望的。這種以為被蔣介石器重的感覺終身存在賀衷寒的心中，甚至到了他晚年已經知道蔣介石對他有猜疑後依然認為蔣是倚重他的，1964年蔣介石懷疑他搞小組織，雖然冤枉，他還是立刻辭去了國民黨設計考核委員會主任委員的職務，但是1965年蔣介石又要賀衷寒再度擔任行政院政務委員，任命發佈後賀衷寒笑著對妻子方孝英說：「蔣先生喜歡用的人就只有那麼幾個，名字都放在他的荷包裡，我就是他的上選」。

蔣介石對賀衷寒的看法有正有負，而負面看法都來自一些他耳聞並非親見的事，他在台灣寫的日記中多次罵賀衷寒，可是他又讓賀衷寒三次入閣，擔任交通部長和行政院政務委員。論能力，品德，人望和資歷賀衷寒都應該擔任更重要的職位才對，但是蔣又對他不放心，那麼是什麼原因造成蔣對賀的猜忌呢？本書最後會有詳細的分析。

第11節 留學日本

「濟南慘案」後，中日關係惡化。賀衷寒深感救亡存國必先對強鄰日本有深刻的認識與瞭解。1929年春天，經蔣介石批准，賀衷寒赴日本考察軍事、政治。

臨行之前，蔣介石再次召見他，說道：「君山，黨國需要衝鋒陷陣的將軍，更需要文韜武略的謀臣，嗯，日本國值得研究，雖是彈丸之地，但明治維新之後工業革命發展迅猛，妄想稱霸亞洲。日本國狼子野心，不可小覷，甲午之恥刻骨銘心、刻骨銘心啊！」

蔣介石叮囑他要利用留學機會，潛心研究日本的軍事、政治，為國民黨尋求治國良方。賀衷寒諾諾連聲。

蔣介石也許是感覺累了，輕合眼睛，喃喃自語：「騰騰殺氣滿全球，力不如人萬事休！光我神州完我責，東來志豈在封侯！」這是蔣介石在1909年留學日本時寫下的詩，題為《述志》。

賀衷寒熱血沸騰。

「也許校長的想法是對的。」賀衷寒告辭出門，喃喃自語。他決心利用這次東渡機會，潛心研究日本近現代政治、軍事、經濟諸問題。

賀衷寒在日本居留二年，心得甚多。賀衷寒並未進入正式院校就讀，完全以自修方式，依自己的需要和興趣，決定研習方向。當時與他同行赴日的，還有蕭贊育、滕傑二位。賀衷寒與滕傑同住東京郊外，蕭贊育獨居。在他們住處附近有一家名為上野的圖書館，賀衷寒以圖書館為師，博覽群書，專研特種情報業務。這種自修式、體驗式的學習，對學識深厚、經歷豐富的賀衷寒來說，最為

合適。他所追求的是知識的多樣化，深入化，收穫頗多。賀衷寒廣泛收集各種書籍、報刊、資料。其中若干冊他都細讀深讀，友人與之交談，提及任何一冊，他都能說出書中內容。

那時，在日本留學的中國學生約有三四千人，其中黃埔軍校畢業生有40餘人，大多住在東京。宋希濂、滕傑等人經常到他的寓所小聚，談論時局。賀衷寒與宋希濂是黃埔一期同學，又是湖南老鄉，脾氣性格相投，格外親切。

光陰荏苒，賀衷寒到日本轉瞬半年有餘，深深覺得這個都市環境清幽，秩序良好。不論市內或郊外，都非常適宜於閉門讀書。也許在這個國度裡，到處都是適宜於讀書的，因為他們有這種風氣。

賀衷寒對友人歎息，「像這樣素質優良的人民，竟為他們的野心家所利用，被教導成為一批專門供人驅使的掠奪工具，使他們的優點變為劣點，害人害己，多麼可惜。」

很快就到了秋天。一次，宋希濂去探望賀衷寒。那短籬邊牽延著的毛豆葉子，已露出枯黃的顏色來，白色的小野菊，一叢叢由草堆裡鑽出頭來，還有小朵的黃花在涼勁的秋風中抖顫。這一些景象，最容易勾起人們的秋思，況且身在異國呢！宋希濂低聲吟著「簾卷西風，人比黃花瘦」之句，勾起了思鄉思親的惆悵。

書房裡格外顯得清寂，那窗外蔚藍如碧海似的青天，和淡金色的陽光。還有挾著桂花香的陣風。

賀衷寒全然不顧窗外的美景，正伏案靜思，宋希濂沒有打擾他，靜立其後。見賀衷寒全神貫注地展閱一幅地圖，又抽閱相關參考書對照觀察，良久，不禁感歎：「有這樣的地理環境，所以有這樣的特點！」他不斷地對照地圖及書籍，長達一個小時，仍未察覺宋希濂立其身後，可見其鑽研學術的專注。

　　旅日期間，賀衷寒也密切關注國內政局的變化。此時，國內陳公博、王法勤等人積極籌設「改組派」，欲擁戴汪精衛，聯合馮玉祥、閻錫山，以奪取南京政府的合法地位。賀衷寒聞之，奮筆疾書，寫下了《改組派之檢討》及《汪精衛理論之批評》，用流暢的文筆、完整的理念，嚴厲批判改組派及汪精衛。持論精闢，受到國內重視，在蔣介石的授意下，一年之內再版至十三次之多。讀書之餘，賀衷寒常與蕭贊育、滕傑等黃埔同學討論國家面臨的困境及未來的出路，日後「三民主義力行社」的成立，此時已初步奠定基礎。

　　「君山，你居然在蘇聯搞起了孫文主義學會，膽子不小咧。」宋希濂笑嘻嘻地說。

　　「蔭國，你莫笑我噠，你比我還厲害，在東京捋了虎須。」賀衷寒所指的是宋希濂與日本人鬥爭的事情。

　　1927年底，宋希濂奉派赴日本留學，入陸軍步兵學校學習。此時，北洋政府還未推翻，中國東北、華北還處在張作霖奉系軍閥統治之下。國民政府決定繼續北伐，實現統一中國的目標。1928年4月30日，北伐軍攻佔濟南。5月3日，日本駐軍到處挑釁，殘殺國民政府外交特派員蔡公時，打死打傷中國軍民4000餘人。史稱「五三」慘案。

　　在日本的中國留學生義憤填膺，立即召開緊急會議，一致決定舉行抗議大會與遊行示威活動。但這畢竟是在日本，弄不好是要殺頭的，誰來率這個頭呢？正當大家猶豫時，宋希濂站了起來：「這個頭不好當，我在國內當過兵，打過軍閥，經驗豐富些，我來吧。」就這樣，宋希濂當上了大會主席團主席。

　　5月10日上午，留日學生1000多人集會，宋希濂首先跳上台發表了慷慨激昂的演講，痛斥日軍暴行，接著，十幾人發言，言

辭激憤，聲淚俱下。

　　突然，幾百個日本員警闖了進來，包圍了會場，宋希濂上前據理力爭，一群員警圍住他，舉起警棒就打。這宋希濂身強力壯，奪下一根警棒反手將一個矮個子員警打倒在地。更多的員警圍住他，一頓亂揍。宋希濂等十幾個留學生被打得遍體鱗傷，然後被關進了神田區警察局拘留所。十幾人關押在一個狹窄的房間內，宋希濂背靠背坐著，晚上睡覺只能靠著牆打瞌睡。每人每天一杯清水、兩塊黑麵包。宋希濂心裡想著中國不能當亡國奴，鼓勵大家挺住。10多天後，經過中國駐東京領事交涉，他們才被釋放。

　　賀衷寒雖身處異國他邦，仍時刻關注國內的政治鬥爭，不時發表反對共產黨和國民黨左派的言論，其所寫的《改組派之檢討》的小冊子，頗受國民黨右派分子的賞識。他在日本學習、考察的兩年時間，正是世界資本主義經濟危機爆發之際，一些國家的資產階級為了加強自己的統治，紛紛建立法西斯專政，以鎮壓人民的反抗鬥爭，賀衷寒深受影響。

　　1929年秋，時間尚早，日本就提前迎來了「寒冬」。這個「寒冬」不是節氣上的寒冬，而是日本經濟上的「寒冬」。英國前首相邱吉爾曾說過：「1929年至1931年的經濟風暴，對日本的衝擊絕不亞於對世界任何地方。」實際上，真實的情況遠遠更嚴重。

　　日本國內市場本來就小，其自然資源更是匱乏，日本經濟的正常運轉都是依靠進出口貿易來維持的。當金融風暴席捲日本的時候，日本受到的傷害自然就很大了。

　　因為金融風暴，日本大多數工廠都關門了，將近400萬人失去了工作，沒了生活來源；農民的生活也不好過，500萬戶農民也因此徹底破產。生活的艱難又導致了後面悲劇的發生。

　　在當時的日本，為了生活，很多家庭不得不把自己的女兒送

到妓院去賺錢生活，因此，很多山村都成了沒有少女的村莊。更為淒慘的是，實在生活不下去了，一家人自殺甚至街坊鄰居集體自殺的情況又出現了。

金融風暴給日本造成的影響很大，在金融風暴結束幾年後，日本女性的身高都才只有一米四多一點，而男性的平均壽命只有四十來歲。經濟的蕭條導致社會秩序的混亂，日本政府為了轉移民眾的注意力，解決資源危機，最終走上了侵略中國的道路。

1931年春，賀衷寒從日本回到國內，這時內戰正酣。這年夏天，一場空前的洪水席捲了長江、淮河流域七省205縣。《中央日報》這麼報導安徽災情：「鎮市蕩平，田禾淹沒，浮屍壘壘」；而對江蘇災情，《新京日報》有著更詳盡的報導：「自7月4日起至12日止，大雨滂沱，釀成十六年來未有之奇災……此種生活，誠不啻人間地獄」……比起安徽與江蘇，受災最烈的卻是湖北。僅僅江漢平原，這一年死於水患、饑餓、瘟疫的，就不下200萬人，幾乎家家喪事、戶戶掛白。洪水過後，哀號遍野。

順長江而下的洪水，「淹沒田畝達百數十萬……廬舍蕩然，村落如海中島嶼」（《新京日報》）。賀衷寒的家鄉洞庭湖畔，雖然不及湖北災情，但亦是成千上萬的難民，沿著鐵路線綿延百里，不時有人倒斃路途。這些悲慘的景象，重重地叩擊著賀衷寒的心房。

在日本考察兩年後，賀衷寒奉命返國。

第五章
組織藍衣社

第1節　明爭暗鬥，內部危機

南京的洪水剛剛退去，一處處積善堂、施粥站前，都有望不到盡頭的難民隊伍。他們艱難地蠕動著，一雙雙呆滯、灰濛濛的眼睛，似乎見不到活人的光澤。因為擔心饑民的哄搶，大部分店鋪都緊閉著門板。大街小巷都充斥了死亡的氣息。

站在南京街頭的賀衷寒，心在一點一點地往下沉。然而，使他近乎絕望的，是天災，更是人禍。這一年春夏，與大洪水幾乎同時，南京政權陷入了空前的動盪與分裂。

分裂始於「約法」之爭。1930年秋天，中原大戰獲勝後，蔣介石頻頻電告天下，呼籲召開國民會議，制定《約法》，以國家政權奉還於全國國民。他說：「兩年以來，黨國多故，叛變紛起，都因為缺少一部《約法》。數十萬將士之鮮血，戰地無數人民之犧牲……不能不痛定思痛、懲前毖後。」

這些表態，語氣不可謂不懇切，理由不可謂不正大。然而，對這些電文，國民黨元老、立法院院長胡漢民卻頻繁引用孫中山遺訓，阻擾《約法》的頒行。他宣稱孫中山晚年的《建國大綱》中就沒有提到約法兩個字，而單講憲政。他在立法院發表演講：「關於國民會議的一切……必須完全遵依總理的遺教」。面對戴季陶、吳稚暉等元老的勸說，他更公然表示：「約法這件東西，寒不能為衣，饑不能為食……只於人民有害……」

凡此種種，讓蔣介石肝火大動。1931年2月9日，他在日記中寫道：「見人面目，即受刺激，小人不可與共事也」。次日，他點出了胡漢民的名字：「胡專欲人為其傀儡而自出主張……誠小人之尤者也」（《蔣介石日記》）。

　　2月15日，委任陳立夫為國民會議選舉總幹事後，蔣介石斷言：「胡漢民以史達林自居，而視人為托洛斯基」。

　　十天後，胡漢民對輿論界公開放言：「我追隨總理數十年……從未聞總理提及國民會議應討論約法一語。」蔣介石勃然大怒，他在日記裡寫道：「今日之胡漢民，即昔日之鮑羅廷。余前後遇此二大奸，一生倒楣不盡……」

　　在這種情況下，2月28日，蔣介石一不做二不休，他乾脆以「設宴相邀」的名義，誘捕了胡漢民。次日，在他的威逼下，胡漢民具書辭職，並被移送到南京郊外的湯山軟禁。對這個悍然舉動，蔣介石的解釋令人哭笑不得。這一年的《中國年鑑》記載，蔣介石宣稱「只有以這種方式，才能使他的光榮歷史不受玷污」。

　　那麼，這一切僅僅是因為胡漢民與蔣介石對訓政、「約法」的不同理解而發生的嗎？亦或它僅僅因為胡漢民的抱殘守缺、自奉為孫中山的真實信徒？幾天後，在廣州的一次演講裡，與胡漢民意氣相通的孫科一語道破了蔣介石的用心：「蔣氏實欲於國民會議提出總統……修改約法，加入總統。」

　　換而言之，所謂「約法」，所謂國民會議，都不過是表面文章。蔣介石醉翁之意不在酒，而在於總統職位。作為後起之秀，他試圖以此凌駕於元老濟濟、老氣橫秋的國民黨中央之上。對此，作為國民黨的主要元老、胡漢民當然不會買帳。

　　其實，這又何止是政潮？5月28日，以廣東軍閥陳濟棠為首，反蔣聯盟在廣州召開非常會議了。他們宣佈南京政府為「非法」，並勒令蔣介石在48小時之內下野。汪精衛、孫科、西山會議派以及剛剛吃了敗仗的閻錫山、馮玉祥、李宗仁、白崇禧……紛紛加入了這個聯盟。民國這個派系、權力的大雜燴，此時分裂成反蔣

和擁蔣兩個陣營了。

國民黨內部矛盾空前激化，危機重重。

在這樣的背景下，賀衷寒從日本被急召回國。回國後的賀衷寒，先後擔任國民黨陸海空軍總司令部政治宣傳處處長、訓練總監部教育處長、國民政府軍事委員會政治訓練處處長、總司令駐南昌行營「剿匪」宣傳處處長。

賀衷寒採用辦「政治研究班」和「軍校特訓班」的辦法，抽調和招收一批又一批軍隊中的在職政工幹部和大專畢業生，進行短期集訓，然後將他們分派到全國各地的軍隊中去，從事宣傳工作，並監視這些軍隊的帶兵長官，以防止「異動」。在貫徹實施蔣介石提出的用「三分軍事、七分政治」的辦法「圍剿」紅軍方面，賀衷寒可謂嘔心瀝血、絞盡腦汁。

這時，胡宗南亦率部入贛，倆人複聚首暢談。當時兩人都是三十來歲，身體健壯，正是春風得意的時候，在公私集會中，胡宗南精神尤為旺盛，從未稍見怠容。

從日本考察後回國的
賀衷寒

一日，胡宗南邀請賀衷寒吃霜淇淋，較量杯數以定勝負，胡宗南連盡五杯而泰然自若，賀衷寒則吃到第三杯就已經不勝負荷了，第二天即腸胃不適。由此可知他們壯年時胡宗南的身體素質較賀衷寒結實強健多了，也可以看出賀衷寒體質較文弱並不適合軍旅生涯，而政治工作和文職才是他的強項。

第2節
九一八事變，黃埔同學心急如焚

　　賀衷寒在彷徨與痛苦中思考。造成「國疲民敝」的根源，不是天災、而是人禍。在地主的重租、歷史遺留的煙患以及軍閥割據造成的連年內戰之外，南京政權的種種施政措施，是更為深重的「人禍」。

　　幾乎從誕生的那一天起，國民黨就是一個大雜燴一般的政黨。它從來沒有嚴密的組織與嚴格的紀律，它是軍閥、政客、權貴、遺老進行權力交易的俱樂部。尤其是「清黨分共」後，它就不能維持新生的激情了。持槍的軍閥，搖身變為國民黨員；成千上萬的兵痞，加入了國民革命軍的行列；大批劣紳、土豪乃至鄉間流氓，把持著縣政府、鄉公所，他們拉丁派役、牽牛砸屋，無所不為。1930年《北華捷報》的一則報導，就概括了人心的向背：「僅僅一年半以前，人們還滿懷熱情，而今天，所有中國人都存在著絕望感。」

　　這個政權僅僅擁有長江下游幾省，卻擺出了中央政府的派頭，一方面敲骨吸髓、盤剝農戶；另一方面以這些民脂民膏供養著各地軍閥、豪強，以至於弱幹強枝、國無寧日。在財政破產的情況下，這個政權不僅不興修水利、改善民生，反而縱容基層黨閥加捐加稅、涸澤而漁，以至於土地價格一瀉千里，土地兼併異常嚴重。水災、旱災、風災、冰雹，幾乎年年有處處有；戰亂、逃離、苛捐、煙毒，使廣大農村烏煙瘴氣、死氣沉沉……

　　凡此種種，造成原本富庶的蘇南地區「普通民戶家無三日之糧」，權貴、豪強為了一己私利，不惜毀滅掉這個國家！

想到這裡，賀衷寒的眼前掠過了黃埔歲月。那是從來不需要想起、但永遠也不會忘記的歲月。那時，前線激戰的消息，不時瀰漫、籠罩著學校，每天都有慶祝、動員和集會活動，不時有成連成隊的在校生被召往前線，也不時傳回哪個熟悉學友陣亡的消息……黃埔的歲月是那麼令人難忘，人一輩子能走多少路？能見多少人？但是，只有黃埔呵，怎麼都是忘不了的。

在巨大同化力量中，黃埔同學也在隨波逐流、亦步亦趨，偶爾也花天酒地，偶爾也爭鬥傾軋，漸漸地成為一個在傷痛的清醒和機械的麻木中去坐地分贓的官僚了……

黃埔一到六期，大約畢業了六千名學員。經歷了黃埔時期、北伐時代和「清黨」階段，此時依舊留在蔣介石陣營裡的，大約有三千餘人。其餘千餘人加入了共產黨的部隊，五六百人投向地方軍閥，剩餘的人則在戰爭中犧牲，或者下落不知。

依靠黃埔起家的蔣介石，在層出不窮的社爭、黨爭與觀點思想之爭面前焦頭爛額。在「清黨」後，他乾脆下令，禁止黃埔畢業生私自參加政治活動，違令者槍斃……

1931年7月，滕傑從日本歸國。狂熱的情緒支配著他，在南京角落的一處弄巷裡，26歲的滕傑完成了一份《計畫書》：在無聲無息（極端秘密）的原則下，以黃埔學生為骨幹，結合全國文武青年之精英，切實把握民主集權制之原則，來建立一個意志統一、紀律森嚴、責任分明和行動敏捷的堅強組織。

此時，南京政權山雨欲來，「蔣介石下野」的呼聲日漸高漲。與蔣介石命運最為息息相關的黃埔系，也面臨著空前的危機。何況他們年歲尚輕，尚未浸染暮氣沉沉的官僚生活；又何況他們一向自居為中華民國的中流砥柱，在日本態勢咄咄逼人之際，他們當然不甘蝸身於歷史的角落……

作為黃埔四期畢業生，騰傑開始游走南京，遍訪同學、同鄉以尋求支持。當月月底，一個叫曾擴情的學長出現了。曾擴情畢業於黃埔一期，他閱讀騰傑的《計畫書》後，大為讚賞。兩人一拍即合。幾天後，曾擴情出面邀約了鄧文儀等七名黃埔學生，在蜀陝菜館舉行「聚餐會」。

這一天，在酒酣臉熱處，由曾擴情說明聚餐意義，然後由騰傑報告他對時局的觀感，並傳閱他的計畫，徵求大家對計畫的意見，結果是「一致贊成」。

這一次聚餐會，使久遠的黃埔氣息在南京復活了。當天，在聚餐會的尾聲，騰傑趁熱打鐵，提出幾天後以「每人再邀約一人」的做法，再次舉行聚餐會。不久，在騰傑的臨時寓所，鄧文儀帶來了一個湖南口音很重、神采飛揚的人。

「君山兄！」騰傑大喜過望，上前緊緊抓住了賀衷寒的手。賀衷寒也很開心，笑吟吟地說道：「聽說你回國了，特意來看望你。」

幾個人站起來紛紛與賀衷寒打招呼。在黃埔體系裡，賀衷寒是當之無愧的大佬級人物。他們迫切期望賀衷寒的參與，帶著他們幹。

曾擴情略顯憤懣、極為酸楚地說：「我們只要想一想早些年的日子，就能知道發生了什麼……那時，國民革命前途黯淡，我們隨時要上戰場，隨時可能送命。那時要我們命的，就是今天當長官、做我們老爺的那些人。身為軍人，我以和他們共事為恥！……」

「樹欲靜而風不止，反對校長的人，不僅在廣州，也在南京。校長現在難啊……一旦校長下野，試問除我黃埔學生，又有誰可以濟時解難、挽時局於困蹇？試問，一旦校長下野，難道我

們能聽命汪精衛、孫科、馮玉祥？倘若我們不行動起來，國家要亡，我們這些人，也要被後人永世恥笑！……」

鄧文儀、曾擴情、滕傑等人，七嘴八舌講出他們的計畫，臉上的表情十分豐富，時而悲觀，時而慷慨，時而充滿興奮與期待。他們望著賀衷寒，迫切期望著從他這裡找到答案。

賀衷寒顯然被大家的熱情所感染。他動情地說道：「今日之時世，與我輩初入黃埔、立志蕩滌老朽腐敗之際，究竟又有什麼兩樣？東征北伐、定鼎中原，我們死了多少人，莫非我們是為蠅營狗苟之徒、營私舞弊之輩而戰而亡？」

「那我們怎麼辦？」大家流露出了喜悅。

賀衷寒思考了一會，誠懇地說：「大家的熱誠與赤子情懷我非常感動，但要實行這樣的組織計畫，一定要謹慎與周全，你們都知道校長一向不贊成黃埔學生搞小組織……」

「胡宗南近期回南京述職，不妨聽聽他的意見。」

過來幾天，鄧文儀又帶來了一個浙江籍黃埔學生，時任第一軍第一師師長的胡宗南。

東征北伐、定都南京，胡宗南連年擢升，是黃埔學生中官運最亨通者。胡宗南聞知這些人在「烷花菜館」聚餐，知是必有所謀。大家於是請他提一下意見。胡宗南異常痛快，他笑聲朗朗，

蔣介石的侍從秘書鄭文儀

三言兩語就表明了態度：「同學們要團結，這問題很急切，老是這樣談，時間已經過去很多了，要推舉幾個人負責籌備。」

大家都同意他的意見，胡宗南乾脆俐落，立即就推舉賀衷寒、酆悌、滕傑、周復和康澤等五人負責籌備，大家

無異議，他說完就退席了。

在滿洲危機、派系傾軋、腐敗蔓延之外，還有「校長」的危機，黃埔系的危機。為什麼不行動起來，內反黨閥權貴，外爭大國地位呢？

恰在此時，在遙遠的滿洲，一個震驚東亞、世界的事件發生了。那就是日本官史所稱的「奉天事變」、「滿洲事變」，以及中國官史所稱的「九一八事變」。

張學良奉行「不抵抗政策」，使日軍以極為微小的損失，佔領了整個東北。日本朝野欣喜若狂，相當於日本本土兩倍的土地，相當於全國兩年財政收入的財富，以及豐富的煤鐵資源，無窮無盡的人力和民夫……幾乎一夜之間就歸屬於大日本帝國了。

滿洲事變已經爆發，群情激憤達於極點。

黃埔同學第三次聚會，人數已到四十餘人。滕傑神情肅然，他回顧了日本的數十年野心，他又歷數著南京政權四年以來，貪污橫行、分崩離析的事實，漸漸為之動容，眼中淚花點點。曾擴情動情地談到：「只可惜我滿洲千萬百姓！從南向北看，可憐無數山哪！」胡宗南慷慨地表示：「除依照滕傑兄的意思，和舉國文武青年一同發憤圖強外，我們別無出路……」

在無數人激昂陳辭之後，賀衷寒徐徐起身，開始宣讀他的組織計畫。這一天，依照賀衷寒的意見，該組織定名為「三民主義力行社」。

參加這次聚會的人，都已經不在人世。此外，由於後來海峽兩岸的長期隔絕，由於後來大陸地區政治氣候的變遷，也由於在台灣省直到七十年代中期，它依舊涉及著當事人「私自組社」、「違反軍紀」的問題……流傳在兩岸的許多當事人的《回憶錄》與《訪談錄》，在談及藍衣社核心組織力行社的形成時，都語言含糊，相

互矛盾，大都否認在得到蔣介石同意前，他們就自行結社。

例如，當時的與會者康澤在《自述》裡這樣描述發起力行社的過程：「1931年10月至11月間，蔣介石約賀衷寒、騰傑、戴笠和我等十餘人談話……他講完之後，賀衷寒站起來並含著眼淚說：『……我們很難過，但我們相信是有辦法的。只要拿出正大的主張，並嚴密的組織起來……』」（《康澤自述》）

力行社由「蔣介石發起、黃埔生組織」，幾乎已成為大陸史學界的定論。

第3節
蔣介石暗中授意，黃埔子弟兵抱團

　　海報、標語、旗幟……，「中國的土地可以被征服，但不能被葬送。中國的人民可以被殺戮，而不可以低頭。國亡了！同學們起來啊！」

　　幾天時間，從北平、上海、漢口等地湧入南京的大學生，達到7萬多人。和南京學生一起，他們聚集在丁家橋黨部大樓、外交部大樓附近，並隔絕了交通。人潮一次次衝擊著這些象徵政體、權力的門樓，不時有學生、員警流血受傷。

　　1931年11月7日，也就是蘇俄「十月革命」十四周年紀念日，在閩贛大山深處的縣城瑞金，幾聲禮炮過後，幾千名「赤色群眾」擁簇著毛澤東、朱德等幾百名高級幹部、知識份子和工農代表，沿著青石板街道步入一處簡陋的禮堂。中華蘇維埃第一次全國代表大會開幕了。幾天後，大會宣佈：中華蘇維埃共和國政府成立。因為國民黨政權不願光復滿洲，已淪落為「賣國政府」，從此，瑞金是中國唯一的合法政府。

　　中國開始分裂為三個相互對峙的政權，南京、廣州和瑞金了。與此同時，瑞金摧枯拉朽，繼彭德懷部攻陷會昌、贛州，南昌、杭州為之大震後，賀龍部更逼近漢水流域，漢陽、長沙為之大震。後來，毛澤東寫道：「百萬工農齊踴躍，席捲江西直搗湘和鄂」。

　　雪花無聲地覆蓋著南京城。而幾百裡外的溪口，此時卻是晴天。

　　蔣介石漫步在溪口鎮的山野間。在淡淡的冬日陽光下，遠處

的牛，田野，敬畏地駐足的鄉民，以及更遠處的南京，都在他的視野之內。退一步海闊天空。

半個月前，當他迫於壓力，宣佈「引退」，回到溪口小鎮時，他恰恰避開了民眾的反對、廣州的明槍、南京的暗箭，以及滿洲風潮等讓他焦頭爛額的聲音。

蔣介石難得清閒。他開始在自己的「鎬豐房」總結統治與駕馭國家的經驗。他的這次下野只有短短47天。自這次下野，此後的十多年時間，不會再有國民黨內的哪派力量能對他形成挑戰了。

侍從秘書鄧文儀跟隨他住在溪口。像往常一樣，他每天為蔣介石呈遞公文、通報動態，偶然也把拔提書店新出版的書籍介紹給他。這一天，他把一本小冊子《墨索里尼傳記》，送到了蔣介石的案頭。蔣介石極為細緻地通讀了該書。

孫科、陳友仁等主張堅決抗日的力量上台。但孫科、陳友仁等人既解決不了軍事危機，也應付不了財政困難。當年的公債發行，受到上海財團的普遍抵制。上海財團固執地相信，支持孫科就可能導致蔣介石復職以後的報復，而蔣的復職在他們看來不過是三五天的事。1月13日，就職僅僅兩周的財政部長辭職了。

孫科政府不久便陷入困境之中，被迫邀請蔣介石重返南京，主持中樞。

CC系裝聾作啞，黨務一下子癱瘓了。軍隊更不必說，連一個勤務兵都指揮不動。更要命的是，民眾運動迅速把矛頭對準了孫科，孫科成為眾矢之的……

幾天後，更為驚人的消息傳來了。日僑焚燒上海三友實業社，日本駐華公使重光葵公館發生「縱火案」，村井總領事發出了「48小時最後通牒」，日本在上海的駐屯軍以及遠在滿洲的關東軍均有異動……大量跡象表明，日本將對上海動武。

　　蔣介石的復職，真的只是三五天的事了。

　　一月下旬，蔣介石優哉遊哉地帶著一大群侍從、警衛，由老家的艄公、腳夫護送，從水路出發，沿途過寧波、經杭州，一點都不著急地向南京進發。鄉親們知道他行將復職，人人興高采烈地歡送。鞭炮聲響徹了溪口小鎮，一罈一罈的米酒被鄉里人抬出，溪口比過年還要熱鬧。

　　此時，蔣介石更像任何一個面對新挑戰的大人物一樣，用平靜來掩飾自己的澎湃情感，自己的霸業雄圖。

　　而此時，蔣介石與汪精衛在杭州達成了共掌南京政權的妥協，二人於1932年1月23日連袂返回南京，次日便將孫科趕下台。孫科留下的行政院長一職由汪精衛接任，蔣介石則出任新成立的軍事委員會委員長兼軍事參謀部參謀長。

　　蔣介石是在遭到各方普遍反對的情況下拉汪精衛合作的，汪精衛趁此也實實在在地向蔣大敲了一筆，迫使蔣介石把很多已占住的肥缺讓出來，讓給了改組派。這對蔣介石來說，無疑是一次打擊。

　　汪精衛是以「辦黨」起家的，在黨務工作上頗有一手，蔣介石自己知道對於此道是不及汪精衛的。汪派自從1926年「中山艦事件」以後，在國民黨內屢受排斥和打擊，但其勢力和影響不僅絲毫未減，反而還形成了以汪精衛為精神領袖的「改組派」。這次汪精衛乘蔣介石之危，在南京政府中一舉奪得行政院長的職位，並進軍黨務，這不能不使蔣介石憚忌。

　　為了保住對國民黨的控制，蔣介石在深思熟慮之後，覺得既然汪精衛有改組派，自己在黨內也就得組織小幫派了。

　　蔣介石總結下野教訓中所感慨的「無組織」，主要是基於他尚不能從容控制國民黨從中央到地方的各級組織。儘管此時黨內

有二陳控制的CC系，能夠聽蔣指揮，但胡漢民控制的西南派、汪精衛的改組派、孫科的太子派、西山會議派以及各地方實力派，或明或暗地與蔣爭權，而CC系在與反蔣派的對抗中並不能令其滿意。

蔣介石在黨內權力的爭鬥中，想到了他一手培養的黃埔子弟兵。

就在他離開老家兩三天後，他在杭州緊急召見了滕傑、賀衷寒與康澤。這三個人，被視為力行社「籌辦最力者」；在前往杭州的路上，他們就議定見面時稱謂蔣介石為「領袖」，而不是原本的「校長」。

得知蔣介石的態度後，二郎廟幾十號人物心裡的石頭都落了地。他們打電話的打電話，備車的備車，相擁到飯店，喝酒慶賀連同「安排業務」。

在等待酒菜上桌的時間，胡宗南一下子把「業務」全安排完了。他是個雷厲風行的軍人，最不習慣官樣文章的扯皮。他說：「既然校長表態了，我們就立馬幹！老是漫談，猴年馬月才有結果。再說人多嘴雜的，你一句我一句，反而誤了正事。我建議推選滕傑、賀衷寒、周復、康澤、桂永清五位同學籌備」……

這番快語比較符合軍人們的脾性。酒宴後，在滕傑的召集下，五個人開了一個短會，對宗旨、原則、形式、紀律、名稱、口號等進行初步討論後，他們安排了分工。賀衷寒、滕傑、周復三人負責《章程》，康澤與桂永清則負責起草《紀律條例》。

他們註定要崛起在中國的政治舞台。

第4節
籌畫力行社（藍衣社），蔣介石召見賀衷寒

　　蔣介石最先組織以擁護自己為目標的小組織，是在黃埔學生中。據康澤回憶，1931年11月初，蔣介石在南京召集賀衷寒、桂永清、蕭贊育、周復、滕傑、鄭介民、邱開基、戴笠、康澤以及蔣的侍從秘書鄧文儀等十幾個人開會。會議一開始就是蔣介石講話，他說：「現在日本帝國主義壓迫我們，共產黨又這麼搗亂，我們黨的精神完全沒有了，弄得各地的省市黨部被包圍的被包圍，被打的被打，甚至南京的中央黨部和國民政府都被包圍；我們的黨一點力量沒有，我們的革命一定要失敗！我的好學生都死了，你們這些又不中用，我們的革命就要失敗了……」

　　南京初春二月的一個夜晚，28名軍官奉命趕往遠離市區的中山陵園。那裡有一片平房，是蔣介石的又一處住所。已出任軍事委員會委員長、當時正忙於上海防衛的蔣介石，再次召集賀衷寒等人密談。這次召見帶有濃厚的神秘色彩。或許，蔣介石是想借助中山陵的崇高與威嚴。在所有著名建築中，中山陵罕見地以台階為建築主體，在拜謁的人群一步步邁進在山川、翠柏與台階時，一種自己的渺小和對孫中山先生事業的仰視感就會產生。

　　在歷次失意、退居溪口鎮之前，蔣介石都要來中山陵追思、漫步。他熟悉那種蕭穆感。

　　這種外松內馳的氛圍，影響了黃埔學生。他們無聲地挺直了身板，像是在開一個軍事會議。但它實則是重組中國社會的會議。要求來這麼多人，也因為蔣介石老練的權術手腕，他要杜絕

辦事的人成為寡頭。蔣介石早已傷心於黃埔學生中的黨爭、權力之爭。據說，在杭州召見賀衷寒等三人時，他就集激將、留餘地、先拒後予為一身，說了幾句話：「你們組織不起來的。今天組織起來，明天就鬧意見……不過，也可以給你們試一試。」但從他在如此危急的軍務中仍然抽身與會，就可以斷定，不是「試一試」這麼簡單。

按照蔣介石的意思，軍官們根據自己的期別、資歷，先後發言，陳述他們對國家的憂慮與希望。

第一個發言的是聲望最高的賀衷寒。他挺身直立，滿懷情感，慷慨陳辭，說到激動處眼含淚水，一下子抓住了蔣介石的心。此後，蔣介石一直屏聲靜聽，沒有發言。除非是口音極重的一兩句話，在沒能聽清楚的情況下才要求複述。賀衷寒整整講了近一個小時，才敬禮、坐下。此後是胡宗南、桂永清等人。黃埔熱騰的生活，訓練出了軍官的忠誠意志，也訓練出了一個個軍官的好口才。他們的講話一直持續到深夜11點，而這時只有七個人發言。

蔣介石是個生活規律非常嚴謹的人，見到夜已經深了，他打算回到市區去。但是一席對話讓他感慨萬千。他被感動了。他宣佈：「……明晚此時此地，繼續開會。明天時間還不夠，那就後天，直到你們談完為止。」

在此期間，蔣介石數次召見賀衷寒等人。

2月15日蔣介石日記：「晚與賀衷寒等談組織少年黨事。」

2月21日蔣介石日記：「賀（衷寒）、康（澤）等生談組織事，必欲組織一秘密奮鬥，人盡其才，挖置全國之機關，方得完成革命，如僅普遍組織，則必腐化消滅也。乃得數語曰：抗日鋤奸，為黨犧牲，實行主義，革命革心，矢勇矢勤，嚴守秘密，服

從命令，如違誓詞願受極刑。」

一周後（28日），他在與胡宗南談話時更明確指出：「黃埔失敗之原因與革命中墜之責任，述明重新整理組織之必要。」

這個隊伍，就是「中國國民黨藍衣社」。它將以青年為主，完全實行布衣團的「限制個人財產」，並注重吸收海外的華僑青年；它將重新喚起民眾對國民黨的希望，而隨著時間流逝、人世演替，它將成為國民黨的主體；它將佔據「中央執委會三分之二以上的席位」。那時，國民黨也就煥然一新、浴火重生了⋯⋯

在力行社的核心成員之中，僅有一人是非黃埔出身的劉健群。劉健群北伐時擔任過何應欽的秘書。九一八事變後，他寫了一本《中國國民黨藍衣社》的小冊子，內容大致是說國民黨完成北伐後，組織逐漸懈怠、鬆懈，黨部衙門化，幹部官僚化，以致內亂外侮紛至踏來。因此，他主張國民黨必須改造，「集結其精銳黨員，穿著國產藍布服裝，以示自力更生，力行三民主義。」劉健群的主張正好與同力行社的理想一致。經何應欽的侄女婿桂永清介紹，他加入了力行社。

藍衣社的組織系統共分三級，最高機構稱力行社，是核心的秘密組織；其次是革命同志會（最初分國革命軍人同志會和革命青年同志會，一個負責軍方，一個負責地方），它是承上啟下的決策執行機構；最外層是中華復興社，公開領導各級黨外群眾組織。這三級機構對外通稱復興社。復興社到解散時，共有成員數十萬人，而核心機構的力行社社員最多不過三百餘人。

而劉健群所寫的《中國國民黨藍衣社》一書，不久就流傳到社會上，使「藍衣社」之名不脛而走。當時在國民黨內和社會上更有人稱「藍衣社」是效法義大利的建立的法西斯「黑衫黨」，以此指責蔣介石建立秘密組織，搞獨裁。而力行社成立不久，蔣

介石也的確陸續派遣多批社員赴義大利、德國，考察兩國政黨的
組織形態。

在20世紀三十年代的中國，「法西斯」不是一個臭名昭著的
貶義詞，相反，它承載著許多人沉重的強國之夢……三十年代，
蔣介石確實一度認為「法西斯模式」是拯救中國危亡的最有效的
辦法；同時懷有這種看法的，還包括諸多的青年國民黨人和大批
著名知識份子。

但蔣介石還是有著強烈的國民黨「黨統」觀念，國民黨的旗
幟他是始終高舉的。天津《大公報》曾「電詢組織『法錫司蒂』
之有否」，蔣介石「提筆複之曰：「中國革命只有中國國民黨的
組織方法完成革命使命，中正生為國民黨員，死為革命黨魂，不
知有其他組織也。見滕傑等之幼稚電報，焦急成病也。」

力行社的創始成員是清一色的黃埔學生，他們大都在30歲上
下、在黨內擁有一定實力的中層幹部，且多在軍隊中服務。

力行社面臨著兩個重大任務：其一，是以秘密手段，積極反

賀衷寒（前左二）與復興社主要成員

對形形色色的敵對勢力，如日本人、共產黨、各地軍閥以及南京反對派，以確立黃埔一系對國家的主宰地位；這是所謂的「活動建設（策略部分）」。為此，會議決定，即日向北平、西安、福州等地派駐代表，以聯絡各地黃埔校友。此外，他們還受命在所有可能的黨部、政府機關、軍隊、員警機構內，建立秘密的基層組織，並伺機在學校建立組織，「以秘密對秘密」，摧毀一切共產黨、漢奸和反對勢力的地下組織。其二，則是借助黃埔同學會的公開機關，大力發展成員，以形成一個龐大、嚴密、正規、獻身「復興民族」事業的秘密組織。這就是所謂的「精神建設」和「組織建設」。

「精神建設」方面，首先是決定籌辦社刊《司令塔》，以闡明組織宗旨、統一成員思想及活動。《司令塔》是一個64開本的小冊子，每期都只有薄薄七八頁紙，但命令的下達、情報的彙編都收錄其中。此後近7年，它一直是組織最重要的絕密刊物。

接著是「組織建設」。「組織建設」是此時力行社最迫切的問題，它一分為二：首先是草擬任務綱領，以及有關組織與策略的各種計畫；另一則是隊伍建設。積極準備各省市的組織與領導人適當人選，發展人員求精不求多，主要致力於組建一個廉潔、自律、能夠動員全國青年力量的精英團隊。

此時的力行社，還只是一個很小的、隱蔽的、近乎「俱樂部」的組織。它只有區區40餘人，「領地」就是那棟木屋的6個房間。就規模而言，它與一般的民間社團毫無區別。但它志向之深，自覺使命之大，使滕傑、賀衷寒都感到了急劇發展的迫切。

第5節
成立力行社，賀衷寒成為座上賓

1932年的3月1日，上個世紀三十年代初期的一個普通日子，一批年輕人在為所有中國人設計命運。

早晨8時前，大家都根據籌備處的通知到南京中山東路307號一幢宮殿式古樸建築裡集會。會場中的座位佈置成馬蹄形，對著馬蹄口所設的桌椅，即為蔣氏主持會議的席位……

但因為淞滬戰爭，這個會議並不圓滿，籌備處人物「因公不在南京」的達到十餘人，其中更包括三個重要人物：康澤率首都記者考察團到上海報導戰爭，胡宗南匆忙趕回駐地、佈置防務，曾擴情還留在成都「遊說四川」。只有四十幾個人參加了會議。如同桂永清推薦劉健群那樣，蔣介石到場後，這個絕密的會議又有了一個小插曲。不知道哪個籌備處人物多話，黃埔一期學生冷欣也闖進了會場。當然，他是希望在最後的時刻、能夠湊上力行社發起人的資歷。

但蔣介石沒有給他這個面子，他一本正經地發問：「你來這裡做什麼？」

冷欣嚇得不敢回答。蔣介石更加嚴肅地說：「你走吧，今天這裡沒有你的事」。趕走冷欣的場面，讓在場的四十餘人都印象深刻。會場靜得只能聽到細細的呼吸聲。

蔣頗欣賞曾國藩相面識人的做法，屢屢效仿之。孫元良因體形魁偉，容顏俊朗有大丈夫氣，蔣鍾愛之。另有一期生冷欣，智商無礙，然身形矮小，面有猴相，談吐舉止均欠穩重，素為蔣所不喜。被蔣介石親自驅趕出會場。

　　然而，這個冷欣後來卻大放異彩，抗戰勝利後，協助何應欽、肖毅肅圓滿完成對侵華日軍芷江洽降和南京受降的艱巨任務。

　　一生有過無數兼職的蔣介石，自然是力行社的真命社長。他開始致辭了，這個講話也一如他慣有的枯燥、煩瑣。他顯得異常振奮，滿口「力行」、「復興」的詞彙。他的身後，掛著他自己擬訂的：「驅逐倭寇、復興民族、平均地權、完成革命」。

　　蔣介石講話後，四十餘人進行了人事評議和投票選舉。將得票的多少，決定幹事、常務幹事、力行社書記以及監察委員人選的主要依據。鄧文儀因任蔣介石秘書，沒有成為被選舉人；滕傑、賀衷寒、康澤、豐悌、桂永清、周復、蕭贊育、鄭介民、邱開基九人被選為幹事。

　　力行社第一個贊助者曾擴情卻落選了。在許多人的評議裡，這個當年的「擴大哥」既娶了姨太太，偶然還吸食鴉片，他「能力全無，經驗略有，但近來官僚不堪」。得票較多的胡宗南，被蔣介石親筆圈出了幹事人選。蔣介石的理由是，「帶兵官」不要多參與政治事務，以免影響打仗。此外，怎麼也不能佔據主要地位的戴笠，被蔣介石圈成了三個常務幹事的最後一個。這可能與幹事會裡幾乎沒有浙江人有關。

　　常務幹事是「三駕馬車」，滕傑、賀衷寒與康澤。其中，賀衷寒代表黃埔一期，康澤代表三期，滕傑代表黃埔四期，以便力行社的統制全部黃埔力量。

　　力行社下設六處，分別是書記、組織、宣傳、軍事、特務和總務。書記處是賀衷寒的助理機關，由力行社的幾個「小字輩」組成。常務幹事康澤兼任宣傳處長，這和他正在辦報的關係非常大，否則，他更合適的是組織處長職務。他的《中國日報》也「順便地」成為力行社的機關報。軍事處長是除了不在場的胡宗

南等人之外，唯一像模像樣的「帶兵官」桂永清。總務處長是畢業於日本經理學校的李一民。最後，為使力行社擁有一個比黃埔同學會更正式的「掩護和運用機關」，蔣介石決定設立一個新機構──中央各軍校畢業生調查處，由蕭贊育出任處長。

這個「調查處」不僅繼承了黃埔同學會的全部權力，而且權力版圖擴展到了此時南京大小幾十所的軍校。此外，從它設立的那一天起，它就兼有特務機關的意味。

會議就要結束了。在空曠的大廳，蔣介石與四十餘名與會者手拉著手，站成了一個大圓圈。他繼續以他呆板的、毫無特色的語言進行鼓動：「三民主義力行社從此正式成立了，不達目的決不終止……」

這一天，隨著四十餘人走出會場、湧向附近的八寶街，一個懸念也留給了大多數與會者。那就是尚未確定的特務處處長人選。幾十名黃埔學生紛紛猜測：將出任處長的，是滕傑的推薦人、已展現出特工天才的黃埔二期學生鄭介民呢，還是蔣介石侍從秘書、兼任著精幹的特務組織「調查科」科長的鄧文儀？

1932年3月是力行社的魁首們聚集最頻繁、相處最默契的一個月份。按照蔣介石的要求，力行社不另設機構，「只有小組和社員」（《康澤自述》），全部60餘人被分成了六個小組。小組每週會議一次，組長也每週向蔣介石彙報一次工作，這帶來了力行社緊張、嚴密、熱烈的氛圍。

蔣介石在前往武漢主持「三省剿匪總部」之前，主持了力行社全部的13次會議，並且每日會議都長達3小時以上。

這個時候的賀衷寒，已成為蔣介石的座上賓與智囊人物。1932年的上半年，滕傑、賀衷寒、康澤等三位常務幹事經常與蔣氏圍著一張小圓桌四方坐下，討論國家大事與社務。

　　蔣介石過問著力行社每一個計畫，敦促著每一步動作。在他無比龐大的軍人身影下，這個春天，力行社的第一輪發展狂飆卷起了。

　　4月1日，蔣介石任命戴笠為力行社特務處處長。特務處下設執行科、調查科，並開始在全國範圍設立一些基層組織。8月，國民軍事委員會調查統計局成立，戴笠以力行社特務處處長身份兼第二處處長。蔣介石煞費苦心將特務組織納入政府系統，獲得了正式編制與預算內經費。

　　一個力行社成員在1932年春天的日記中寫道：「得到總司令的同意後，團體氣勢一日千丈」（《唐縱日記》）。

　　在連年混戰、軍餉不給的背景下，南京街頭處處可見「失業」與開小差的黃埔軍人。不止南京，「各種大城市到處發現這類遊手好閒的人物，他們招搖撞騙，為非作歹，社會混亂，莫此為甚」（《康澤自述》）。但在力行社的首腦看來，這些良莠不齊的失業軍人，用處大著呢！於是，力行社就開始了以辦培訓班、「分配工作」來網羅黨羽的活動。

　　3月，「自新訓育班」開班了，力行社一舉通吃了全部的270名校官；次月，「團警班」也開班了，第一期就招攬了500餘人，此後又連辦三期，共匯流2000餘人。2000多名團警班成員，先是在寧滬、江蘇、浙江等地，成為雨後春筍般冒出的禁煙、稅務、交通、鐵路等員警部隊的頭目。不久後，他們又進入中南、西南、西北和華北，負責起了保安部隊。這些地方武裝，毫無例外地成為日後力行社各種陰謀、策反、顛覆、串聯活動的主力。在力行社剪除軍閥的「削藩」中，在戴笠平息「閩變」的行動中，在華北抵抗「自治」的風潮中，在蔣介石瓦解兩廣的策反中……在接下去的幾年，處處可以見到這些人的身影。在其鼎盛

時期，在部隊、員警、大中學校、民間社團、童子軍組織、工廠、商店、鄉村等青年人聚集的地方，他們設立了無數內週邊組織，控制人員在50萬到100萬之間，並將數以千萬計的青年，拉入他們所控制的社會活動。

第6節
把持政訓大權，賀衷寒縱橫捭闔

　　這是一群「以服從命令為天職」的黃埔軍人，平均年齡30歲出頭的，一生憂患多於安樂，有理想、有文化、有良知，因為受到當時德、日等強國的影響，並且風潮就是軍事與獨裁。他們更直接地以服務領袖、推舉政治強人為手段，以此達到改造中國的目的。

　　1932年底，以總政訓處、畢業生調查處為「掩護和運用機關」，力行社建立了大約十個支社，其中三個設在南京，其餘分別在上海、漢口、杭州、北平、洛陽、蘭州和廣州等地。數以千計的小組，無聲地監視著一個個街區、建築。騰傑所計畫的「發展精英」設想，已經大大地超過了計畫。期間，蔣介石交給力行社辦理的公文件數之多，甚至特別刻有「交騰傑核辦」之木章。精英策略不再適合力行社，這最終導致蔣介石撤免騰傑，而轉用賀衷寒為力行社書記。

　　1933年1月31日，希特勒就任德國總理。這一年的3月，日本佔領熱河全境，「保衛長城」的聲音，一下子成為華北大地最蒼勁悲愴的聲音。

　　「賀衷寒時代」就在這樣危急的背景下開幕了。

　　1933年的華北，這個春天似乎特別不安分，凜冽的寒風攪起一陣陣黃沙，漫天飛舞。日軍侵犯長城各口，全部駐防華北的中央軍、東北軍、西北軍以及山西軍投入了緊急作戰狀態。軍委會為團結軍心，提升士氣，原擬在各軍、師司令部成立政治訓練處，因恐招致反感，先從宣傳入手。3月19日，「華北抗日宣傳

總隊」由賀衷寒下令組建。下轄十二個大隊，由劉健群總隊長率領重要幹部於四月份抵達北平，分配到各軍。最初環境惡劣，部隊長官對他們愛理不理，認為他們是蔣介石安插到各地方軍部隊的特務。全體人員克服困難，艱苦奮鬥，以服務部隊官兵的態度獲得了東北軍與西北軍的認同。

劉健群寫信給賀衷寒報告工作時說：「當時一般人都說宣傳工作是賣膏藥，我們宣傳隊北上初期，好似沿街叫賣，逐漸做到登門求售，更進而辦到膏藥貼在身上，確能醫病受人歡迎！」

賀衷寒頗為高興，對劉建群等政工人員予以嘉獎。八月一日，華北宣傳總隊改組為「軍事委員會北平分會政治訓練處」，各大隊配屬各軍區的政訓處，完全納入全國正式建制。

3月29日，力行社的第三層組織──「中華復興社」宣告成立。賀衷寒成為該組織「十三太保」中的核心人物，他與鄧文儀、康澤、戴笠等人被稱為「復興社」的4大台柱，而賀衷寒名列第一。

在賀衷寒的構想下，復興社的作用，一方面是作為力行社、革青會的「掩護機關」，另一方面則充實華北分社的中下層力量，以領導華北的群眾抗日活動。

國民黨部隊分為嫡系與雜牌兩大類，嫡系部隊因經過「清黨」運動，一大批做政治工作的共產黨員和所謂「嫌疑分子」被「清」出軍隊。雜牌部隊原來就無政工人員。1930年12月，蔣介石糾集10萬兵力對中央革命根據地進行第一次「圍剿」，不僅被紅軍迅速粉碎，而且連前敵總指揮張輝瓚也被活捉。鐵的事實使蔣介石認識到，光靠軍事實力是不能消滅共產黨的，於是提出了所謂「三分軍事、七分政治」的指導原則，企圖在抓緊軍事進攻的同時，用「加強軍民政治訓練」的辦法，維繫其內部統治，破

壞紅色根據地內魚水一般的軍民關係。

針對這種情況，賀衷寒在征得蔣介石同意後，在原有高級政工幹部中挑選130人，辦起了軍校特訓班，康澤擔任班主任，對這些人進行為期兩周的短期特別訓練，講習「對共產黨政治鬥爭技術」及所謂「對全國軍民宣傳和平統一的國策」。蔣介石對這個訓練班也特別感興趣，先後5次親自到該所訓話。這些學員，後來大多成為國民黨軍隊中從事反共政治訓練的骨幹。

當時，國民黨部隊不僅政工幹部缺乏，政工體制也極為混亂，南京的中央委員會政治訓練處，不能對全軍各級政治機關實施有效控制，處於各自為政的狀況。1933年2月，賀衷寒接替劉健群擔任國民政府軍事委員會政治訓練處處長後，採用辦「政訓研究班」和「軍校特訓班」的辦法，抽調一批又一批軍隊中的原有政工幹部和大專畢業生進行短期集訓，然後分派到全國各地的軍隊中去，並規定各軍、師都設政訓處，團、營、連派指導員，所有中上級政工人員都由軍事委員會直接委派，而這些人大多是軍校出身的復興社成員。這樣，賀衷寒就直接掌握了一支龐大的軍隊政治訓練隊伍，最多時達3400餘人。

賀衷寒還與劉健群、袁守謙等人策劃，設立了重慶參謀團及政訓處，副處長袁守謙率領人員進駐督導，使政工人員深入四川、西康各部隊，去做宣傳工作，以防止這些軍隊「異動」。

隨著賀衷寒一聲令下，「復興社」出現後，一切都不一樣了。以1933年3月28日復興社華北支社，3月29日南京支社和上海支社的形成為標誌，「復興狂飆」卷起來了。

為了聯繫西南，3月底，賀衷寒批准康澤組織「西南青年社」。與華北復興社的組建一樣，這個組織是復興社維繫省級與中央的中間層機構。復興社如同一顆種子那樣，在古老的四川

生根、發芽、茁壯。此後只要有一滴水、一片土，它就會成長起來。後來，康澤就是依託這些力量，結合他入川的別動隊一部，使復興社一舉控制了貴州，對峙四川。

這才有了後來抗戰的穩固大後方。

事實上，復興社是全新的、非孫中山的、屬於蔣介石自己政權的開始。從這裡開始，幾十萬青年踏上了自己日後的一生沉浮。

賀衷寒先後主持召開過三次國民黨部隊的政治工作會議，提出了一整套政治理論，制訂了一系列政工檔。如：1933年5月在南昌召開的全軍第一次政工會上，擬訂了《政訓令》，明確了所謂政治工作在軍隊的17條任務和職權；1934年3月在南昌召開的第二次全軍政工會上，針對「剿匪」（圍剿紅軍）與「整軍」之雙重任務，又制訂了「新的工作方針」；1935年4月在漢口召開的第三次全軍政工會議，專門研究了軍隊各級政工機構如何配合抓好「整軍」的問題。7月，由賀衷寒主持制訂的《整軍宣傳方案》和《整理部隊政訓工作綱要》等檔正式出籠。

賀衷寒在貫徹實施蔣介石提出的用「三分軍事、七分政治」的辦法「圍剿」紅軍方面，可謂嘔心瀝血，絞盡了腦汁。如在他主持軍隊政訓工作以前，各種書刊和公私文件上對於圍攻紅軍一事用詞各不相同，有的用「剿赤」，有的用「剿共」，賀衷寒上任後即提出要統一用「剿匪」二字。他還著重從政治方面提出了許多「圍剿」紅軍的辦法，更是受蔣介石賞識。

從1932年至1936年，賀衷寒還兼任過國民黨中央組織部軍隊黨務處處長、南昌行營政訓處處長、武漢行營政訓處處長、國民黨漢口特別市黨部常委委員、軍委會政訓處秘書長、新聞檢查局局長等職。這樣，賀衷寒就將國民黨軍隊、乃至全黨、全國的政訓大權掌握到了自己的手中，成了名副其實的國民黨政訓系統的

總頭子。

　　此期間，蔣介石數次視察軍委會南昌行營政訓處。他擺當年黃埔軍校當校長的架勢，對學生賀衷寒耳提面命：「要加強國民黨與民眾的團結，以爭取大眾對政府的擁護，號召軍民恢復北伐時期的革命精神，冒險犯難，成仁取義。」

　　蔣介石對軍隊政訓工作如此看重，自然有他的深遠考慮，當時的國民政府處於內外夾擊之中，國民黨除了對付紅軍外，還須應對各地軍人的異動，而日本軍閥更在華北蠢蠢欲動。在「安內攘外」思想的指導下，「穩定軍隊，穩定人心」成為當務之急。

　　除了賀衷寒、鄧文儀、豐悌三任書記長之外，藍衣社還有大量的骨幹，是湖南人。有人說，沒有湖南人，就沒有藍衣社。這是有一定的依據的。

　　近代有一句話，叫做「無湘不成軍」，黃埔也如此。黃埔有「三傑」的說法，賀衷寒、蔣先雲、陳賡都是湖南人。藍衣社有「四大台柱」、「十三太保」的說法，其中也有一半是湖南人。更值得注意的是，無論「四大台柱」還是「十三太保」，湖南人一開始都是領袖層，而外省的「台柱」、「太保」一開始都是次要人物。他們是借助藍衣社發跡的。

　　也就是說，一開始，藍衣社是以湖南人為主體、為領袖的。但漸漸地，因為蔣介石的上下其手，四川人、浙江人後來居上，但是總的來說這仍然是一個雙贏的格局，因為蔣介石有這一批抬他轎子的門生他才能長期坐在上位，而這些門生有了蔣介石的提攜就可以攀上政治舞台獲得權力。

賀衷寒三十四歲任政訓處長的留影

第7節
扶持陳誠，打擊「湖南小團體」

　　藍衣社在過去的兩年時間裡，吸收了一萬餘名各類軍校畢業生，其中大多數是政治軍官、憲警人員、特務頭目。兩年裡，它也多少改變了民國脆弱、渙散的圖景——官場與民間、官員和社會的嚴重隔絕，改變了基層官兵得過且過、橫行市井的習氣。

　　南京政府的第一生存要務，是維繫脆弱的平衡。藍衣社卻破壞了這個平衡。政學系首要人物、蔣介石的頭號幕僚楊永泰，從1932年年底起，就不斷地以「養虎遺患」的歷史經驗來告誡蔣介石，已到了遏制藍衣社發展的時候。隨著幾千名「帶兵官」的進入力行社和軍人會，藍衣社已控制了南京部隊的一小半。更令人恐懼的是，胡宗南、桂永清、關麟征、黃傑、俞濟時、宣鐵吾等十餘名魁首，他們所帶的兵都是南京最精銳的部隊，是這個政權的基石。

　　蔣介石不怕「蔣家天下陳家黨」，但他怕「蔣家天下藍家軍」。失去軍權，何來天下？1932年年底，就是「元旦公告」前夕，他指令騰傑停止在帶兵官中發展成員。

　　1933年7月，中央陸軍軍官學校特別訓練班在江西廬山海會寺成立，隸屬軍事委員會政治部領導，又稱「南昌行營暑期特別研究班」。

　　海會寺院內到處是碑廊石刻，門前的石牌坊古樸精緻，上面還纏滿了青藤。高低錯落的古建築群，掩映在古木參天之下，貫道溪從門前緩緩流過……多麼幽靜的環境呀。一棵數人合抱的古松，在這裡已生長好幾百年了，曲徑通幽，其間夾雜飄著清香的

零星茶園和掩映著低矮的房屋。

　　盧山是蔣介石的最愛，有國民政府的「夏都」之稱。每年的盛夏酷暑，蔣介石都要和黨國要人齊聚盧山，在涼爽怡人的環境中計議內政外交和黨務軍事。

　　1933年7月，賀衷寒在盧山開始訓練他的3400名政治軍官之時，蔣介石指令他的乾女婿陳誠，也在盧山組建了一個「軍官訓練團」。這個軍官訓練團以「帶兵官」為物件，受訓人員先後達25000人。

　　由於屢次「圍剿」紅軍失利，蔣介石接受一德國教官的建議，提高軍官的素質，於是在盧山開辦起軍官訓練團。訓練團請德、意、美等國的軍事教官來幫助進行軍事教育和政治訓練，主要是訓練國民黨軍隊上校以下、少尉以上的中下級軍官，但也有少數高級軍官參加受訓。每期半個月，一個夏季訓練三期。

　　蔣介石不顧何應欽、熊式輝、楊永泰等人的反對，任命陳誠為軍訓團團長。他深知陳誠對自己絕對忠誠，又較為廉潔，能與士兵同甘共苦，頗為部下所擁戴。雖然陳誠在第四次圍剿蘇區中遭到失敗，難辭其咎，不得不給予降一級、記大過一次的處分，但畢竟有多方面原因，不能責怪他一人。讓陳誠做團長，正是重新樹立他的威信，讓他振奮精神，更好地為黨國效勞的好機會。

　　陳誠一到任，立即率人在盧山選擇營地。經過幾天實地勘察，選定了盧山南麓海會寺附近的一塊空地。此地位於五老峰下，既有類似贛南山區的陡峭山地和險壑絕壁，利於進行山地模擬攻防演習；又有平地緩坡，稍加修整，即可建成數千人的訓練場所。蔣介石前往探視後深感滿意。

　　1933年6月下旬，「海會寺工程」正式投入到緊張的施工階段。按照蔣介石的指示，軍訓團的各項籌備工作必須在7月12號

之前完成，前後只有二十多天的時間。時間緊，任務重，南昌行營調來了第五師獨立團一千五百多人，同時又補充了行營特務團一個營的士兵。此外，籌備處還在廬山腳下的星子縣徵用了一千多名民工。參加建設的士兵和民工從清晨天亮到黃昏日落，每天最起碼勞作12個小時以上，開闢操場、搭建講堂、修繕道路、架設電線，忙得不亦樂乎。

據當時的參與者後來回憶，七千人的軍訓團需要大量的營房和物資，建設營房和附設工程的士兵、民工們，在晝夜不停的吁吁氣喘聲和流汗中進行。經過二十多天的緊張勞作，在海會寺附近的山谷裡，架設了幾百個帳篷，開闢了一個能夠容納數千人的大操場和一個大射擊場，建造了16座可容納一連人聽課的講堂，還有4個可集合一營人以上的禮堂。按照設立5個營區的規劃，各營的活動區域用一排排竹籬圍立起來，而一條條彎彎的小道又將各個營區連結在一起了。

雖然受訓學員均住帳篷，但還有大批高中級的團部人員、教官和德國軍事顧問，住帳篷不合適，蓋瓦房來不及，於是寺廟便成了最省事也是最好的棲身之所。這些德籍軍事顧問有名字記載的是：首席顧問闊茨，擔任戰術科教學指導；通訊顧問史托茨納，專門講授軍用信犬、信鴿、閃光通訊器、信號槍、信號彈、無線電等通信器具的使用，並指導演習；還有戰鬥射擊教官渡勒等人。

除了在基本建設方面苦下功夫，在警衛方面也堪稱一流。軍事委員會特務團被調駐歸宗寺、秀峰寺一帶，擔任軍訓團的週邊警衛。原剿匪軍中路軍總指揮部特別隊被派駐海會寺，擔任內部警衛巡查。海會寺這一帶，遊人是不能靠近了，儼然成了一個戒備森嚴的軍事重地。

　　一番忙碌之後，林蔚、晏道剛拿出了經蔣介石審定的《中國國民黨贛粵閩湘鄂北路剿匪軍官訓練團章程》，《章程》開宗明義宣佈了開辦軍訓團的目的，那就是「剿匪」。所謂「匪」，當然指的就是中共領導的紅軍。此外，《章程》還明文規定：「廬山軍官訓練團直屬於國民黨軍事委員會委員長」，委員長者蔣介石是也。說到底，還是按照培養蔣家軍的方式，來訓練國家的軍隊。

　　也是這一天，蔣介石親自把幾千名受訓人員帶到廬山海會寺，編為由陳誠任教育長的廬山軍官訓練團第四營。編營當天，蔣介石親到操場，對他們吆喝起了口令，並親自點名報數，而後又開始訓話。他努力地揮動右手：「同志們、軍人們！你們受訓畢業以後，將要負最重要的責任。只要你們能耐勞吃苦、冒險犯難，那麼，你們的前途，就是我的前途！你們的生命，就是我的生命！……你們自己可以完全不要考慮，我替你們完全負責……」

　　廬山軍官訓練團在兩個月時間內，分三期輪訓了贛粵閩湘鄂五省國民黨軍隊的初級、中級和少數高級軍官共7598名，完成了預定任務。「反共」與「剿共」是這一時期廬山軍官訓練團的主要內容。

蔣介石親自給廬山軍官訓練團授課

1934年後，中日民族矛盾日益尖銳，蔣介石在訓練團中增加了有關抗日的內容。同年7月，蔣介石在盧山軍官訓練團作了長篇演講《抵禦外寇與民族復興》，對未來的戰爭提出了一系列戰術。蔣介石親自出馬訓話多達30次，大量研究未來對日作戰的戰略戰術。在《抵禦外侮與復興民族》中，蔣介石認為與敵作戰要訣主要有：第一，戰術要取攻勢防禦；第二，就是步步為營，處處設防；第三，就是固守不退；第四，要注重遊擊戰術；第五，注重組織民眾、訓練民眾，使全國民眾軍事化。

蔣介石深深知道，除了他自己，沒有人可以代表「黃埔系」。他要使黃埔幾千將軍、數萬校尉重新組合，他要他的門生給他抬轎子，而賀衷寒就是他的得意門生。從1933年到1937年間，賀衷寒每年出版一冊《一得集》，宣揚「救國」、「統一」、「復興民族」的意義，講述「三民主義」、「服從領袖」的理論。他的《一得集》被認為是藍衣社「最重要文獻之一」。

1934年11月，在蔣介石的支持下，賀衷寒當選為國民黨第五屆中央執行委員。兩個月後，賀衷寒被授予少將，同時擔任陸海空總司令部及軍事委員會政處等多個重要部門的職務。

1935年10月，距離晉升少將不到9個月，賀衷寒再次被蔣介石授予中將。這一年賀衷寒才35歲。

為給軍官訓練團騰挪地方，1936年4月，蔣介石指令將特別訓練班遷江西星子縣盧山龍雲寺，改稱「星子特別訓練班」。後因抗戰爆發，特別訓練班又遷湖北江陵、四川酆都、合川等地。至1945年結束，共辦八期，前六期完全屬於特務訓練班，後兩期不是專門訓練特務的。

「不以物喜，不以己悲。居廟堂之高則憂其民，處江湖之遠則憂其君」，是賀衷寒的心態。但是當蔣介石不為人覺察地醞釀

孵化「武官系」時，就註定了他宦海生涯受蔣控制的命運。不管
蔣介石有沒有給他一個發揮作用的舞台，在他的心裡面，作為湖
南岳陽人，以范仲淹寫「先天下之憂而憂，後天下之樂而樂」為
座右銘，總想踏踏實實、盡心盡力、勤勤懇懇去幹一些惠及民生
的事情。

第8節
新生活運動，藍衣社鼓足幹勁上陣

　　1934年2月19日，在南昌樂群電影院前，5萬名官吏、保甲長、各界民眾被召集起來，聆聽蔣介石的訓話。這一天，南昌下著濛濛細雨，但按照憲兵和員警的要求，他們沒有使用任何雨具。

　　當蔣介石踏上一處臨時搭就的演講台時，幾萬人齊齊肅立。在林立的麥克風前，蔣介石的表情還是那麼矜持，那樣冷漠。但當他的目光緩緩掃視統治下的官吏、城市和無數青天白日旗時，仍然有一些人覺察到，他的眼睛深處有一種特殊的狂熱。

　　當一雙雙眼睛表現出馴服、恭謹和誠惶誠恐後，他終於開口了。他開始發表他一生中最重要的演講：《新生活運動之要義》。

　　他首先表達了自己對「新江西模式」的期許。他說：「我們江西無論在哪一方面，無論什麼事情，統統要做各省的模範，為全國所效法。要以我們一省的新風氣、新事業，來風動各省……跟著我們共同一致的來建設我們的新國家」。他並且強調，只有以「昨死今生」的精神，做除舊佈新的工作，「才可以……完成民族復興的使命」。

　　除什麼舊？布什麼新？他不肯明說。恰恰相反，他繞了一個大圈子，談起了自己的所見所聞：不久

蔣介石在南昌發起新生活運動

前，在福建建甌，他看到一個小學生在街頭吸煙，「雖穿了很好的衣服，還是一點教育也沒有」。幾天前，在南昌街頭，他又目睹了同樣的一幕。他說，「這樣還了得嗎？他做學生的時候就要吸紙煙，再長大不會吸鴉片煙嗎？」

學生如此，普通民眾就更不必說了。他們骯髒、雜亂、毫無公德意識，「隨地吐痰、撒尿，到處髒得不堪，床下門角，這些地方永遠不灑掃」。他們自私、苟且、沒有絲毫羞恥心，「所以社會弄到這種黑暗、紛亂、暮氣沉沉，充滿了烏煙瘴氣」。蔣介石斷言，「簡直只有最野蠻的民族才如此」……

然後，他談到了德國。他說，簽訂《凡爾賽和約》後，德國積貧積弱，一動也不許動；但幾年後，居然就能夠復興起來，和世界上最強的國家並駕齊驅。他說，無論人口、土地還是軍備，德國都不能和中國相提並論，人家剛剛戰敗，過幾年就可以不付賠款，要賴債就賴了，而我們幾十年或百多年的賠款，到現在還是每年要照付，這是為什麼呢？

蔣介石認為，這與他自己的無能、國民黨政權的顢頇腐敗無關，一切癥結都在中國民眾身上。他談到，德國人的智識道德，與英法各國差不多，「或許比人家還要好些」，所以讓列強肅然敬畏。他認為，他們無論起居食息，一言一動，統統有規律，合乎做人的道理……他們一般國民，沒有一個不尊重社會的秩序，嚴守團體的紀律，所以誰拿它都沒辦法。他似乎發現了政治的真理：要復興一個國家和民族，不是用武力所能成功的……完全在乎一般國民有高尚的智識道德。

那麼，什麼是智識道德呢？他又談起了日本的例子。他說，日本舉國上下，無論什麼人早晚一定洗冷水臉；日本人除洗冷水臉之外，還有一個習慣，就是……每天都吃冷飯。他由此斷言，

要提高中國人的智識道德，必須從衣食住行著手，「一個人或一個國民的精神、思想、智識、道德，統統從基本生活的樣法表現出來」。他甚至認為，「外國人無論吃飯、穿衣、住房子、走路，和一切的行動，統統合乎現代國民的要求，表現愛國家和忠於民族的精神……統統合乎禮義廉恥」……

在蔣介石看來，洗冷水臉、吃冷飯，很有禮義廉恥。而更有禮義廉恥的，則是半軍事化生活。他談到，「這些生活習慣是什麼？這就是最基本的軍事訓練與軍事行動。他們從小在家庭裡就養成這種刻苦耐勞的習慣……一切生活早已軍事化了」；他談到，「全國國民的生活軍事化……就是要整齊、清潔、簡單、樸素，也必須如此，才能合乎禮義廉恥」……

作為修身之本的禮義廉恥，就這麼與軍事化生活、與半法西斯化的社會牽扯在一起了。又何止於此？談到禮義廉恥時，蔣介石激動了。他說，除了讓中國人過上這種禮義廉恥、合乎現代生存的生活，再沒有旁的根本方法，所有這一切，「乃一種至高無上的救國復興的根本事業」……

他已經講了一個多小時了。5萬人一動不動，任由他訓斥著自己的陰暗、墮落、毫無德性。他顧盼自雄、目光空茫而複雜；他感受到了自己的純粹、高大和偉岸，彷彿他來到這個世間，就是為了拯救這群迷途的羔羊。他開始直抒胸臆了，他說：「我講到這裡，可以告訴大家，我現在所提倡的新生活運動是什麼？簡單地講，就是使全國國民的生活能夠徹底軍事化；就是要養成勇敢迅速，勵苦耐勞，尤其是共同一致的習性和本能，能隨時為國犧牲……隨時可以與敵人拼命的國民……」

他為此宣佈，從南昌開始，他將締造一個新中國。他言語鏗鏘地宣稱：「使南昌改造成為一個新社會……而將我們的新生活

運動，逐漸推廣至各省各縣！」

　　2月28日，恰值農曆元宵節，15萬南昌市民走上街頭，舉行提燈遊行。黃軍裝、武裝帶、翻毛皮鞋的軍人；黑警服、棕色皮帶、黑皮鞋的員警；藏青色中山裝的公務員和教員；藍士林布旗袍、高筒白襪和黑布鞋的女學生……乃至每戶一人、職業各異的普通市民，也穿著質地不一的中山裝。中央社次日報導說，「與會民眾，服裝整潔，精神嚴肅，為前所未見」。

　　十餘萬人喊著各種各樣的口號，直到深夜，街市才漸漸寂靜下來。但它不過是「新生活運動」的預演。3月11日，在十餘天的籌備後，在142個團體、十萬民眾的擁簇下，蔣介石再次衣冠整潔地出現在南昌街頭了。這一次，在「禮義廉恥」之外，他又宣佈了八個原則：那就是整齊、清潔、簡單、樸素、迅速、確實、勇敢、犧牲。他並且照本宣科，一一列舉了鄧文儀等人草擬的，多達96條、異常煩瑣細碎的生活準則。

　　他說，穿衣要快，站立要直，吃飯時不要說話；他說，要清掃屋子，要每週洗澡，要消滅老鼠、蟑螂和臭蟲。他還說，「如果我們要復興民族，報仇雪恥，那麼，我們不需要談論槍炮……而首先必須從用冷水洗臉談起」。

　　作為蔣介石生平最重要的政治手筆，「新生活運動」後來被眾說紛紜。易勞逸教授說：「在新生活運動中，藍衣社擔當了領導者的角色……許多基督教青年會的秘書相信，新生活運動是一場真正的藍衣社運動，其目的在重組國家，使國家處在法西斯主義的支配下」。英國記者弗雷達・阿特麗則認為：「它是一場半孔夫子、半基督教青年會的運動。它立場保守，旨在通過統治者的訓示督導，使中國的疾病得以治療……在普通民眾的生活習慣上，它取得了些許進步，比如不再隨地吐痰、用牙刷、扣上衣服

的扣子等，但面對民眾的深重苦難與劇烈的社會變革，它如同救世軍在歐洲的貧民窟裡唱歌以治療工業主義的弊病那樣，註定了於事無補。」

那麼，究竟哪一種說法更接近它的本來面目呢？這就不能不談到運動的來源。

1933年12月24日，在南昌中山路149號，藍衣社發起了公開的「中國文化學會」。成立時有委員15人，為高傳珠、劉健群、賀衷寒、鄧文儀、孫伯騫、張彝鼎、吳壽朋、康澤……皆為力行社社員。張彝鼎偶然談起，「南昌環境衛生太髒，應以清潔改善之；社會秩序太亂，應以規則糾正之」。這個無足輕重的提議，被吳壽朋笑稱為「新生活運動」。但它進入蔣介石的視野後，一切都不一樣了。

這一天，蔣介石以鄧文儀為召集人，以文化學會的四名委員張彝鼎、李煥之、蕭純錦和蔣志澄為起草者，擬定《新生活運動綱要》。鄧文儀後來回憶，「包括各種改良的意見……原來起草有96條」。這份綱要，在移風易俗、「教民明禮知恥」的口號下，旨在推動社會的軍事化、半法西斯化。它分為兩個階段，「初步為生活規律與清潔運動……執行六個月後，轉入第二期，生活之軍事化、生產化、藝術化」。它大致勾勒了新生活運動的未來走向。但對此，蔣介石並不滿意，「認為其中並未把握中心思想」。他將修改、潤色的任務交給了賀衷寒等人。

作為深諳蔣介石內心的老牌官僚，賀衷寒與楊永泰提出「禮義廉恥」四字方針，為運動戴上了儒家的帽子。賀衷寒對此曾做過闡發和注疏，他說：「禮者理也，循規蹈矩，謂之禮；義者宜也，舍己濟人，謂之義；廉者守者，安分守己，謂之廉；恥者疵也，刺激奮發，謂之恥。」他說，禮是規規矩矩的態度、義是正

正當當的行為、廉是清清白白的辨別、恥是切切實實的覺悟。他並且強調「禮義廉恥……應表現在衣食住行」。它極符合蔣介石的胃口。這麼一來，藍衣社的方案，就變成一個半儒家半法西斯化的混合體了。

事情還沒完呢！這份有著儒家腦袋、法西斯化身體的文件，很快又落到了CC系的手裡。陳立夫也不甘落後，決心為它貼上國民黨、「三民主義」的標籤。在召集眾多文官武吏、進行了一兩個月的詳盡討論後，他拋出了以各級黨部為主體，發起「勞動服務團」、國貨運動和「季節中心工作」的系列主張。以季節工作為例，它又包括春季植樹、夏季清潔、秋季節約、冬季賑濟等日常運動……

漸漸地，新生活運動非驢非馬、面目全非了。它彙集了三大派系的立場，從儒家、「三民主義」到法西斯主義的種種主張。又何止於此？次年，隨著宋美齡的介入、基督教青年會的參與，它很快變成一個「四不像」了。

1935年6月，在《美國論壇》雜誌，宋美齡發表了《中國的新生活運動》一文。不久後，她不僅出任婦女委員會指導長、發起了「婦女新生活運動隊」，她並且強調「禮義廉恥」與基督教精神的吻合。在她的努力下，多達幾千名的外國傳教士、多達幾百萬人的中國基督教信徒，紛紛加入了新生活運動的行列。

從此以後，新生活運動兼有儒家、「三民主義」、法西斯主義和基督教的四重色彩了。它前所未有、荒誕怪異，是個不折不扣的政治怪胎；它被眾說紛紜、毀譽不一，並且越來越多負面評價……

無論如何，在這次集會後，一場波及20個省份、分支機構多達1355個，持續十餘年並席捲了絕大多數中國人的運動，就瞬間

蔓延開去了。

　　一場從「我」做起，從吃飯、穿衣、睡覺、走路做起的群眾運動，就這樣轟然蔓延開來了。

　　3月17日，南京新生活運動促進會成立，次日，北平也行動起來；幾天後，武漢、福州、杭州、蘇州、安慶和天津，眾多大城市紛紛發起了運動促進會，貴州、四川和陝西也緊隨其後……與南昌沒有什麼兩樣，提燈遊行、張貼標語、公眾演講、文藝表演，充斥了各個城市的街頭。幾百萬份《新生活運動之要義》的小冊子被分送進了千家萬戶。一套多達40萬發行量的四枚紀念郵票，更成為中國郵政史的空前奇觀。在無數分支機構的干涉下，臉盆、毛巾、碗碟、茶杯乃至舊式年畫，也清一色地印上了宣傳字樣；當年最常見的那種搪瓷臉盆，除「新生活運動」五個大字外，盆沿還印著八行繁體字，「新生活運動之推行，應以禮義廉恥為基礎，以整齊、清潔、簡單、樸素、迅速、確實為標準」……

　　賀衷寒的藍衣社控制下的百餘份報刊，CC系控制下的幾百份報刊，連同眾多獨立報紙，紛紛加入了新生活運動的大合唱。有線廣播連篇累牘，種種宣傳深入窮鄉僻壤，它是如此無孔不入，以至於沈從文描寫湘西深山生活的小說《長河》，「新生活」一詞出現了50次之多。此後十餘年，除了「抗戰」，億兆中國人沒有更耳熟能詳的詞彙了……

　　與鋪天蓋地的宣傳聲勢幾乎同時，一場前所未有的行為規範、社會服務和「生活限制」運動，也如火如荼地展開了。

　　南昌之後，則是南京、上海、武漢、安慶和杭州……多達幾千名的憲兵員警，多達幾十萬人的青年與童子軍，紛紛投身這場運動。喬治‧謝菲德後來寫道：「許多城市街道整潔，面目一

新，過去常見的陋習不見了……更重要的變化或許在於，它改變
了一代中國青年。他們不再漠然於家庭以外的事物，他們積極地
投身社會事業，並在參與社會的過程中，培養出了自己對國家的
熱愛……」

第六章
抗戰大潮

第1節　西安事變，蔣介石遭難

　　1935年，張學良、楊虎城繼續「剿共」。張學良多次勸說蔣介石停止內戰，但沒能成功，這讓他非常焦慮。

　　這一年秋天，張學良因公來南京，為疏通關係，在「金陵春中西餐館」宴請賓客。在坐的有邵力子、于右任、吳稚暉、賀衷寒等國民黨元老與政要。所上菜肴有四花盤、四鮮果、四三花拼、四鑲對炒、一品燕窩、黃悶魚翅、金陵烤鴨、麒麟鱖魚、菊蟹盒、秘制山藥、砂鍋菜核、蘿蔔絲餅、四喜蒸餃、棗泥夾心包、冰糖湘蓮等，色、香、味俱佳，客人們讚不絕口，尤其對金陵烤鴨酥、香、嫩、脆尤為滿意。張學良滿心歡喜，宴會後招見了主廚胡長齡。當時胡長齡還是個才二十多歲的小夥子，張少帥很是吃驚，大加讚賞。第二天，大書法家于右任還專門讓秘書給胡長齡送來一幅「肴香」的草書。

　　為防止東北軍與西北軍中軍心動搖，賀衷寒建議在東北與西北軍中派遣政工幹部，舉辦政工幹部培訓學校，從各基層單位選派優秀份子參加。張學良頗感興趣，欣然接受了這一個建議。1935年8月1日，成立了軍委會政訓處西北分處，張學良同意贊助，特意在西安城南設軍官訓練團，派王以哲兼團長分期訓練幹部，不料開辦時被王以哲團長拒絕。

　　1936年12月2日，張學良飛抵洛陽見蔣，要求釋放抗日救國會「七君子」。向蔣介石面報，謂其部下不穩，勢難支撐，再三請求蔣委員長前往訓話，蔣同意赴西安，駐華清池。12月7日，張學良到華清池見蔣介石，再三苦諫，要求停止內戰，一致抗日，遭蔣拒絕。

　　12月12日淩晨5點左右，西安華清池。忽然槍聲四起，勤務兵梁介然和書記官林培深都跑進來報告情況，侍從室秘書蕭贊育立刻穿好衣服，步出房外，打開靠外牆的小門一探究竟，不意門一開，馬上一顆槍彈射了過來，接著是一名傷兵爬進了門口，只是叫痛，不能多言語。到底怎麼回事？大家都不明白。

　　清晨5時，張學良楊虎城發動兵諫，東北軍到臨潼的華清池捉蔣介石，蔣從臥室窗戶跳出，摔傷後背，躲在一塊大石頭後面。十七路軍還扣留了在西安的陳誠、邵力子、蔣鼎文、陳調元、衛立煌、朱紹良等國民黨軍政要員，邵元沖等人遇難。西安事變爆發。

　　由於不能出去，蕭贊育走上閣樓，往外張望，此時天已微明，只見密密麻麻的都是張學良部的東北軍，但是後面驪山上，很清楚地看到穿黃軍服與灰軍服的少數人，還在彼此射擊，被擊中者一個個滾下山來。

　　慢慢地，天已大亮，槍聲漸止，蕭贊育再度開門，走向牆外廣場，想多瞭解一些情況。張學良部士兵問明蕭贊育的身份時，說：「委員長不抗日，我們是要抗日的。」他被送到衛兵門房，那時門房裡已聚集了侍從人員二三十人，有不少是從床上拉下來的，只披上大衣便出來了。

　　門房中，張學良的軍官一再進來詢問：「委員長究竟往哪裡去了？什麼時候離開的？」但誰也說不出來。蕭贊育這時還在為蔣介石慶倖：蔣介石可能早已聞警，避過此劫了。

　　約八九點鐘，忽聞後山鼓噪聲大起，並有人高叫：「委員長找到了！委員長找到了！」隨即發出集合號音，沒幾分鐘，蔣介石下山了，並在門房的大門口停下來，只聽到蔣介石高聲道：「我要在這裡休息！」又聽有人說：「副司令在西安等候，請上

車到城裡去。」

蔣介石走後，蕭贊育等侍從人員也坐上大卡車，被送往西安楊虎城綏靖公署的衛士隊，草席地鋪，每人一條軍毯，裹著毯子靠壁而坐，到下午二、三時，士兵送來一桶飯，一桶菜，有碗筷，無桌椅。飯菜既惡劣，心情更壞，不食亦不饑。這時，交際科長周文章帶來了「八大主張」印刷檔。天黑後，蕭贊育和毛慶祥、汪日章、葛武棨四位秘書，被送至西京招待所，每兩人住一間房，房內只有一張單人床。

第二天早上10時，張學良前來，到每一個房間表示慰問。這時，蕭贊育要求和他談話，張學良同意，自己將房門關上，兩人便站著談。張學良首先表示此次行動主要是為了抗日，此次兵諫，系由於蔣介石不接受意見，出於不得已，並告訴蕭贊育，蔣介石脾氣還是很大，不肯吃東西。蕭贊育便要求去見蔣介石，聽候招呼。張學良說：「不需要，委員長在那邊有人照料得很好。」

張學良走後，蕭贊育會見了陳誠，告以與張談話的經過，陳誠表示事已至此，恐將一不做二不休，勢必蠻幹到底。他說：「此時中央應有嚴正表示，何敬公更責無旁貸，應急起主持，統一指揮，以實力謀應付。」

蔣介石在西安事變中的遭遇較為狼狽，這也許是他一輩子對張學良等人耿耿於懷的原因吧。

2005年10月，在鄭州張莊村一個農家小院裡，當年楊虎城衛士隊副班長、91歲高齡的王志屏老人，首次披露了西安事變中一些鮮為人知的細節。

事變前一天晚上，王志屏在西安皇城新城大樓內負責守衛，當時突然停電了，王志屏剛想問是怎麼回事時，楊虎城的隨從副官王華亭趕緊上前制止，不讓他管這事兒。然後衛士隊進行了分

工，王志屏被分在新城大樓的樓後進行守衛。

12日早晨，王志屏和衛兵朱子明、上官克勤三人接到指示，有重要客人將來新城大樓，要他們守衛在新城大樓門口，其中朱子明和上官克勤站在正門口，王志屏站立在偏門口。原以為客人要從正門進，誰知來客卻走了偏門。一見到那個重要客人，王志屏的心裡就咯噔了一下，為啥呢？因為客人正是蔣介石。當時，他穿著長袍，腳上沒穿襪子，光著頭，也沒戴帽子。他的身邊還有幾名衛兵緊緊跟隨。看到他走來，王志屏下意識地敬了一個軍禮，只聽他嘀咕了一句，那句話因為說得小聲，自己沒聽清楚，可能是不要緊，也可能是不要敬禮。後來才知道，他是被張學良和楊虎城扣押起來的。

事變當天上午，張學良走進了新城大樓，當時王志屏就在門口站崗。緊接著，房間裡就傳來張學良和蔣介石的爭執聲。

張學良叫了聲：「委員長！」

蔣介石說：「既然這樣子了，你不要叫我委員長，把我槍斃好了。」

張學良趕緊遞上了一張紙：「這是八項政治主張，只要委員長在上面簽了字，就還是我的委員長。」

蔣介石拍起了桌子說：「讓我簽字，除非把我槍斃了！」

張學良說：「東北失陷，熱河棄守，就是您指示的結果。」

蔣介石還擊道：「我讓你棄守你就棄守了？」

張學良惱怒地說：「軍人以服從命令為天職，當時棄守就是服從你的命令造成的。」

接著就是兩人爭吵，聲音越吵越高。

在新城大樓被扣押兩天後，蔣介石就被轉移到了高桂滋的公館，當時張學良也住在高公館內，負責看押蔣介石的人輪換班。

王志屏、朱子明、上官克勤為一班人。

張學良扣押蔣介石的目的很明確，就是勸諫蔣介石停止內戰，團結一致抗日。1975年4月5日，蔣介石在台灣去世。張學良尚在軟禁之中，聞訊感慨萬千，送上一副輓聯：關懷之殷，猶如骨肉；政見之爭，有如仇讎。

可見，張學良當時發動西安事變的本意，並不是對蔣介石個人有什麼仇怨，也不想加害於他，只是不同意蔣介石「攘外必先安內」的政策，逼蔣立即抗日。張學良在台灣期間，負責監管他的人都是蔣氏父子身邊的人。在那個時代，台灣把蔣介石當作抗日的民族英雄。蔣經國執政，張學良仍然被限制自由。直到1990年6月3日，張學良的90華誕，張才恢復自由身。1995年移居夏威夷定居，但是台灣當局有一個前提條件：不准回大陸。

張學良信守承諾，離開台灣後再也沒有回過大陸。

蔣介石被張學良扣押期間，頗為狼狽。一次，蔣介石可憐兮兮地對朱子明說，想以私人關係借兩毛錢，買點糖吃。朱子明就讓王志屏去拿，王志屏找到王華亭副官說明情況，從大廚房裡拿來了一包糖，這包糖足有20多斤。送到蔣介石面前時，他卻堅決不用，說借兩毛錢是私人感情，決不想沾張學良和楊虎城軍營裡面的公用物品。王志屏退出來將情況反映給王華亭。王華亭說：「你們也真笨，找點紙，包一點糖，就說是用兩毛錢買的不就行啦。」王志屏依言照辦。蔣介石果然沒再推辭，將糖放入水杯中喝下。

王志屏在看押蔣介石期間，還見到了周恩來。當時，他奉命警戒，來了一輛小臥車，從車上下來兩個人，一個頭戴禮帽，身穿長袍，另一個全副武裝，腰挎短槍，手拿公事包，像是隨從副官。那人遞給王志屏一張名片，接過名片一看，才知道是周恩

來。王志屏立即將名片交給升娃（楊虎城的勤務兵楊鴻升），隨即楊虎城親自出來迎接了周恩來。

西安事變後，南京中央於當晚十一點半，召開中常會及中央政治會議聯席會議，決定剿撫並用，一面以何應欽為討逆軍總司令，一面以于右任為陝甘宣撫大使。

蔣介石留學日本時期的鐵杆兄弟戴季陶主張救蔣，先包圍西安。「我認為要委員長安全，只有用最迅速的方法，把西安包圍起來，把張、楊的生命拿在我們手上時，委員長的安全才有保障。政府不可一日無人負責，因此，我主張，行政院由孔祥熙副院長代理，並任命何應欽為討逆軍總司令，克日出兵，討伐張、楊。」

孔祥熙遲疑地說：「這樣做，恐怕是太激烈了，委員長的安全要緊。」於是戴季陶恭恭敬敬向他作了一個揖，一句話也不說，就退席了。

在國民黨高層領導內部，迅速形成了以何應欽為首的「討伐派」和以宋美齡為首的「和平解決派」。

文化界傅斯年得知西安兵變後，極為震怒，高呼：「國家元首豈容為賊所扣乎」？於是極力主張南京國民黨高層立即出動大軍討伐張、楊，同時連續在《中央日報》發表《論張賊叛變》等言辭激烈的檄文予以聲討。傅斯年稱張學良的老子就是鬍子出身，「張天生的是一個犯上作亂的土匪種」。針對有人認為出兵西進，會激怒張學良並危及蔣介石的安全，傅斯年堅稱愈是大軍壓境，張學良愈不敢加害蔣，並預言性地指出，待中央軍包圍西安，張只有束手就範，屈膝投降，而張投降後，只有蔣能救他一條性命。

在西安事變次日的日記中，朱自清寫道：「得知張學良在西

安扣蔣消息，惟詳細情形仍不知。此其一大不幸！」不僅僅是知識份子希望西安事變和平解決，廣大民眾也惟恐事態惡化。

著名國學家葉曼先生，在2011年的一次講課中，回憶當年西安事變後老百姓都很擔心回到軍閥割據的狀態。她記得她媽媽那段時期每天磕頭燒香，求菩薩保佑蔣介石順利回來。

1936年12月16日，國民政府勸誡張學良投降無效後，中國各界函電交馳，要求討伐，遂由政治委員會決議派何應欽為討逆軍總司令，劉峙為討逆軍東路集團軍總司令，顧祝同為西路集團軍總司令，分別集結兵力，由東西雙方同時向西安進行壓迫。空軍隨即展開轟炸西安近郊城市，並逐漸轉向西安。

第2節　支持武力救蔣，大功不賞

　　西安事變前數日蔣介石命令賀衷寒去西安，12月12日賀衷寒與王叔明連袂搭機飛往西安，由於飛機臨時發生故障，下午被迫降落在開封修理。當晚聽到事變消息傳聞後，賀衷寒大為震驚，擔憂蔣介石的生命安全，徹夜未眠。

　　13日中午，滯留在河南開封的賀衷寒，接到別動隊第一支隊參謀主任唐汝昌從陝西商縣打來的長途電話：昨夜西安發生兵變，委員長下落不明，他們是昨晚從西安逃出來的，支隊長公秉藩還被圍在城裡。

　　黃埔系的將領們，也急得像熱鍋上的螞蟻。賀衷寒成了對此事表態的中心人物。他與剛上任不久的復興社書記長鄧文儀，緊急召集復興社骨幹分子會議。賀衷寒將國民黨高層內部「討伐派」和「和平解決派」的情況進行了通報。

　　大家吵吵嚷嚷，有的說：「校長危在旦夕，大廈將傾啊！」有的說：「復興社完了，黃埔系沒有希望了！」有人竟然哭了出來。會場一片混亂。

　　賀衷寒大聲說：「諸位，根據我這幾天的觀察思考，張學良扣押校長，並不是自己有什麼野心，無非是逼迫校長抗日。蔣夫人擔心委員長的安全，決定和平解決當然沒錯，但是倘若張、楊二位挾持校長向政府漫天要價怎麼辦？」

　　「對，我們復興社與黃埔系不能袖手旁觀。」

　　「想必大家看過《廉頗藺相如列傳》，澠池之會的故事都知道吧？」賀衷寒不緊不慢地說。

　　「秦王竟酒，終不能加勝於趙。趙亦設盛兵以待秦，秦不敢

動。」鄧文儀接過了話頭。

「對，藺相如與廉頗，一文一武，唱出了一出好戲。」眾人紛紛點頭，似有所動。

「那，倘若委員長有不測怎麼辦？」有人猶疑。

「進攻西安是一著險棋，成事在天，謀事在人。不管結局如何，我賀衷寒都要背負罵名啊！」賀衷寒沉重地歎了一口氣。

「君山，人在做，天在看。此事關乎國家的命運，不能再拖了，還有那麼多人都在看著我們呢。」鄧文儀焦急地說。

經過一陣商討，通過了以武力解決西安事變的決議案，並以黃埔同學會的名義，一致擁護何應欽暫代陸海空軍總司令，負「討伐張、楊叛逆」之總責。

為表示慎重，賀衷寒和鄧文儀等人還拿著這個決議案去徵求宋美齡的意見，宋美齡當即拒絕。宋美齡表示，處理西安事變，應以委員長的安全為第一。她說，她將要到西安去，並流露出若單是宋子文去，她不能相信的意思。

在12日當晚，南京國民黨中央常務委員會和政治委員會緊急召集臨時聯席會議，並通過了兩項強硬的決議，第一項是決定「褫奪張學良本兼各職，交軍事委員會嚴辦」。第二項決定是，「增選何應欽為軍事委員會常委，軍委會由馮玉祥負責，指揮調動軍隊由軍事委員會常務委員兼軍政部部長何應欽負責」。

會議形成了《國民政府討伐張學良叛逆令》，全文如下。

國民政府討伐張學良叛逆令

二十五年十二月十六日

張學良背叛黨國，劫持統帥，業經剝奪本兼各職，交軍事委員會嚴辦。乃猶不自悔悟，束身待罪，反將所部軍隊集中西安，

負隅抗命，希圖遂其逆謀，擾害大局，全國人民，同深憤慨。政府為整飭紀綱起見，不得不明令討伐，著由討逆總司令何應欽迅速指揮國軍，掃蕩叛逆，以靖凶氛而維國本。此令。

主席　林森

代理行政院長　孔祥熙

這時，賀衷寒又接到消息，別動隊支隊長公秉藩已經化裝逃出西安，並運動了楊虎城所部一個旅——沉璽廷旅「反正」。公秉藩得到沉璽廷的掩護，化裝成一個趕驢的人才逃出來的。

康澤也匆匆忙忙趕到了南京，先後和賀衷寒、鄧文儀、顧希平、冷欣、鄭介民等見了面，得知道在南京的黃埔同學在賀衷寒的主持之下（當時中央軍校畢業生調查處處長是劉詠堯）曾有過集會，決定由團長以上的人，聯名致電張、楊，要他們對蔣介石的安全負責，否則將與他們奮鬥到底。

12月12日在上海聞知蔣介石被扣，宋美齡一度昏倒。其急於救夫的心情自是可以理解。在這種家、國孰輕孰重的衝突中，臨時擁有指揮調動軍隊大權的何應欽，被推上了「陰謀者」的風口浪尖。陳公博回憶：「南京忽然傳出一種謠言，說何敬之為什麼要堅持討伐，為的是不願保全蔣先生，他要迫到張、楊情急，對蔣先生加害，他好繼承蔣先生的大位，升做軍事領袖。這種謠言實在來的可怕，照這樣說話，則大凡主張討伐的，都是別有用心。……那時蔣先生之被囚西安，已不像是國家大事，而是宋孔兩家的家庭私事，中央已無法過問了，蔣夫人又在中央軍校演說，居然提出說主張討伐的別有用心，以是何敬之只好噤口不言，戴（季陶）、居（正）兩位老先生只發乾急和悶氣。」

宋美齡在南京與澳大利亞人端納會面。端納從西安張學良處

帶來口信，說張學良本人絕對不會加害蔣介石。宋美齡才下決心去西安勸和。12月22日，宋美齡、宋子文等人飛往西安。在飛機上，宋美齡把手槍遞給隨從端納，說：「如果叛軍對我有任何不禮貌行動，你可用此槍立即將我槍殺」。張學良、楊虎城去機場迎接，隨後與宋子文、宋美齡舉行了會談。張學良陪同宋美齡和端納去見蔣介石。

於是，在處理「西安事變」的問題上，形成了兩派：一是以軍人與文化人為代表的強硬派，二是以宋美齡、宋子文等親屬為代表的柔和派。應該說，這兩派都起到了作用，當宋美齡親赴西安展開夫人外交的時候，何應欽、賀衷寒等強硬派在週邊對西安形成大兵壓境的態勢，在心理上給張學良、楊虎城等人造成了一種壓力。

何應欽、賀衷寒等人對西安用兵，蔣介石並沒有反對。蔣介石就在日記中寫道：「余聞此語，知中央勘亂定複，主持有人，不諦客中聞家庭平安之吉報也。」12月22日蔣介石在日記中甚至寫道：「今日終日盼望飛機聲和炮聲能早入余耳。」

十餘日後，情勢急轉而告結束。影響卻僅限於陝、甘兩省，未擴大到其他省份。舉國秩序安定，賀衷寒於事變期間，居間籌畫之功，史學家紛紛給予肯定。

12月26日，西安事變和平解決後，蔣介石回到南京，在軍校官邸休養。探望他的黨政要員排成長隊，冷寂了多日的官邸一下子又熱鬧起來了。宋美齡擔心蔣介石的身體，將來人一律擋在外面，僅有幾個非常重要的人物可以進去。

何應欽先行一步，當天就去探望蔣介石，彙報南京這邊的情況。明眼人看得出，他是急於表達自己的忠心。第二天下午，康澤也得到允許去看蔣介石，只見蔣介石躺在睡幾上神情憔悴。康澤要

說的話很多，但看到蔣介石這個樣子，也就只能長話短說了。

　　蔣經國去世後，張學良在台灣被國民黨當局解除了軟禁，回復了自由，有一次接受記者採訪，記者要他談當年的「西安事變」為何連書面協議都沒有就匆匆忙忙的放了老蔣。張學良說：「現在兩邊都不這麼說了，我還說它做什麼？」兩邊應該是指國共雙方。張學良於2001年去世，那時宋美齡還活著而國民黨的歷史把張學良放蔣的功勞歸給宋美齡對他的勸說，而宋美齡是不讓蔣介石殺他的恩人，他如果說放蔣的原因不是因為宋美齡的勸說那是對不起她的。

　　可見，張學良對當年自己與楊虎城一手策劃的「西安事變」為何匆匆忙忙的落幕，他後來又為何親自送老蔣回南京，他當時這樣做的原因是和國共兩邊歷史學家的看法都不相同的。賀衷寒在西安事變發生後不久就打電報給張學良要他「負荊自縛，請罪京門。」張學良後來的確親自送蔣到南京，是不是賀的電報影響了張學良這只有張自己知道了。

　　張學良急忙放蔣極有可能有兩個原因，其一是他要聯共抗日，而共產黨勸他只要蔣同意停止內戰，共同抗日就釋放蔣。其二是他受到國民黨中央軍的軍事壓力，因為中央軍已經對西安形成進攻的態勢，並有最後通牒，張學良和楊虎城的兵力無法對抗中央軍，何況他兵諫的目的是要結束內戰一致抗日，他當然不想因他的兵諫行為反而引起另一個內戰。受到這樣的壓力他才會在沒有得到蔣介石的書面簽字同意的情形下，匆匆釋放了蔣。

　　仔細考察張學良龐雜的回憶，雖然提及了與西安事變相關的許多人和事，卻始終小心翼翼地回避了一個非常關鍵也非常神秘的人，那就是他極其秘密地派駐莫斯科的首席代表莫德惠。

　　莫德惠是張學良的心腹，曾作為張學良的首席代表赴莫斯科

談判中東路事件。他作為張學良安置在莫斯科的關鍵連絡人，究竟傳遞了多少重要情報，如今已經難見電報檔案。當時蘇聯已經在莫斯科與烏魯木齊、蘭州之間建立了直通航線，蘭州與西安的通道則由張學良的波音座機完成。因此，莫斯科與西安的距離雖然看似遙遠，但對莫德惠來說毫無困難，目前有確鑿證據表明莫德惠起碼有兩次從莫斯科回到西安，其中一次可見於蔣介石得到的密報之中。

1936年9月18日，南京中央檢查新聞處處長賀衷寒致蔣介石密電，其中提到：「莫德惠十三日由俄抵西安，業與張學良會晤，任務不明。最近盛傳張氏漸有希圖與舊東北軍勢力為中心，後方與新疆省聯絡，單獨在西北方面樹立親俄政權之意。」此時的莫德惠，顯然是為了向張學良面陳蘇聯最新的聯蔣政策。

直至西安事變發生時，張學良與莫斯科其實還保持著密切的接觸。斯諾說：「當時張學良在莫斯科派有自己的代表，是王安娜（王炳南的德國籍妻子）的一位朋友，安娜說他想盡辦法見到聯共中央的人，好請他們在能夠得到更可靠的消息之前，先別做出對張學良不利的決斷。」（愛德格・斯諾：《紅色中華散記》，江蘇人民出版社1991年版，第4頁）。

張學良與蘇聯這種極為隱秘的關係，對研究西安事變，特別是研究張學良當時的行動極其重要，也是以往所有研究者所忽略了的。

莫斯科代表處的設立使得當時西安與莫斯科之間有了頻繁互動的熱線通道，張學良既能直接向蘇聯表明態度，又能直接從蘇聯得到第一手情報，以保證自己的行動符合蘇聯的政策，完全得到蘇聯的支持。當時莫德惠究竟向張學良傳遞了什麼重要資訊，雖然也同樣沒有文字記載，但完全可以從張學良隨後採取的三項

重大措施中加以確認。

一是迎接葉劍英。1936年9月下旬，就在張學良與莫德惠見面後不久，葉劍英應張學良之邀擔任中共中央駐東北軍的黨代表。「張學良對於葉劍英的到來非常重視，事先對安全保衛工作做了周密的佈置，讓他住在自己的親信、衛隊二營營長孫銘九的家裡，對外化名『楊先生』，要求孫銘九絕對保證『楊先生』的安全，同時，安排好『楊先生』的生活。」（《葉劍英年譜》上冊，中央文獻出版社2007年版，第137頁）葉劍英的到來迅速加強了中共中央與張學良的關係，標誌著張學良與中共中央的合作上升到了一個新的階段。

二是盡力援助紅軍。在《西安事變新探》中有一段描述非常典型：「當葉劍英告訴張學良，紅軍目前經費困難已極，冬衣解決更難，莫斯科雖可援助，但不能應急。當他代表中共中央向張借款30萬元時，張一口答應，但表示西安只能辦到5萬元，多不可能，其餘25萬可考慮到上海去辦。棉衣可提供1萬套，由西安送蘭州，請紅軍半路去取。而在軍事部署和戰役行動上，張學良更是積極配合，並出謀劃策，凡有他能夠辦到的，他幾乎無不盡力去做」（楊奎松：《西安事變新探》，江蘇人民出版社2006年版，第249頁）。10月7日，葉劍英與潘漢年致電毛澤東：「棉衣一萬套可由西安送蘭州，要我方半路去取，不便送人」（《葉劍英年譜》上冊，第138頁）。11月5日，葉劍英從西安動身回保安，「隨身帶有張學良借給紅軍的十萬塊銀元」（《葉劍英年譜》上冊，第144頁）。張學良的「無不盡力」標誌著張學良對紅軍的援助也上升到了一個新的階段。

三是全力「駐蔣」。10月29日，葉劍英與劉鼎致電中共中央報告張學良勸蔣的結果，其中提到「有主駐蔣說」（《西安事變

新探》，第283頁）。有學者認為「駐蔣」是「捉蔣」的諧音。其實所謂「駐蔣」，就是駐留蔣介石軍事進攻的步伐而已。當時國共雙方的和談已經很有成效，1936年10月14日，「中共中央接到中共談判代表張子華從西安發的電報，說國民黨方面的談判條件是：（一）蘇維埃區域可以存在；（二）紅軍名義不要，改聯軍，待遇同國軍；（三）中共代表參加國民大會；（四）即派人具體談判」（《周恩來年譜》上，中央文獻出版社1998年版，第332頁）。

為了配合談判進程，毛澤東迅速於10月15日以蘇維埃中央政府主席的名義，通過蘇維埃新聞社發表關於停戰抗日的談話，表示「一切紅軍部隊停止對國民革命軍之任何攻擊行動」（《毛澤東年譜》上，中央文獻出版社1993年版，第648頁）。但意想不到的是，「從10月20日開始，蔣介石調集十幾個師由南向北大舉進攻，企圖消滅紅軍於黃河以東甘肅、寧夏邊境地區」（《中國共產黨歷史》第一卷，中共黨史出版社2002年版，第508頁）。20日，葉劍英急電毛澤東：「蔣介石令胡宗南急進」，「毅（張學良）之估計正（蔣介石）先打而後和，圖得便宜而已」（《葉劍英年譜》上冊，第140頁）。

因此，當時認為蔣介石只是「先打而後和」的張學良，決不可能就此產生「捉蔣」的念頭，而勸阻蔣介石進攻倒是合情合理順理成章的。「駐蔣說」標誌著張學良阻止蔣介石內戰腳步的決心也上升到了一個新的階段。

蔣介石回到南京，得知黃埔派的作為後，頗為不滿。他把鄧文儀等人找去，大發脾氣：「我在西安蒙難，你們在南京討逆，坐地打衝鋒，我還沒有死，你們就不聽我的話了，想改換門庭嗎？」

　　西安事變中，蔣介石為了逃脫東北軍官兵的搜捕，在攀越華清池圍牆到驪山途中，跌傷了背脊骨。西安事變和平解決後，蔣介石回到南京休養四個多月，卻一直不見好轉，校長心情不佳，他的學生個個戰戰兢兢。

　　但是賀衷寒的職務並沒有被撤換。倒是鄧文儀，西安事變爆發時曾有謠言說蔣介石已經遇害，作為強硬派的骨幹分子，他不管真假為了武力討伐張楊，增加同仇敵愾之心，發動黃埔同學穿上孝衣哭靈，被宋美齡告了一狀，平時恨鄧之人，也對鄧落井下石，致使蔣介石對鄧印像變壞，對鄧大罵，並把鄧職給撤了。

　　鄧失去蔣的信任後東奔西走，四處碰壁，毫無辦法。他的朋友賀衷寒、袁守謙、蕭贊育等也愛莫能助，不敢在蔣面前為他說情。

　　盧溝橋事變後，政訓處成立了抗敵宣傳委員會，聘請100多名委員，其中也有如郭沫若、葉淺予等民主進步人士。此會是社會組織，不是由官方任命的委員，而是由政訓處處長聘請，所以賀衷寒得以指定鄧為主任委員。1938年，經賀等人的舉薦，鄧任中央軍校政治部主任。蔣未加反對。畢竟，黃埔學生是蔣介石的嫡系，他需要這些人為他賣命。

　　2015年7月，賀衷寒的小兒子、定居美國的賀一平先生第一次回湖南岳陽縣鹿角賀耕九屋場祭祖，受到鄉親們的熱烈歡迎。筆者與他面談了二個多小時。賀一平就父親在西安事變中的作用談了自己的看法。

　　據賀一平回憶：60年代初的一天，賀衷寒在北投公園練習釣魚甩線的動作，釣竿上面有一個纏絲線的輪盤，需要練習才可以將釣魚鉤甩到數十米遠。在公園巧遇了張學良，兩人見面很高興。過了幾天，賀衷寒就接到了張學良的電話，說要登門拜訪，賀衷寒在電話裡喊著張學良的別名漢卿，語氣非常高興。

不久，張學良來拜訪賀衷寒，兩人在客廳聊天，非常愉快。賀一平在自己的房間裡，聽不太清楚他們談話內容，只聽到客廳裡不時傳來笑語聲。張學良的旁邊還跟著一個人。張學良解釋說，他的耳朵不太好使，需要那個人複述才能聽懂。其實那個時候，張學良還處於軟禁中，那個人應該是奉蔣的指令跟隨和監視他的。

這次張學良的來訪，讓賀一平相信西安事變時，賀衷寒曾對張學良放蔣的決定起過作用。當時來自中央的軍事壓力可能也是張學良匆匆放蔣的因素之一。

現在有些歷史書籍記載，賀衷寒在西安事變後，因在擁護何應欽討伐張、楊事件上被蔣介石懷疑有二心，因而仕途滑坡。這是不確實的。正好相反，賀衷寒在西安事變後一直是升官的。

西安事變後，中共中央紅軍改編為國民黨的正規軍時，國民黨方協商代表就是賀衷寒和張沖。後賀衷寒又奉蔣的指令去德國考察；抗戰爆發後，又命他回國，仍擔任政訓處處長原職；然後又任政治部第一廳廳長；1939年又奉中央政府指派任「北路慰勞團團長」，視察李宗仁、閻錫山、傅作義、李品仙、馬鴻逵、鄧寶珊等各抗日戰區的軍務，並赴延安會晤毛澤東；後又任社會勞動局局長；抗戰勝利後，又任社會部的政務次長；到台灣後，任交通部部長、國民黨設考會主任委員、並且兩任行政院政務委員，加上一任交通部長就是三度進入內閣，是黃埔同學中唯一的一個。可見，賀衷寒在國民黨內以及黃埔系當中受尊重非同一般。

為蔣介石代筆寫《蘇俄在中國》這本書的陶希聖先生，曾閱讀了大量的國民黨的機密檔案，1972年賀衷寒去世後，陶希聖先生曾寫了一篇悼詞，中有「以政治為軍事先驅，使武力與國民結合，五十年來勉於役，大功不賞，大謀秘勿。籲嗟賀公，西望中

原，相期光復，逝其去矣，何其焱忽，如今又弱斯人，不自禁其淒淒兀兀。」悼詞中說的大功不賞主要是指西安事變中賀衷寒等人所起到的作用。

至於為何大功不賞？國民黨的歷史說張學良放蔣介石是因為他看了蔣的日記，感到蔣確有抗日的計畫，他後悔兵諫了。加之宋美齡到西安勸說張學良放人，國民黨以此為蔣被釋放的原因，是為了給蔣挽回顏面，所以不便重賞何應欽和主張討伐張、楊的黃埔將領。

1979年何應欽90大壽，蔣經國在祝壽詞中特別稱道：「西安事變發生，敬公（何應欽別號何敬之）擁護領袖，號召忠義。」

這也算是蔣介石父子對這段公案的一次論定。

西安事變紀念館

第3節
奉命西安和談，商討改編紅軍

在和平解決西安事變時，蔣介石當面表示，希望能在南京與周恩來直接會商兩黨合作的事宜。中共中央注意到這一意向，周恩來的南京之行已在醞釀之中。可是，在張學良送蔣介石去南京被扣後，中共中央考慮到周恩來的安全，改變了原先的計畫。1937年1月5日和6日，毛澤東等連日給在西安的周恩來、秦邦憲發去電報：「此時則無人能證明恩來去後，不為張學良第二。」、「恩來絕對不可去南京。」

但是，中共中央仍對和平談判寄予希望，便改派潘漢年前往南京，並表明自己的態度：「周暫難分身，一俟大局略定，即可出見蔣。」、「共產黨在對內和平對外抗戰基礎上全力贊助蔣。」

1937年2月8日，國民黨軍事委員會西安行營主任兼第一集團軍總司令顧祝同率中央軍進駐西安，蔣介石委派他為全權代表，又增派賀衷寒參與在西安舉行的與周恩來的談判。中共後來也增派葉劍英參加。

1937年2月9日，國共兩黨在西安舉行第一次正式會談，中共代表是周恩來、葉劍英，國民黨代表為顧祝同、賀衷寒。期間，張沖攜帶蔣介石的意見，也趕赴西安加入會談。

周恩來濃眉大眼，炯炯有神，頭髮修剪得很短，頗為精神。一見賀衷寒，周恩來就主動伸出了手：「歡迎，歡迎，我們又見面了！君山同學精神飽滿，果然年輕有為。」

賀衷寒連忙答道：「不敢，不敢，君山在黃埔時承蒙先生教

誨，受益多多。過去多有不恭之處，還請多多包涵。」

周恩來爽朗地笑道：「度盡劫波兄弟在，相逢一笑泯恩仇。我們不是走到一起來了嗎？還是向前看吧！」

「是的，是的，君山將恪盡職責，停止內戰，一致抗日，至於個人得失，在所不計。」

賀衷寒這番話，既像是對周恩來說的，也像是對自己說的。

會談開始，顧祝同表示，紅軍可以在西安設立辦事處。當日，張聞天、毛澤東給周恩來拍來電報，提出談判中應要求將紅軍編制設為12個師，4個軍。周恩來在會談中，將中共中央致國民黨五屆三中全會電交給顧祝同，希望國共兩黨能再次合作，共赴國難。雙方的會談雖然仍有分歧點，但還是取得了一些成果：

（一）中共承認國民黨在全國的領導，停止武裝暴動及沒收地主土地，實行禦侮救亡的統一綱領。國民政府分期釋放政治犯，對中共黨員、中共組織不再逮捕、破壞，允許中共適時公開。

（二）取消蘇維埃制度，改為中華民國特區政府，受國民政府指導，實施普選制。

（三）紅軍改編為國民革命軍，接受國民政府軍委會和蔣介石的統一指揮和領導。其他邊區部隊改為地方部隊。

（四）中共派代表參加國民會議，軍隊派代表參加國防會議。

（五）希望國民黨三中全會對中共提出的和平統一團結禦侮及容許民主自由的主張有進一步的表示。

談判期間，關麟征回到西安，很快被周恩來請去。周恩來利用自己曾是黃埔軍校政治部主任的身份，與黃埔畢業生談話。

並請中共中央派曾是黃埔一期生的陳賡來西安，同做黃埔系的工作，以利國共和談的順利進行。

在座的還有黃埔一期同學36師師長宋希濂，他兼任西安警備司令。周恩來一一問候黃埔同學。

關麟征是個直性子，他直言不諱：「在軍校時，我最佩服國民黨中的鄧演達，鄧治軍嚴明，剛直不阿，有大將風度。再就是共產黨中的周先生，您是少年諸葛，能掐會算。」

周恩來朗聲大笑：「我哪裡有那樣神？我都是靠的你們這些同學。」

周恩來關切地問：「你同胡宗南有聯繫嗎？我托他的老師胡公冕先生轉交給他的信，希望他為抗戰出力，一直沒見他回音呀。」

不料，關麟征順勢發起牢騷：「北伐打天下是靠黃埔學生，北伐成功，掌權的卻是半路出來的浙江幫。胡宗南無功坐大，不值一提。」

他又對身邊的宋希濂說：「我看老漢（蔣介石）對國內軍閥有辦法，對共產黨是沒有辦法的。他們有民眾基礎，有國際關係，還有人傑哪。」

關麟征目光炯炯，看著周恩來、葉劍英、陳賡等在座的共產黨人。

宋希濂轉身對老鄉陳賡說：「當年與你同一天出來報考黃埔，十幾年磕磕碰碰，想不到又走到一塊來了。」

陳賡幽默地說：「老鄉見老鄉，兩眼淚汪汪。當年我被貴軍關進大牢，幸虧你與黃埔同學搭救啊！」眾人會意，哈哈大笑。

在黃埔同學中，關麟征與宋希濂這倆人，一個是「陝西冷娃」，一個是「湖南騾子」，都具有倔強好勝、對事任性，對人

不肯低頭的個性，因此得罪了不少人。

周恩來看到賀衷寒坐在靠門的一邊，不聲不響，便連聲招呼：「衷寒同學，請往裡邊坐。」

賀衷寒笑笑，仍坐在原處未動，顯得格外謹慎。他知道今天的宴席上，周恩來與大家談笑風生，是想融洽雙方關係，為接下來的談判增加籌碼。問題是，「陝西冷娃」、「湖南騾子」，還有陳賡等人，都可以放開講，一千句一萬句都無關痛癢，因為他們是國共雙方會談的旁觀者，而他卻是會談的核心人物，重任在肩，一點都不敢掉以輕心啊！尤其是剛才關麟征當眾譏諷胡宗南，讓賀衷寒心中不爽。

周恩來舉起酒杯，朝四周劃了個半圓，高聲說道：「校友相聚實屬不易。十年內戰，干戈相見，現在又走到一起來了。來，讓我們發揚黃埔時期的北伐精神，以當年攻克惠州、汀泗橋的氣概，驅逐日本帝國主義出東北，乾杯！」

大廳裡杯盤交錯，笑聲朗朗。

賀衷寒走過來碰杯：「周先生，在今後的談判桌上還望不吝賜教！」

周恩來端起重新斟滿的酒杯，說道：「談總比打好嘛，我希望你們在蔣先生身邊的人，能規勸他遵守他的諾言。」

周恩來離開座位，向來賓祝酒。當來到張沖桌前，他停住腳步，潘漢年連忙給周恩來做介紹。周恩來握住張沖的手說：「來，張先生，為我們在今後的談判中竭誠合作而乾杯！」

張沖站起身來，舉杯的手略有顫動。可以說，他是在座的國民黨方面代表中心情最複雜的一位。這種複雜的情感仍然與周恩來有關。若干年之後，人們才知道，他就是「伍豪啟事」的炮製者。1932年2月中旬，上海的《申報》、《時報》、《新聞報》等相繼

刊出一篇《伍豪等脫離共產黨啟事》，「伍豪」是周恩來在白區工作時的化名。其時，周恩來早於1931年底秘密從上海到達江西中央蘇區，擔任中共蘇區中央局書記已近兩個月，這個假《啟事》造謠誣衊攻擊中共和蘇聯政府，進而誣陷「伍豪」其人。

談判中，顧祝同、賀衷寒、張沖的態度友善而又積極，為使和談能達到預期的目的，還建議中共通過在蘇聯的蔣經國做蔣介石的工作。

經過一個月的彼此交流、磋商乃至爭論，雙方的意向也逐漸趨於統一。

正是在這個基礎上，3月8日，周恩來、葉劍英和顧祝同、張沖、賀衷寒再次坐下來，共同商討形成一個總結性的條文，並決定由周恩來負責文字的起草，這便是「三八協定」，其主要內容是：

（一）中國共產黨承認服從三民主義的國家和國民黨的領導地位，徹底取消暴動政策和沒收地主土地政策，停止赤化運動；國民政府分批釋放監禁中的中共黨員，容許共產黨在適當時期內公開。

（二）取消蘇維埃政府及其制度，將目前紅軍駐紮地區改為陝甘寧行政區，執行國民政府統一法令與民選制度，其行政人員經民選推薦，由國民政府任命；行政經費由行政院及省政府規定。

（三）紅軍取消，改編為國民革命軍，服從國民政府軍事委員會及蔣介石的統一指揮，其編制人員、給養及補充與國軍同等待遇，其各級人員由自己推薦，呈報軍委會任命，政訓工作由軍委會派人聯絡；將紅軍中最精壯者編為3個國防師，計6旅12團及其他直屬之工、

炮、通信、輜重等部隊，在3個國防師上設某路軍總
指揮部；將紅軍的地方部隊改編為地方民團或保安
隊；紅軍學校辦完本期後結束；此外，在河西走廊令
馬步芳、馬步青部停止對紅軍西路軍的進攻。

周恩來把他起草的《三八協議》草案提交顧祝同後，顧祝同
當晚電告蔣介石做最後決定，以便執行。但兩天沒有消息，周恩
來去催問，顧祝同解釋說，還在等待南京方面的消息。

第三天，突然由賀衷寒出面，拿出另一個修改案。周恩來一
看，這個修改案對原已達成的協議作了重大的改動，許多地方令
人難以接受，如紅軍改編成3個師後，每師只能有1萬人，共3萬
人；服從蔣介石的一切命令；各級副職也由南京政府選派；把停
止進攻河西紅軍的一條也刪去了⋯⋯

周恩來有些激動，高聲說道：「這樣的修改我不能同意！」

賀衷寒面露窘態，脖子扭向一邊，也不搭腔。

「為什麼要改成這樣？」周恩來追問道。

「因為，」賀衷寒瞪大眼睛說：「共產黨既然承認蔣委員長
為唯一領袖，就應該一切服從南京政府的指揮⋯⋯」他努力挑選
著字眼，「紅軍和蘇區應該完全置於南京政府的直接控制之下，
陝甘寧行政區仍能算一個地方行政區，直屬所在各省。」他見周
恩來兩眼冒火，便不作聲響了。

在黃埔軍校，周恩來作為政治部主任，完全可以責罵他的學
生，當時是家常便飯。但是周恩來未出一個粗字，仍是以尖銳的
目光直視著賀衷寒。現在，畢竟不是黃埔時期，賀衷寒也不再是
當年的學生，他不但是國軍中將，而且還是蔣介石的談判代表。

賀衷寒歉意地說：「周先生，希望您體諒我們的苦衷，有些

事情不是我們能夠做主的。」

原來，就在這兩天裡，蔣介石對協議做了修改。紅軍改編後的建制和人數，雙方一直在磋商談判之中，很難最後決定，而這並非是問題的關鍵所在，蔣介石所孜孜以求的是要取消中共對改編後的紅軍的領導，這在他的日記中暴露無遺：「只可收編其部隊，決不許其成立軍部或總指揮部。」

顧祝同與張沖不敢與周恩來碰面，只好將賀衷寒推到前台。

周恩來回到住處，對葉劍英說：「應該馬上報告中央，賀衷寒的這一方案，對我們束縛愈緊，事關民主政治與紅軍獨立領導的問題。」

葉劍英贊同道：「這些問題跟顧、賀談，根本解決不了。他們無非是充當蔣介石的馬前卒。」

中共對此迅速作出反應。3月11日，毛澤東和張聞天致電周恩來，指示避開顧、賀，直接去南京或廬山與蔣介石談判。「現在問題非與蔣談不能解決。如果承認賀衷寒所提各點，不但非常危險，而且過幾天有可能連賀案亦被推翻，因此決不能同意。」

張沖與周恩來、葉劍英在西安和談時的合影

　　3月13日晚，周恩來會見張沖，說：「賀案是我們所否認的，但是，兩黨合作抗日和擁護蔣委員長的方針，不會因此而發生動搖。」他提出將《三八協議》直接送達蔣介石。

　　張沖提議道：「我一個人是無能為力的，我們五個人是不是再坐下來談談？」

　　周恩來很堅定地說：「我看西安沒什麼可談的，我只有見蔣再說了。」3月16日，周恩來返回延安，西安談判暫時告一段落。

　　賀衷寒在西安談判中作為國民政府與蔣介石的代表，秉承上級意圖辦事，無可厚非。西安談判雖然在一系列原則問題上未能達成協議，但在雙方的努力下仍然取得了一些積極成果，有助於國共兩黨關係的改善。如達成了在西安設立紅軍聯絡處的協議，這是中國共產黨在國民黨統治區建立的第一個公開辦事機構。經過多次交涉，國民政府從3月份起，開始對紅軍軍餉的救濟。在中共代表的要求下，國民政府釋放了西路軍在河西走廊失利後被俘的部分紅軍指戰員。

第4節　拜訪董必武，再會周恩來

　　1937年夏天，蔣介石委派賀衷寒赴德國考察，想探究德國當時很快變為強大的原因，為抗戰做好準備。

　　胡宗南親自趕到上海與賀衷寒話別，相偕攜手，計凡三日，或靜室暢談，或公園散步，或海濱眺望，無拘無束。倆人彷彿又回到了當年在黃埔軍校的學生時代。這三日中，倆人相談所得之結論，認為對日戰爭，終難避免，且一旦爆發，勢必作戰到底。

　　動身之日，胡宗南送他至碼頭。義大利輪船康特羅梭號停泊江邊，即將起航。賀衷寒的妻子李憐影也在碼頭相送，夾雜在眾人當中，猶談笑自若。過了一會兒，只見胡宗南掏出手帕遞給李憐影女士，原來李憐影面對即將遠行的丈夫，觸景生情，潸然淚下。

　　胡宗南意味深長地對賀衷寒說：「文章固然是自己的好，老婆也是自己的好啊！」

　　賀衷寒微微一笑，跳上甲板，佇立船頭，揮手之際，亦覺黯然。

　　船行至印度洋，到達斯里蘭卡首都科隆坡港口時，「七七事變」的消息已經傳到了船上。

　　7月16日，蔣介石採取了一個異乎尋常的政治舉措，他邀請了由各黨派團體、文化、教育等各方面的「社會賢達」至廬山，交換對國家問題的見解。史稱「廬山談話會」。

　　賀衷寒抵達德國。8月13日，日軍攻佔上海的消息又複傳到。賀衷寒身在海外，心急如焚，寢食難安。

　　9月22日，國民政府公佈了《中共中央為公佈國共合作宣言》。9月23日，蔣介石發表了承認中國共產黨合法地位的談話。

這一「宣言」和「談話」，宣告了國共兩黨抗日統一戰線的建立，同時也宣告了中華民族抗日的號角已經吹響，也為廬山的歷史寫下了輝煌的一筆。在廬山，蔣介石提出了著名抗戰宣言：「地不分南北，人不分老少，皆有守土抗日之職。」這也是廬山成為政治名山的開端。

不久，賀衷寒就接到了國內的電報，令其立即返程。

回國途中，賀衷寒心潮澎湃，遂作《浪淘沙》詞一首，愛國情懷，溢於言表。

「客路數歸程，萬里長征，天空海闊一舟情。默念古今興廢遍，逸趣橫生。

東望最難平，頑寇橫行，三軍掃落幾時清。誓掃河山分寸辱，奮鬥犧牲。」

1938年新春，賀衷寒來到了武漢。南京失陷後，國民黨政府的一些重要部門遷到武漢，各民主黨派領袖、社會名流、文化界人士，全國著名抗日救亡團體也都雲集武漢，武漢成為當時全國政治、軍事、文化的中心。

這天上午，賀衷寒過江到了漢口，在舊日租界中街找到了八路軍武漢辦事處。他這次來辦事處，是要拜訪董必武先生。

八路軍辦事處為一幢四層建築，原為日本人所辦的大石洋行。這棟青灰色的舊樓，臨街裝有老式柵欄，乍一看像是倉庫，但從東邊側門進去，發現別有洞天：廳堂前可見庭院，假山上綴以花木，水池裡游著魚兒，芭蕉葉的縫隙間，陽光靜靜灑落。

工作人員帶著賀衷寒來到辦事處樓上。董必武的辦公室兼臥室裡傳來一陣鼾聲，只見董必武和衣而臥，工作人員喚醒他後，發現床前只有一隻鞋，另外一隻哪裡去了呢？他自己也不知道，在場的人都幫著找也找不到。最後，還是在整理被子時，從被子裡找出

另一隻鞋。原來他工作太累沒有脫掉鞋子一躺下就睡著了。

賀衷寒幾步跨上前去，握住了董必武的手：「董先生，終於找到您了，您當年的指路之恩，衷寒一直銘記在心！」

董必武笑道：「當年我要你入黃埔，是希望你努力深造，擔當起打到反動軍閥統一中國的重任。今天我們再一次攜手，是為了打倒日本侵略者！」

賀衷寒環顧四周，只見辦公與生活設施非常簡陋，最顯眼的是桌子上堆放的大量書稿。還有董必武為《新華日報》的題詞：「擁護抗戰到底，為實現民族獨立、民主自由、民主幸福的新中國奮鬥。」顯然這是昨晚熬夜寫出來的。

賀衷寒感慨地說：「董先生鞠躬盡瘁，令人欽佩。有需要衷寒的地方，請儘管吩咐。」

董必武道：「好啊，辦事處每月要從國民政府領取八路軍經費，還要籌集武器和戰備物資。希望你為我們多做一點協調工作。」

賀衷寒連忙答應下來。

談興正濃時，周恩來外出歸來。賀衷寒立即迎上前去。周恩來一見賀衷寒，順手把外衣往沙發上一扔，伸出雙手與賀衷寒握手。「衷寒同學，想不到我們就要成為同事了！」

周恩來落座後，即與賀衷寒談起抗戰形勢，滔滔不絕，談鋒甚健。周恩來說：「我們要利用廣袤的土地、龐大的人口、豐富的資源、優秀的文化，使之行動化，使全中國一切人力物力，凝結成一個堅強不撥的整個力量，來做政府抗敵禦侮的基礎，要這樣，我們的抗戰，才能持久，才能得著最後的勝利，因此，我們對於抗戰的必要條件，尤其是軍事、政治、經濟、文化諸點，應該有切實的準備。」

　　賀衷寒頗為沉痛地說：「半載以來，敵人盡其三分之一以上的海陸空軍力量，佔領我華北的大部，及沿海各省，屠殺我民眾，摧毀我經濟文化，這種殘暴的兇焰，現正在繼續擴展。所以今日中國最大的危機，實在外而不在內，今日民族的最大仇敵，是唯一的日本帝國主義者！」

　　周恩來接過話頭：「今日的對日抗戰，是國家民族的最高無上的工作，超過其他一切內部的利害關係，我們為完成五十年來國民革命的使命，為求民族國家的自由平等，為維護五千年來光榮的民族歷史與民族文化，只有一致團結起來，抗戰到底。」

　　當談及目前軍隊抗日政治工作時，周恩來說政治工作很重要，北伐時，我們就是靠了革命政工，而得以以小勝大，以弱勝強，打敗了北洋軍閥。目前，中心工作是要喚起全民族的持久抗戰意識。

　　賀衷寒點頭稱是，說道：「關於抗日宣傳方面，貴黨做了不少工作，積累了不少經驗，難能可貴。」

　　賀衷寒見辦事處工作甚忙，即起身告辭，他恭恭敬敬地對董必武說：「來日方長，請多指教。」

第5節
主管政治部第一廳，總攬政訓

　　1938年初，中共建議恢復大革命時期軍隊政治工作的地位和作用，以推動全民抗戰。而蔣介石和陳誠也希望借中共和左派人士之力，加強政訓工作。經最高統帥部決定，軍委會政治部於武漢保衛戰期間成立。

　　政治部的成立，是國共合作的一個重要表現。這時是第二次國共合作的初期，關係尚稱和諧，政治部的人事安排大致反映了這種合作氣氛。陳誠任部長，周恩來、黃琪翔任副部長，賀衷寒、康澤、郭沫若分任第一、二、三廳廳長。

　　第一廳主管軍隊政訓，第二廳主管民眾組訓，第三廳主管宣傳，第四廳主管總務。另有一秘書處，負責電訊文書及部與各廳間之上下行文工作。此外，為了網羅國民黨各方面的上層人物，還成立了一個指導委員會，成員有陳立夫、朱家驊、王世杰、譚平山、陳佈雷等，實際上形同虛設，談不到對該部的所謂指導。

　　第三廳是由共產黨領導下的進步人士組成，最初設五、六兩處，以後又增設第七處。三個處分管動員工作、藝術宣傳、對敵宣傳。郭沫若任廳長，副廳長范壽康、范楊，主任秘書陽翰笙，秘書傅抱石、錢運鐸等。

　　在武漢成立的全國性的戲劇、電影、文藝、歌詠、戰時教育等協會的部分領導人，同時擔任第三廳下屬機構的領導職務。第五處處長胡愈之主管文學與口頭宣傳；第六處處長田漢主管藝術宣傳；第七處處長范壽康主管對日宣傳和國際宣傳工作。該廳彙集了全國思想文化界知名人士，如馮乃超、洪深、杜國庠、史東

山、光未然、應雲衛、馬彥祥、冼星海、徐悲鴻、張曙等擔任科員。第三廳人才濟濟，從廳長到科員幾乎都是當時中國文化界的名流鉅子，時人盛稱第三廳是「名流內閣」。

蔣介石為了表示對該廳的重視，曾於1938年4月間在武昌湖北省政府分批召見少校以上人員。蔣介石見到郭沫若時表面上很客氣，同他寒暄：「郭先生你好嗎？改天想和你談談。」郭沫若說：「我有些重聽。」並用手指耳示意。

第二廳廳長康澤，兼任中央政治大學特別訓練班主任、中央軍校特別訓練班主任、軍委會別動總隊總隊長、財政部禁煙督察處緝私室主任等要職。該廳下設三、四兩處。三處主辦民眾運動，四處主辦國民軍訓。

第一廳是政治部最重要的一廳，下設兩處，第一處負責軍隊政訓，處長徐會之，黃埔一期生，湖北黃岡人，抗戰勝利後任漢口特別市長，下轄三科。第二處負責軍校政訓，處長孫伯騫，孫氏留美出身，曾為大學教授。不久，賀衷寒又任命沈霈林為副處長並代理處務。其工作範圍主要包括：審核各軍校政治部呈送之各類報表（工作概況、人事異動、教材等），轉發軍委會政治部及其相關部委之行文，草擬軍校政訓計畫。其下亦轄三科。

賀衷寒清醒地認識到，對日抗戰，是以弱國抵抗強國，以劣勢抵抗絕對優勢之戰，中國所恃以應戰者，有賴民心士氣，部隊需要政工激發軍民愛國情操，提振軍民奮鬥犧牲精神。抗戰開始以後，賀衷寒計畫擴大改組，為革新軍中政工，致函全體政工人員，勉以三事：一、認清自身責任，二、抱定犧牲決心。三、堅持必勝信念。並授權各級，放手做事。6月，軍委會撤銷武漢行營政訓分處，成立武漢衛戍司令部政治部，賀衷寒兼任主任。政治部成立之後，國民黨軍委會政訓總處撤銷，其人員併入第一

廳。賀衷寒曾以軍委會政訓總處處長職位，總攬國民黨軍隊及軍事學校的政訓工作多年，政工人員多出其門下，在國民黨軍隊中自成一系。

1938年3月，軍委會重新頒行了《政訓令》。賀衷寒安排芮晉、李呈瑞、沈霈霖等人負責起草、修訂審《各軍事學校政治訓練計畫大綱》。在此之前，各軍校政訓，未有統一計畫。沈霈霖將總綱起草完畢後送給賀衷寒審核。賀衷寒仔細斟酌一番後，在「三民主義為救中國之唯一主義，必須使官生絕對信仰國民黨為唯一革命政黨，蔣委員長為全國唯一領袖，必須絕對服從」之外，加上了「倭寇為中華民族之唯一大敵」這一條項。

賀衷寒又叮囑一番：「在政治教育方面，要闡明中華民族在東亞史上領導地位，中華文化對東亞各民族的貢獻，還要進行國防地理、國恥地理教育。特別要設立日本問題研究課程，以研究日本之政治經濟各項問題，凡此種種，都要緊跟時代，體現出抗戰禦侮精神。」

《大綱》起草完畢，賀衷寒審核後，送至部長陳誠及委員長蔣介石核准，旋印發至各軍校實施。整個抗戰階段，各軍校的政治訓練工作，基本依據此《大綱》進行。4月的一天，賀衷寒回到簡陋的家裡，興高采烈地對妻子李憐影說：「太好了，太好了，李宗仁將軍在台兒莊殲滅日軍2萬餘人，大敗日寇。明天武昌有個大活動，孩子劇團的小演員都參加了。」

賀衷寒六歲的女兒賀小文纏著父親說：「爸爸，我也要去看演戲，打小日本。」

第二天中午，賀衷寒換上便衣，帶著小文，從江漢關過江，上岸後，在路邊小店吃了面。當時漢陽門碼頭台階上擠滿人，會場四周擺滿巨幅抗戰漫畫，有的揭露日本侵華暴行，有的展現前

方英勇作戰，還有的反映全國支援前線。

　　夜幕降臨，大會開始。先是郭沫若致開幕詞，他從台兒莊大捷講起，慷慨激昂；後是周恩來講話，他分析抗戰形勢，從東北、華北、華東，再到華中，每個地方都非常熟悉，講起來也頭頭是道，人群中不時爆發出雷鳴般的掌聲；最後一項是冼星海指揮大家合唱《義勇軍進行曲》、《松花江上》、《大刀向鬼子們的頭上砍去》等。「起來！不願做奴隸的人們……」、「大刀向鬼子們的頭上砍去……」、「打回老家去……」等歌聲此起彼伏，響徹了整個武漢的上空。

　　千萬人的歌聲振動了江堤，晚上七點左右，開始遊行。浩浩蕩蕩的隊伍向閱馬場進發。隊伍最前面是孫中山遺像，然後是國共抗日將領畫像，遊行隊伍按歌詠隊方陣依次行進，許多人或提

八路軍武漢辦事處舊址紀念館

著燈籠，或舉著彩燈，或擎著火把。遊行隊伍經過的街道，不時有群眾鼓掌，或擎著火把加入。

賀衷寒抱著小文跟著隊伍走，一直走到閱馬場附近，稍事休息，原路返回。漢陽門江邊上停了很多船，合唱隊依次上船，冼星海指揮大家繼續唱，船行江上，岸上的人也跟著合唱。彩燈、火炬綿延不斷，歌聲從這艘船傳到那艘船，衝上雲霄。

小文忘記了饑餓、忘記了疲倦。高興地拍著小手，甜甜地說：「爸爸，我要大刀，我要砍鬼子！」

賀衷寒樂呵呵地回應：「好啊，我們家出了一個小花木蘭，代父從軍哪！」

1938年7月，蔣介石解散了包括復興社、改組派、CC派等國民黨內的一切小組織，成立了三民主義青年團，賀衷寒先後擔任三青團臨時中央幹事、中央幹事會常務幹事及中央組織處書記長等職。

第6節　七七獻金，全民踴躍

1938年7月，武漢會戰進入緊張階段，時值七七抗戰一周年之際，為了更深入更廣泛地發動廣大民眾，以「有錢出錢，有力出力」的實際行動來保衛大武漢，在周恩來的領導下，第三廳決定舉行一場聲勢浩大的七七獻金活動。

當郭沫若將擬好的計畫送到陳誠那裡時，陳誠對計畫中採取設獻金台獻金的方式有看法，認為還是採取向有錢人攤派的辦法為好。他說：「沫若先生，我認為設獻金台的計畫不可取。有錢的人不會到你台上來獻，沒有錢的人根本不會來獻。」

郭沫若說：「我雖然不敢說一定會大成功，但我敢於相信不至於就會大失敗。一般人民的抗戰熱情是很高的，集少成多也必然可觀的啦。再則，我們所著眼的，倒還不在錢的多寡，而是在那熱情的高度。」

陳誠詢問賀衷寒對這個計畫的意見，賀衷寒倒是對此很感興趣，他說：「我們不是整天講全民抗戰嗎？這個獻金計畫也許就是一塊試金石頭呢。」

陳誠見二人堅持，便不再爭辯了。獻金計畫如期舉行。

這次活動計畫是三天，7月7日至9日，在漢口、武昌、漢陽共設6座獻金台。7月7日上午，摩肩接踵的人群就把6座固定獻金台圍得水洩不通，人們爭相前來獻金，從早到晚，川流不息。每座獻金台原安排8個工作人員負責登記。由於忙不過來，增加到30餘人。

參加獻金的有逾古稀的老人，也有幾歲的孩童，有男有女；有國共兩黨及其他黨派負責人，社會知名人士，國際友人，更有

廣大的普通群眾。國民政府主席林森獻出重達17兩的金鼎一座、金戒指4枚；蔣介石派代表替他和宋美齡獻金1.8萬元；國民政府立法院院長孫科、國民黨中央秘書長朱家驊等國民黨黨政軍大員也積極捐款。國民黨中央黨部獻金2.3萬元。

中國共產黨儘管經濟上極為困難，但仍從中共中央6月份所繳黨費中撥出1000元捐獻。毛澤東等7位中共參政員獻出7月份的薪金共2450元。周恩來捐出他任政治部副部長的一月薪金240元。

參加國民參政會第一次會議的參政員黃炎培、史良、鄒韜奮、張瀾、陶行知等200多名中間黨派及無黨派人士均熱烈獻金。賀衷寒帶領一廳工作人員捐出了一月的薪金。獻金中大量的是工人、農民、人力車夫、店員、小販等，他們獻的錢雖少，但彙聚成巨。

7月8號，漢口水塔獻金台前出現壯觀場面，600多位人力車夫一起趕來，逐個獻出他們當天血汗錢。天生裕茶葉鋪的24位揀茶女工，各持5角一張的毛票，投入捐款箱，這是她們一天的工薪。兩位斷了腿的辛亥老兵，拄著木棍爬上獻金台，獻出2元錢。淪陷區的一位難民無錢可獻，竟脫下長褂，哭著捐出。

其他獻金台的情形也一樣，擦皮鞋的小孩獻上一角兩角毛票，還有澡堂擦背的、茶樓酒店的堂倌等。有的不止獻一次，獻兩次、三次甚至十多次，時時獻，天天獻，不僅獻錢，而且獻物；人與人之間在比賽，台與台之間在比賽。

新聞界也積極進行宣傳。3個流動獻金台增至10多個，武漢三鎮簡直是狂了！至9日，原定獻金活動的最後一天，由於至晚上仍有潮水般的獻金者，郭沫若等又決定將獻金時間延長兩天。這次獻金活動十分圓滿，參加獻金者達百萬人次，獻金總額達百萬元以上，其中有法幣、外幣、銀幣、銅元，還有各種各樣的物

品，如手錶、金戒指、金手鐲、銀盾、金杯、首飾、大刀、衣服、藥品及食物等。

5天獻金狂潮所取得的效應，不僅令陳誠等人大為驚歎，而且也出乎於郭沫若、賀衷寒等人的意料之外。陳誠等人也積極回應，獻出了一個月的薪水，連連感歎：「民心不可違，不可違啊！」

武漢失守以後，軍委會政治部遷往重慶，辦公地址在兩路口重慶市立第一中學。這時，張厲生升副部長，賀衷寒繼任政治部秘書長。

賀衷寒表面上升官，但是離開了第一廳，就失去了對部隊政工人員的直接控制，實權反而削弱了。張厲生同賀衷寒極不相容，張、賀之間的矛盾有時甚至到了公開化的地步。

一次，張厲生在巴縣三聖宮（政治部疏散在鄉下辦公的地方）主持的「紀念周」上，暗中指責賀衷寒說：「我在政治部是單人匹馬，背後沒有尾巴，要想離開就可離開，我的事情比別人好辦一些。」

不久，賀衷寒也在一次「紀念周」上針鋒相對：「現在的事情辦不好，就是因為有人妨功害能。」

政治部到重慶辦公不久，二廳承辦湖北某單位來電，大意是說，現任湖北某縣縣長是共產黨員，二廳簽具的意見是「轉電湖北省政府查明辦理」。這份電報後來被送到周恩來副部長那裡，周批道：「共產黨員就不能做縣長嗎？」還在後面加了一個大問號，然後簽上「周恩來」三個字。

這一舉動弄得政治部手忙腳亂，秘書長賀衷寒下令追查是何人把這個檔送到周副部長那裡去的。查來查去，是他的辦公室秘書黃某「疏忽」所致，只好不了了之。

後來，政治部在處理公文上規定了一些特別「制度」：凡涉

及共產黨和共產黨領導的八路軍、新四軍問題的檔，一概不能送
到周副部長的辦公室和三廳去；而對於有的檔中涉及宣傳工作的
問題，必須會同三廳簽辦，或者必須讓三廳知道的，也不能按照
一般處理公文的慣例，將原件移送會辦，而只能抄送讓三廳去處
理那一部分。這樣，在政治部內就把三廳視為「異端」了。這種
制度是誰定下來的呢？後來才知道始作俑者是蔣介石。

　　1940年6月宜昌失陷後，在各方責難下，陳誠被迫交出政治
部部長及三青團書記長職務，而由張治中接替。此後，陳誠到湖
北恩施專任第六戰區司令長官和湖北省政府主席去了。因為南
昌、武昌、宜昌都是在陳誠手裡丟掉的，所以時人譏之為「三昌
將軍」。

　　張治中性喜標新立異。他接掌政治部後，就喊出加強政治工
作、提高政工人員的地位、實行政工改制的口號，幻想弄出一個
新的局面來。其實，與過去惟一不同之處，就是以部隊副主官兼
任政工主管，如在軍（師）一級，增設一個副軍（師）長（一般
由師長升任副軍長、團長升任副師長），兼任軍（師）政治部主
任，原軍（師）政治部主任則改充副主任，團一級則增設一個副
團長兼任團政訓室主任，原政訓室主任改充副主任。除此之外，
一切照舊。至於戰區一級，曾派任過集團軍副總司令的梁華盛擔
任某戰區政治部主任，算是以帶兵官擔任政工主官的顯著標籤。
這種換湯不換藥的搞法，既沒有改變部隊官兵對政工人員的看
法，也沒有起到提高政工人員地位的作用，更不用說加強政治工
作了。

賀衷寒在教育班授課，討論現代戰爭及抗日戰爭的國際形勢

軍委會政治部第三廳舊址

第7節　指導朝鮮義勇隊，英勇殺敵

1938年的10月10日，朝鮮義勇隊在武漢成立。周恩來到會祝賀，並作了《東方被壓迫民族與解放鬥爭》的講話。

賀衷寒是中國政府負責朝鮮義勇隊構建、部隊名稱命名、義勇隊隊長任命，以及朝鮮義勇隊指導委員會批准成立的直接領導人。同時，他還兼任指導委員會主任。

中日甲午戰爭後，日本勢力進入朝鮮半島。1910年8月，日本正式吞併朝鮮，朝鮮亡國。1919年3月1日，朝鮮近200萬人舉行聲勢浩大的抗日獨立運動，遭到日本殖民當局的血腥鎮壓，大批韓國獨立運動志士流亡到中國，開展抗日復國鬥爭，並在上海成立大韓民國臨時政府。

1937年7月7日，日軍炮轟盧溝橋，拉開了中國全面抗戰的序幕。翌年2月，日軍頒佈「朝鮮徵兵制」，並在北平、天津等地建立了「朝鮮徵兵特別訓練所」，強行徵集華北敵佔區的朝鮮人，組成淪陷區大城市的「警防團」、「留民團」等組織，為其侵略戰爭充當炮灰，這更加激起了朝鮮人民的無比憤慨。

畢業於黃埔軍校的朝鮮人金若山，運用他在國民政府軍委會政治部的關係，以「參加中國抗戰、打倒日本軍閥、推動朝鮮革命運動」為宗旨，積極籌備成立朝鮮義勇隊。

1938年7月7日，青山和夫代表朝鮮民族戰線聯盟向中國政府提出了成立朝鮮義勇隊的方案。在此之前，賀衷寒代表國民政府與青山和夫進行了反復的商談。在蔣介石的指示下，賀衷寒令一廳工作人員周咸堂、矯漢治等人分頭與朝鮮同志往來接洽，調查清楚了朝鮮人士的來源、組成和黨派關係。「在求得朝鮮民族自

由解放，脫離日本帝國主義的苛酷壓迫，以打倒日本帝國主義等一致方針看，朝鮮革命同志組織非常純粹。」

1938年9月，賀衷寒向陳誠呈報了調查結果，以及組建朝鮮義勇軍的方法和步驟，要求批准經費。當軍費到位後不久，賀衷寒在朝鮮義勇隊指導委員會第一次會議紀要上批示：一、現不必稱義勇軍，只稱義勇隊。二、指導委員會可組織。三、派陳國斌（原名金若山，又名金元鳳）為隊長。四、各區隊長及分隊長選定後按冊傳見。

賀衷寒特別命名了朝鮮義勇「隊」而不是原先計畫的義勇「軍」，他同意成立指導委員會，並委任了金若山為義勇隊隊長。

朝鮮義勇隊誕生後第三天（1938年10月12日），賀衷寒又給朝鮮義勇隊各區隊長和分隊長幹部訓話。

他首先提到朝鮮義勇隊成立的意義，是因為朝鮮革命運動是「東方整個革命事業的一環」，「中國革命成功以後，朝鮮民族的獨立解放，簡直是毫無問題的了。」

接著，他進一步講了「精神」，講人要有犧牲精神。「犧牲精神之養成，就在於能識大體，明大義，定大亂，決大計。識大體與明大義是智，定大亂與決大計是能。具此智慧的人，一定平時能犧牲自由幸福，戰時能犧牲生命！」

他還講到「方法」，他希望朝鮮義勇隊「出發赴前線工作之前，能有一個計畫書給我。」

最後，他希望朝鮮義勇隊能腳踏實地的幹，「則朝鮮革命力量的基礎，也許就在這裡奠定了！」

從1938年到1940年間，朝鮮義勇隊和朝鮮義勇隊指導委員會都是向賀衷寒報告工作的。

在賀衷寒的支持推動下，軍事委員會在1940年6月核准了朝

鮮義勇隊指導委員會組織規程和編制表。這意味朝鮮義勇隊指導委員會正式成立，以及朝鮮義勇隊指導委員會副主任委員周咸堂的任命。

賀衷寒雖然沒有直接管理朝鮮義勇隊指導委員會的日常工作，但是他始終批閱朝鮮義勇隊和指導委員會呈報的文檔，掌控著朝鮮義勇隊的工作。賀衷寒的親自主持和推進，是朝鮮義勇隊快速組建成功的主要動力。

周咸堂是籌組朝鮮義勇隊的具體負責人，以及作為朝鮮義勇隊指導委員會副主任委員，負責指導委員會的常務工作，直接對政治部秘書長賀衷寒負責。

周咸堂在朝鮮義勇隊指導委員會服務了四年多，從早期的醞釀、調查、組織配置、人事安排，到參加朝鮮義勇隊組織的紀念會議並講話，再到負責朝鮮義勇隊向上呈報，直到1942年朝鮮義勇隊的改組，他一直是朝鮮義勇隊指導委員會中國政府方面的實際負責人。他為朝鮮人民的抗日獨立運動奔走，所作的貢獻是不可磨滅的。1969年，周咸堂在台灣病故。

朝鮮義勇隊成立後，矯漢治擔任朝鮮義勇隊指導委員會中方指導委員，負責指導委員會的總務工作，同時還兼任朝鮮義勇隊總務組指導員，與朝鮮義勇隊總務組組長李集中並肩戰鬥。朝鮮義勇隊的經費和武器裝備，都是通過他與中國政府聯絡經辦落實的。他還負責義勇隊隊員的工作與生活，「此後工作或生活上有困難，皆可以據實呈報，本會在職權能力範圍內，必盡力設法處理」。

在1938至1940年的兩年間，朝鮮義勇隊參加了武漢會戰、湘北會戰、崑崙關爭奪戰、中條山反掃蕩戰，並參加了撫州、通城、通山、大沙坪、崇陽、鐵絲崗、錫山、羊樓司、滑水塘、奉

新、新建等的戰鬥，轉戰6個戰區、13個省份，並協助中國軍隊的政治部創辦了許多簡易日語訓練班，訓練了6萬餘名對敵工作幹部。

賀衷寒向朝鮮義勇隊傳達軍事委員會的經濟遊擊隊組織辦法，籍此供給在前線的朝鮮義勇隊參考。他為朝鮮義勇隊的戰績歡欣鼓舞，說：「活躍各戰區第一線的朝鮮義勇隊同志，業已親自參加過各戰地無數次的遊擊戰鬥，亦曾樹立許多次光榮戰績，此處我抱著十二分熱忱，向著前方勞苦的同志敬致慰勞之誠，並熱烈期望各武裝同志，仍本著既有遊擊戰的經驗基礎，發揚光大，繼續努力，負起經濟遊擊隊所進行之重大破壞任務。我很相信，我們朝鮮義勇隊同志們，對於破壞我淪陷區域之寇偽經濟設施，必能勝任愉快！」

1942年，敵後鬥爭進入了最艱苦、最困難的階段。八路軍總部根據中共中央的指示，決定組織武裝工作隊深入「敵後之敵後」，鑽到敵人碉堡林立的「格子網」裡去發動政治攻勢。朝鮮義勇隊光榮接受了「配合八路軍到敵後之敵後去發動政治攻勢」的任務，他們毫無躊躇地換上便衣，整齊武裝，不論在下大雨的黑夜還是炎熱的白天，不論在敵佔區還是在遊擊區，甚至是敵人派遣遊擊隊跟蹤他們的時候，仍然做出了出色的成績。

每當夜幕降臨時，朝鮮義勇隊就在夜色的掩護下深入到最前線，用日語對敵軍進行瓦解宣傳：

「你們的妻兒老小都在盼望你們早日回家團圓呢！」

「將軍們坐飛機，士兵們步行送命去。你們的父母抱白盒子痛哭。」

「歡迎你們投誠，我們優待俘虜！」

當時，參加這種鬥爭的，除了朝鮮同志以外，還有日本解

放同盟（由覺悟的日本戰俘和投誠過來的日本士兵組成）。朝鮮同志和日本解放同盟的同志，隨八路軍一起到「格子網」去活動時，充分利用他們的有利條件，根據不同情況進行各種工作。他們用日本話或朝鮮話向日本鬼子的炮樓喊話，高唱瓦解敵軍的歌曲，在牆壁上寫朝鮮文或日文標語，給碉堡裡的日本人、朝鮮人寫信，有時還喬裝日本部隊到碉堡裡面去把日本兵活捉出來……

朝鮮義勇隊隊員大都精通漢、朝、日三種語言，對日本國情有較多瞭解。因此，他們在戰火紛飛的前線，擔負著艱巨的武裝宣傳任務。據不完全統計，從1941年1月起一年多的時間，義勇隊隊員就散發了中、朝、日三國文字的傳單227種計123800張，貼牆壁標語1453條，並先後訓練了2萬多個火線上用日語喊話的戰士，使八路軍瓦解敵軍工作大大前進了一步。

朝鮮義勇隊總部舊址

　　1942年7月，朝鮮義勇隊改名為朝鮮義勇軍。在抗擊日本侵略者的作戰中，有20餘位朝鮮義勇軍成員在戰鬥中犧牲。

　　朝鮮義勇隊與中國軍民並肩作戰，共同抵禦日寇侵略，這些人中，有的英勇犧牲在中國的土地上，有的成為了韓國與北朝鮮政府中的中流砥柱。其中有：朝鮮義勇隊隊長、韓國臨時政府軍務部長、北朝鮮開國監察相金若山將軍，北朝鮮開國財政相崔昌益，北朝鮮開國保健相許貞淑，韓國臨時政府國務委員金奎光，韓國臨時政府議會議員李集中，朝鮮人民軍副總參謀長朴孝三，使日本人膽寒的李蘇民等。

第8節　北路慰勞，延安會晤

「凡是敵人反對的，我們就要擁護；凡是敵人擁護的，我們就要反對」、「人不犯我，我不犯人，人若犯我，我必犯人」。在《毛主席語錄》幾乎人手一本的「文革」期間，毛澤東那兩段名言曾經風靡神州大地，家喻戶曉。然而，這兩段名言是在什麼背景下產生的，一般人並不知道。

這兩段語錄出自《毛澤東選集》第二卷《和中央社、掃蕩報、新民報三記者的談話》一文，時間是1939年9月16日，地點在陝北延安楊家嶺陝甘寧邊區交際處。

1939年，抗日戰爭進入戰略相持階段。這年夏天，政治部副部長周恩來與政治部第三廳廳長郭沫若共同倡議，組建一個「全國慰勞抗戰將士總會」，分赴各個戰區去慰勞在前線浴血奮戰、英勇殺敵的國民革命軍將士。這項建議，為蔣介石和軍委會所採納。

「全國慰勞抗戰將士總會」成立後，分設南北兩路兩個慰勞團。由政治部秘書長賀衷寒為北路團團長，國民黨元老張繼為南北兩路總團長隨北路團出發，慰勞團的任務為視察政工與國民軍訓，閱兵並且慰勞將士。宣慰地區包括黃河流域各戰區。要經過陝甘寧邊區，蔣介石對賀衷寒耳提面命，讓他借機前往延安瞭解中共的實情。

北路慰勞團於1939年6月自重慶趁汽車和卡車出發12月返回歷時半年，主要活動和任務是獻旗典禮，開座談會，演講，閱兵，參觀訪問，體察軍情和民意等，以達到發揚民氣，鼓舞士氣，促進民族團結的目的。

賀衷寒奉命赴西北慰勞軍隊，對各個戰區的司令長官閻錫

山，李宗仁、傅作義、蔣鼎文，衛立煌，鄧寶珊，馬步芳，李品仙，朱紹良，別廷芳，馬鴻賓，馬步青，等人都有訪問和慰勞。往返河南、山西、陝北、甘肅、綏遠、寧夏、青海等地，所到的戰區都受到熱烈的歡迎。中央慰勞團的到來讓他們歡欣鼓舞，士氣提高。賀衷寒和各戰區司令交心交談，瞭解實況和各戰區的需要，並且在五原和寧夏等戰區舉行閱兵，數月之後日軍進犯五原，由第八戰區副總司令傅作義指揮作戰抵抗取得了五原大捷，這是抗日戰爭中極少數在戰爭勝利後不再被佔領的城鎮。

　　賀衷寒曾經六次進出西安。每次到西安，胡宗南必定親自邀請他至其駐地，以便暢談一切。尤其是當賀衷寒自陝北回西安後，商討更為詳盡。

　　當時中國西北的交通很落後，道路以土石路為主，有時泥濘難行，有時飛沙漫天，加之乾旱缺水，路程遙遠很是辛苦。慰勞團的1939年8月下旬，賀衷寒率領慰問團進入陝甘寧邊區，在洛川停留。

　　慰勞團的記者有國民黨中央通訊社記者劉尊棋，1931年加入中國共產黨，曾與薄一波、楊獻珍、安子文、劉瀾濤等一起蹲過北平草嵐子陸軍監獄。出獄後，劉尊棋與范長江等人創辦了「國際新聞社」，後遵從中共黨組織指示，打進國民黨中央通訊社。《新民報》是代表民族資產階級的一家報紙，記

賀衷寒與傅作義合影

者張西洛是四川人，1936年加入中國共產黨，當時只有21歲。《掃蕩報》是國民政府系統的報紙，記者耿堅白年逾四十。「五四」運動時，他跟張國燾、朱自清都是北京大學哲學系積極投身於運動的學生，在中共建黨初期就加入了共產黨，曾一度擔任過中共陝西省委書記，1927年後脫黨。

去延安前，賀衷寒將慰勞團的記者找去，告訴他們：「明天去延安和榆林，根據上面的意思，你們不必同行，回到西安等候吧。」

記者耿堅白心裡一驚，他在記者當中資歷最老，與賀衷寒平時關係不錯。他遞給賀衷寒一支煙，給他點燃後問道：「為什麼呢？」

賀衷寒皺著眉頭，說：「上面有指示，對延安的情況不能隨便報導呢。」

劉尊棋接過話頭：「賀將軍，您也是幹過記者的人，連美國的斯諾先生都可以去延安，我們好不容易來一趟，為什麼不能去看看呢？」

「好吧，我答應你們，」賀衷寒思忖了一會，熄滅了手上的煙頭，說道：「不過，你們去後要謹慎從事，一切行動聽指揮。不要給我惹麻煩，我可是身不由己啊！」

9月中旬，張繼、賀衷寒率領慰勞團抵達延安，受到了延安各界代表的熱烈歡迎。延安街頭貼出了紅紅綠綠的標語：「歡迎慰勞團，歡迎賀衷寒將軍」、「加強國共合作」、「團結抗日」。歡迎的人群幾乎是傾城而出，敲鑼打鼓，高呼口號，一直排到城外。這樣熱烈的歡迎情景，令見慣了大場面的賀衷寒也非常感動。

賀衷寒等人走過貼滿歡迎標語的城門，穿過夾道歡迎的人

群，來到了接待處。毛澤東精神飽滿，早已在客廳門口等候著，他伸出手來歡迎道：「歡迎君山先生，歡迎湖南老鄉！君山先生今日訪問延安，蓬篳生輝啊。」

　　毛澤東用湖南老鄉來招呼賀衷寒，讓賀衷寒的心裡熱乎乎的。他情不自禁地答道：「衷寒今日有緣拜會，實乃三生有幸！」

賀衷寒閱兵

賀衷寒赴西北勞軍，不辭辛勞鼓舞士氣

毛澤東說：「君山先生當年在長沙辦報時，支持工人運動，鬥爭反動軍閥，勇氣可嘉。」

他指的是1922年賀衷寒在長沙創辦平民通訊社，抨擊軍閥趙惕恒，被抓起來坐牢一事。

賀衷寒感激地說道：「毛先生1919年在長沙辦人民通訊社，驅趕張敬堯出湖南，我這是向先生學習呢。貴黨對外宣傳搞得非常好，八路軍對日軍作戰打得非常好，尤其是遊擊戰術神出鬼沒，賀某深感敬佩。」

毛澤東笑著說：「賀將軍這麼說，我們就有了共同語言。你們委員長在後方批評我們遊而不擊，你怎麼和他唱反調啊？」

當天晚上邊區政府在合作食堂為慰勞團設宴洗塵，第二天毛主席宴請慰勞團，宴後又陪同他們到中央大禮堂出席有千餘人參加的歡迎大會。他在歡迎詞中說道：只有堅持抗戰，反對投降；堅持團結，反對分裂；堅持進步，反對倒退，才能打敗日本帝國主義。張繼說：今後國共兩黨的磨擦，通通可用和平方法解決。並說他非常佩服延安的吃苦精神。賀衷寒接著講話，他非常贊同毛主席的觀點，將犧牲抗戰，精誠團結，堅持進步三點做了申述，他長達半小時的發言非常精彩，贏來多次的掌聲。接著文學家老舍也被請上台講話。歡迎會後還有表演節目，魯藝演出了《黃河大合唱》，民眾劇團演出了秧歌劇《查路條》，直到深夜才結束。

三位記者受毛澤東那氣勢磅礴的講話所鼓舞，回到住宿的窰洞，躺在炕上心情振奮，久久不能成眠，便議論著由國統區進入邊區後的所見所聞，交換著各自的心得體會。然而，令他們十分為難的是，賀衷寒傳達了上面的禁令：不准寫一個字。

怎樣才能突破這個約束呢？三人反復商量，最後一致認為採

訪毛澤東，讓毛澤東以回答記者問的方式發表談話。

三位記者興奮不已，立即從炕上爬起來，徹夜討論和草擬出一份問題表來。第二天早晨，他們將問題表交給陪同慰勞團用早餐的中共中央統戰部負責同志，並請那位負責同志轉告毛澤東。很快，陝甘寧邊區交際處金誠處長就告訴他們：毛主席說，他非常歡迎新聞界的朋友來到延安，可以同記者談一次話。

9月16日下午，滿臉笑容的毛澤東已站在門口迎候客人了。三位記者很激動，趕快奔過去相見。毛澤東親切地握著他們的手說：「歡迎你們來！請到窯洞裡面坐。」

毛澤東將他們讓進窯洞，只見一張長桌上放著兩盞油燈，還擺放著茶水、香煙、水果。毛澤東熱情地對他們說：「國民黨封鎖我們邊區，沒有什麼好的東西招待先生們。」

毛澤東首先向三位記者詢問此次延安之行的觀感。然後，按三記者所提出的問題的順序，一一作了答覆。在談到國民黨的《限制異黨活動辦法》成為各地鬧磨擦的根源時，毛澤東態度嚴肅起來，堅定而有力地揮動著手臂說：「你們知道，共同抗日的軍隊叫做友軍，不叫做『異軍』；那末，共同抗日的黨派就是友黨，不是『異黨』……什麼是異黨？日本走狗汪精衛的漢奸是異黨，因為他和抗日黨派在政治上沒有絲毫共同之點，這樣的黨就應該限制。國民黨和共產黨，在政治上是有共同之點的，這就是抗日。所以，現在是如何集中全力反日防日和反汪防汪的問題，而不是集中全力反共防共的問題……現在汪精衛有三個口號：反蔣、反共、親日。汪精衛是國共兩黨和全國人民的共同敵人……我們的口號一定要和汪精衛的口號有區別，一定要和汪精衛的口號對立起來，而決不能和他相同。」於是，毛澤東就講出了後來廣為傳誦的「凡是敵人反對的，我們就要擁護；凡是敵人擁護

的，我們就要反對」的名言。

當毛澤東回答記者所問的共產黨對待所謂磨擦的態度時，他口氣堅定地說：「我們根本反對抗日黨派之間那種互相對消力量的磨擦，但是任何方面的橫逆如果一定要來，如果欺人太甚，如果實行壓迫，那末，共產黨就必須用嚴正的態度對待之。這態度就是人不犯我，我不犯人；人若犯我，我必犯人。但是我們是站在嚴格的自衛立場上的，任何共產黨員不許超過自衛原則。」

1939年10月6日，延安出版的《新中華報》以《毛澤東同志與〈中央社〉記者劉先生、〈掃蕩報〉記者耿先生、〈新民報〉記者張先生的談話》為題，將這次談話記錄發表了。10月19日重慶的《新華日報》也轉發了此文，各解放區的報紙也都跟著作了轉發。

可是，三位記者所供職的新聞通訊社和報社，雖然他們都寄去了複寫的稿件，卻都被鎖到總編輯的辦公桌抽屜裡，沒敢讓它與大後方廣大讀者見面。後來，三記者將稿子寄給范長江主辦的「國際新聞社」，范長江將談話稿發到香港、南洋等地，才被幾家華僑大報在顯要的位置上刊登。這樣，毛澤東跟三記者的談話，就在中外產生了震撼歷史的巨大影響。

毛澤東同三位記者談話的次日，又在窯洞中與賀衷寒長談抗日大計，然後陪同賀衷寒參觀了抗日軍政大學，兩人走在一起談笑風生，他們一起步行到賀衷寒下榻的耶穌教堂。這是幾十年前外國傳教士住的地方，是延安城內惟一的「洋房」。招待人員準備了夜餐，雪白的饅頭，大米稀飯，這在當時戰爭期間是很難得的。

賀衷寒精通理論，毛澤東更是理論專家，兩個湖南人就國際國內形勢進行了坦率的交流，對日本侵略者的抵抗，毛澤東提出了「持久戰」的觀點，賀衷寒很為認可。但是對兩黨之間的政治

觀念的差異不能認同。當毛澤東說出延安在實行新的土地政策並
有成效時賀衷寒特別關注，因為這關係到中國人民的民心，農民
占了中國人口的百分之九十以上，國民黨必須重視延安的土地政
策，賀衷寒意識到他回到重慶後這個重點必須立刻上報蔣介石。
後來蔣介石收到兩次賀衷寒寫的有關土地改革的報告和方案，蔣
介石也非常認同，但是實行加惠佃農的政策會得罪地主，國民黨
要想實行土地改革政策面臨的阻礙很難克服。

　　賀衷寒晚年在台灣回憶和毛澤東在延安會談時的情景歷歷在
目。毛澤東曾經說歐洲和中國面積相當卻有那麼多國家，中國那
麼大為什麼不可以劃一個地區給共產黨來實驗共產主義呢？其實
毛澤東的主張就是一國兩制，但是當時國共力量懸殊，國民政府
是不可能同意的，毛澤東只是提出一個建議和話題而已。賀衷寒
也提出意見，說共產黨的運動都自稱為暴動，何不稱之為起義豈
不更能達到宣傳效果？毛澤東也深表贊同。

賀衷寒（背影）和毛澤東在窯洞會談

臨別時，毛澤東還將一本厚厚的《蘇聯共產黨歷史》贈送給了賀衷寒，並在書上題寫「衷寒先生，毛澤東贈，二八（民國28年即西元1939）、九、二二。於延安」。

這本毛澤東的贈書，賀衷寒甚為珍惜，帶到重慶，後又帶到南京，1949年帶到台灣。

如今，該書的影印件與賀衷寒先生的數百本藏書，由賀一平先生帶回湖南岳陽賀耕九屋場，一起陳列在「衷寒文化展廳」，與故鄉在靜靜流淌的時光裡相依相守。

慰問團離開延安後，賀衷寒留駐西安下馬陵，拜會了老朋友胡宗南，並小住數日。賀衷寒就訪問延安的有關問題整理成報告，提出建議，專供國民黨高層探討。動身之際，獨不見了關於中共問題報告的原稿。尋找未果，賀衷寒驚出一身冷汗，懷疑是滲透到胡宗南部的共產黨員所竊取。他在忐忑不安中返回了重慶。不久，胡宗南電話告知：原稿夾在抽屜縫隙中，請放心！賀衷寒去電感謝，然心中始終不安。

延安之行，毛澤東的博學多才與領袖風範，共產黨艱苦抗戰的事蹟，延安軍民欣欣向榮、團結抗戰的精神面貌，均令賀衷寒感慨不已。

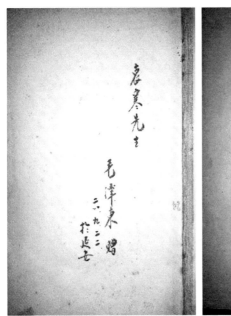

毛澤東在延安贈給賀衷寒的書

第9節　人生低谷，抹盡凝雲

在陳誠調離政治部後不久，賀衷寒辭去了政治部所有職務。僅擔任國民黨中央執行委員一職。他在游峨眉山時作七絕詩一首以明志：「杜宇無聲春尚早，山花莫笑客來遲。清風抹盡凝雲後，正是峨眉吐秀時。」

這個時候，岳陽鹿角人李穎吾也來到了重慶。說起來，這李穎吾與賀衷寒的妻子李憐影還是親戚，同一個屋場人，與賀衷寒的老家賀耕九也只有幾里路。

李穎吾先在南京中央政治學校就讀，盧溝橋事變後，學校遷往盧山繼續辦學。其後，學校又歷經三遷，從芷江到貴州，最後落腳重慶南溫泉。

南溫泉位於重慶市郊十公里處，四面環山，樹木扶疏，小溪蜿蜒數裡，四季鳥語花香，環境幽雅。長途跋涉，終於再度安頓，重建校園。

李穎吾去重慶拜訪賀衷寒，希望他有所指示。李穎吾眉清目秀，風度翩翩，賀衷寒見到來自家鄉的青年才俊，自然歡喜。

賀衷寒興致勃勃，與他探討了智慧、智力、智慧、智謀等問題。賀衷寒說：「智慧指個人聰明才幹，包括觀察力、理解力、判斷力、思想力；智力指知識發展程度，或智商之高低；智慧指智識與技能；智謀指才智與計謀。當然，知識貴在靈活運用，唯有足智多謀，才能成大器、立大功。」

「先生所言，言近旨遠，獲益匪淺。」李穎吾充滿感激。

聊到當前的抗戰時局，賀衷寒感慨地說：「中國軍民全憑血肉之軀與堅強意志力在抵禦侵略。民國17年，我奉命赴日考察軍

事政治，那個時候，日本就想稱霸亞洲，大力發展工業。」

　　他的記憶力驚人，一一列舉著中日兩國之間的工業差距：「中國面積是日本的31倍，人口是日本5倍（4.67億對9090萬）。到七七事變前，日本工業總產值是中國的4.4倍（60億美元對13.6億美元），鋼鐵產量是中國的145倍（580萬噸對4萬噸），石油產量是中國的129倍（169萬噸對1.31萬噸），銅產量是中國的121倍（87000噸對700噸），煤產量是中國的1.9倍（5070萬噸對2800萬噸）。日本年產飛機1580架，坦克330輛，大口徑炮744門，年產汽車9500輛；而中國基本無生產能力，日本年造艦能力5.2萬噸，中國只能造少量小型艦艇。」

　　「落後就要挨打，小日本亡我之心不死，我輩當自強啊！」李穎吾深有感觸地說。

　　「什麼貴客啊，談得這麼開心！」李憐影聞聲從樓上走下來，看見一表人才的李穎吾，鄉音鄉情，格外親切。

　　四月春假開始，李穎吾偕同學去重慶拍畢業照，歸途中邂逅李慰如。李慰如是李憐影的哥哥，在賀衷寒身邊做事。李慰如將他拉到一邊，笑眯眯地說：「二老囑咐我轉告你，有意將長女妙文介紹給你，可否前去見面？」

　　李穎吾漲紅了臉，局促不安，連稱「自慚形穢，不敢高攀」。李慰如也不介意，倆人邊走邊談，已近江邊。夕陽西下，江水彷彿鋪上了一條錦緞，格外美麗。李慰如仍然相隨在後。恭敬不如從命，乃一同返回市區。李穎吾通宵失眠，為生平第一次。

　　第二天，李穎吾鼓足勇氣與李慰如同去李子壩。李子壩位於嘉陵江東南岸，賀家的房子就在附近，靠近桂花園路。

　　李憐影上下打量著李穎吾，這位小同鄉斯文白淨，又是大學生，李憐影格外歡喜。她朝樓上喊道：「妙文，來了稀客，下來

打個招呼吧。」

樓上「哎」了一聲，走下來一個穿著旗袍、眉清目秀、嬝嬝婷婷的女子。

李憐影介紹說：「這是妙文，17歲，在求精高中讀二年級，數學成績欠佳，穎吾你有時間的話，幫她補習一下啊。」

妙文羞澀地一笑。李穎吾的心裡撲撲直跳。

臨別時，李憐影提示：「你們何不同去看一場電影？」妙文露出了少女的嬌羞，支支吾吾，面色羞紅。李穎吾當時囊中羞澀，買不起電影票。瞧著妙文為難的樣子，李穎吾正中下懷，旋即起身告辭。李憐影再三叮囑，日後望多音訊。

愛情的種子，已經悄悄地在這兩個年輕人的心中播下。

6月，李穎吾從軍校畢業，他主修的是財政學，分配到了財政部錢幣司。陪都重慶敵機空襲頻繁，早晚常連續二三次不等，意在擾亂後方安寧，瓦解士氣。錢幣司辦公位址為一平房，一天晚上，警報解除後屋頂出現了一個天窗，繼而大雨傾盆。李穎吾沒有辦法，撐起傘，坐在椅子上等天亮，第二天照常辦公不誤。

抗戰期間，公職人員待遇菲薄，李穎吾在重慶舉目無親，假日就到賀衷寒的府第休息，有時候輔導妙文的功課。李憐影經常買來水果、餅乾，塞在李穎吾手裡。後來賀妙文和李穎吾日久生情結為夫妻，育有一男三女。

賀妙文7歲的妹妹的賀小文，聰明伶俐，活潑可愛，時常纏著李穎吾講故事。一家人其樂融融。李穎吾經常看到一些政要到賀衷寒家裡來，陳誠、胡宗南、袁守謙、戴笠、康澤等人都與他混熟了。

1939年深秋，賀衷寒從延安返回重慶不久，他的女兒賀小文忽患傷寒病住進了醫院。賀衷寒心急火燎，將女兒送進醫院。後

方藥物短缺，賀小文經過治療後，還是連日昏迷不醒，躺在爸爸的懷裡迷迷糊糊地說：「爸爸，我要回家……」賀衷寒抱住女兒，緊緊挨著她滾燙的小臉蛋，安慰道：「小文乖乖，治好病我們就回家。」

不料，賀小文抓著爸爸的小手一松，永遠地閉上了眼睛。賀衷寒淚流不止，李憐影痛哭失聲。

李憐影亦因在醫院照顧女兒，不幸染病，又因思念女兒過度，不久亦病故。旋即移靈於市郊賴家洞，親友前往祭拜者數百人。李穎吾尤為悲痛，撰聯：「推恩及我，我獨何罪；以德愛人，人誰不懷。」

自北伐以後，李憐影一直跟隨丈夫身邊，南京、武漢、重慶，顛沛流離，撫養兒女，歷經艱辛；周旋賓客之間，落落大方，遠近稱賢。李憐影病故後，賀衷寒猶如被人抽出了主心骨，心境極為不佳。

適逢陳誠任第六戰區司令長官兼湖北省政府主席，邀他以顧問性質前去恩施小住，朝夕晤談，多所慰勉。賀衷寒靜心完成了著作《黨的組織與應用》，對中國民主政治的發展，有深刻的見解與闡述。他和陳誠也討論了他在數月前訪問延安的見聞及對中共土地政策的看法，寫了第二次報告給蔣介石，著重闡述如何學習延安實行土地改革。

1941年賀衷寒出任國家動員人力組主任；1942年就任社會部勞動局局長，負責勞資協調，釐定工資，勞工就業輔導，勞工技術訓練等項工作。

李憐影病故將近兩年之後，賀衷寒的好友蕭贊育和唐縱見他中饋乏人，就想給他找一個內助，恰逢方鼎英帶著女兒方孝英來到了重慶。

　　方鼎英是國民黨的元老之一，晚清官費留學日本，初入東京弘文學院，三十一年考入振武學校，加入同盟會。宣統元年（1909）12月，升入日本陸軍士官學校第八期炮兵科。宣統三年五月畢業。歸國後，在保定軍官學校第一期任炮兵教官。同年秋，武昌起義，約同士官同學30多人南下，參加漢陽作戰。後在岳州鎮守府司令部任參謀，兼教練科長。南北議和後，調陸軍部當科員，從事炮兵典令及兵學書刊等編譯。1917年，再次赴日留學，先後入陸軍炮工學校、野戰炮兵射擊學校，畢業後在東京帝國大學造兵科從事研究數年後返國。方鼎英留學日本學習軍事前後長達十四年，他是當時中國難得的軍事人才。

　　他曾指揮部隊參加過多次戰鬥，並以英勇善戰而聞名。

　　1923年（民國12年），孫中山命湘軍組織討賊軍討伐湘督趙恒惕，方鼎英代理軍長，在湘江西岸與敵軍激戰三十餘日，終於挽回危局。旋又奉孫中山命，平陳炯明叛亂，解廣州之危。1926年，廣東革命政府為打擊北洋軍閥發動北伐戰爭之時，38歲的方鼎英已是黃埔軍校入伍生部中將部長、代理教育長、特別黨部監察委員兵器研究處處長，負責新生的軍事訓練、政治教育和普通科學的補習等。

　　在北伐戰爭打響前夕，方鼎英主動請纓參與北伐，被身為黃埔軍校校長兼北伐軍總司令的蔣介石婉拒，蔣委之以黃埔軍校代校長兼教育長。

　　基於出眾的軍事素質和強烈的軍人責任感，方鼎英向蔣介石進言：「第一軍自周恩來先生退出政治部主任後，政治工作渙散，軍心有所懈怠，大敵當前，敵軍總兵力約七十萬，恐難操勝券。」然而，統率第一軍的何應欽卻不以為然。結果不出方鼎英所料，第一軍及蔣介石嫡系王柏齡率領的教導師在與孫傳芳部作

戰中幾乎全軍覆沒。

不能在戰場上殺敵立功的方鼎英找到了為北伐戰爭出力的途徑。他大膽進行軍事教育改革，為北伐軍輸送精兵強將。

他根據各部隊的作戰需要，增設了特種兵班，改變了黃埔軍校單一培養步兵初級軍官的格局，並逐步將軍校僅有的步兵一科發展到步、騎、炮、工、輜及軍事專科等科。另外，為培養優秀軍事人才，他提高學生錄取標準，提高兵源品質，同時大量延攬軍事教育人才。

方鼎英在主政黃埔軍校期間，為北伐前線輸送了兩批共5000多名訓練有素的學生軍。

1926年10月，林彪等黃埔第四期畢業生即將奔赴北伐前線，學校舉行了一次野營演習。方鼎英親自參加，統籌指揮調度，三晝夜未休息。而在學生畢業典禮當天，方鼎英因操勞過度而咯血不止，最終導致聲音嘶啞數年。

對於這段經歷，方鼎英後來在其自傳《我的一生》中寫道：「這是我辦黃埔軍校第四期永遠難忘的紀念。」

1927年4月，蔣介石四處捕殺共產黨員，致使反帝反封建的北伐戰爭中途夭折。同情共產黨的方鼎英對此極為反感，暗中放走了許多共產黨員與青年學生。

後來，曾任台灣省交通廳廳長陳良對方孝英說：「當年你父親積了很多功德，救了許多青年學生。」

第二次北伐進行期間，日本恐怕中國一旦統一，必不能任其宰割，是以竭力阻撓北伐進行。1928年5月1日，國民革命軍克復濟南，日軍遂於5月3日派兵侵入國民政府所設的山東交涉署，將交涉員蔡公時先生割去耳鼻、挖掉雙眼，其狀慘極，製造了「濟南慘案」，一時間舉國譁然。方鼎英義憤填膺，對蔣介石說：

「這是日本砍向中國的第一刀，我們必須反擊，不然他們第二刀
和第三刀就會不斷砍過來。」蔣介石不以為然，認為敵強我弱，
不宜輕舉妄動。實際上當時北伐軍兵力遠遠超過在華日軍。自
此，方鼎英對蔣心灰意冷，退出了軍界。

方孝英是個大家閨秀，1938年她湖南大學畢業後，為躲避日
寇，在湖南新化老家呆著。期間，許多當地財主的子弟求婚，方
孝英一個都看不上，就這樣，拖到了26歲還沒有找男朋友。方鼎
英心裡著急，便將女兒帶到重慶，一是幫女兒找工作，二是找乘
龍快婿。重慶是陪都，戰時的大後方，方鼎英的故舊與學生大多
在這裡。

方鼎英心裡著急，拜託他的學生黃埔軍校六期畢業的唐縱
為女兒物色夫婿。其時，方孝英已在三民主義青年團工作，管財
務，因為是大家閨秀，受到許多男士的青睞。唐縱笑眯眯地對她
說：「你不要亂交男朋友，馬上有貴人來找你！」唐縱介紹的這
個貴人就是賀衷寒。賀衷寒寒比方孝英大16歲，哪知一見面，方
孝英就看中了賀衷寒。

1940年的夏天，賀衷寒從湖北恩施陳誠駐地返回了重慶，經
過一段時期的療養，他的心境漸漸得以恢復。唐縱為賀衷寒、方
孝英牽線後，方孝英優雅的氣質深深吸引了賀衷寒，但是他在這
一個方面卻顯得有一點矜持，考慮到雙方年齡的差距，自己喪妻
不久，又有兒女，他遲遲未作答覆。

唐縱有點著急了，他約上蕭贊育跑來責備賀衷寒：「君山
吶，人家姑娘哪一點配不上你？要才有才，要貌有貌，你還猶豫
什麼啊，再不下手就遲了。還要我們趕鴨子上架啊。」

唐縱的一番責備倒也激起了賀衷寒的勇氣。他向方孝英發出
了約會的邀請，方孝英早就聽說過賀衷寒的大名，也拜讀過賀衷

寒的諸多著作，傾慕有加。她落落大方，爽快赴約。

一個秋天的下午，賀衷寒約上方孝英去「長亭」茶園喝茶。

重慶東到西長，有一圈馬路，南到北短，中間卻隔著無數層坡兒。滑竿可以爬坡，黃包車只能走馬路，往往要兜大圈子。半島迂迴的馬路，山坡高矗的洋房，路邊崇樓夾道，街上行人聚蟻，其中最繁華的街道當屬都郵街（今解放碑）、小梁子、陝西街等地方。

「長亭」茶園在都郵街的一個僻靜的地方，鬧中取靜，是斯文風雅的人愛去的場所。

抗戰時期的都郵街是陪都第一繁華大街，著名記者、散文家程大千先生曾在《都郵街》一文中有所描述：「抗戰司令台下的吸煙室，東亞燈塔中的俱樂部，皮鞋的運動場，時裝的展覽會，香水的流域，唇膏的吐納地，領帶的防線，襯衫的據點，綢緞呢絨之首府，參茸燕桂的不凍港，珠寶首飾的走廊地帶地，點心的大本營，黃金的『十字街頭』……這就是都郵街。」

茶館的座位很舒適，是用竹片串成的躺椅，取材於本埠盛產的斑竹、楠竹和「硬頭黃」製作。這種躺椅輕便靈活可折疊，高矮適度穩定性好，茶客可坐可臥，閉目養神不虞摔跌。

兩人圍桌坐定之後，「么師」應聲而至，只見他右手提著鋥亮的紫銅長嘴壺，左手五指分開，分別夾著茶碗、茶蓋和茶船，走到桌前一揮手叮噹連聲響，茶船滿桌開花，分別擺放就位。然後他將裝好茶葉的茶碗分別放入茶船，紫銅壺嘴長二尺有餘，只見長長的壺嘴如赤龍吐水，將各茶碗一一沖滿，絕對是滴水不漏，然後再依次蓋上茶蓋。其全部動作乾淨俐落，真是神乎其神。

方孝英睜大了眼睛，嘖嘖稱奇，「長沙茶館的茶具多為壺和杯，而這裡茶館裡的茶具則有茶碗、茶蓋和茶船。」她左手端茶

船，右手揭茶蓋，攪沉浮葉，一口一口慢飲，舌品茶味，鼻嗅茶香，暖胃滌腸，清心醒脾。

　　賀衷寒解釋道：「重慶人喜歡喝『蓋碗茶』。茶碗造型上大下小，茶葉容易沖轉和浸泡深透；茶蓋既可視茶葉浸泡程度控制水溫，又可用其攪和茶葉，飲茶時阻擋浮葉入；茶船有端碗不燙手，茶溢不濕衣的妙處。」

　　方孝英道：「想不到喝茶也有這麼多講究。這重慶的茶還真不一樣，聽說取自嘉陵江水，有一點苦，但卻韻味綿長。」

　　「是啊，人生如茶，不會苦一輩子，但總會苦一陣子。一個國家如此，一個民族也是如此。總會讓人看到希望。」賀衷寒接過話茬，不由得感慨了一番。

　　「一個家庭也是這樣，有過苦，肯定有甜。」方孝英說。賀衷寒也深以為然。

1946年，賀衷寒與妻子方孝英及兩個孩子允平、一平攝於重慶

　　海日生殘夜，江春入舊年。1943年兩人喜結連理。方孝英很敬重賀衷寒，堪稱賢內助。夫妻倆琴瑟相和，相濡以沫，風風雨雨走過了幾十年。夫妻倆育有兩個兒子：賀允平與賀一平。

第10節　重慶大轟炸，可憐蒼生

　　戰前的重慶，早已形成長江上游最大的轉口城市，成為陪都後，大量外來人口湧入，商業發展迅猛，那時的重慶早已有「小上海」的稱號。

　　街面上的商店鱗次櫛比，很多酒樓、茶館、戲院、米店、百貨商店、服裝店以及舊貨拍賣行相繼開張，有的店鋪甚至通宵營業。滿街紅男綠女，娛樂場所鬥奇競豔，宛然一片太平景象。沿海及長江中下游有245家工廠及大批商業、金融、文教、科研機構遷入重慶，蘇、美、英、法等30多個國家也在重慶設立大使館，加上戰時新建的大批工商企業及科教文衛單位，重慶由一個地區性中等城市，一躍成為中國大後方的政治、軍事、經濟、文化中心，成為反法西斯戰爭東方戰場的軍事指揮中樞、外交中樞和「抗戰時期工業的生命線」。到1939年「五四」轟炸前夕，重慶市區9.3平方公里土地上的市民數字，一下子膨脹到了150萬人。

　　1941年對於重慶市民來說，無疑是最痛苦、最悲壯、最慘烈的一年。這一年的6月22日，納粹德國對蘇聯發動閃電戰；12月7日，日本偷襲珍珠港。與這兩件重大戰事直接相關的是，日本對重慶實施的第三次戰略轟炸──「102號作戰」。

　　「102號作戰」的目的十分明確：儘快解決「中國事變」，實行「南進政策」，發動太平洋戰爭，與德、意配合，建立法西斯全球霸權。

　　為確保第三次戰略轟炸的成功實施，除侵華飛行第1、第3團和第60戰鬥隊外，日本還徵調駐紮中國東北、對付蘇聯的第12、第89重型轟炸機大隊，以及駐防太平洋海域、對付美國的第11、

第22航空部隊，並且使用了由戰列艦炮彈改制的重達800公斤的重型炸彈、新型凝固汽油彈，及各種類型的定時炸彈，企圖一舉摧毀中國抗戰首都。

在無法與日軍正面空中作戰的情況下，重慶政府不得不採取消極防空的辦法。重慶地形三面臨水，陸地出城只通遠門以外一線交通孔道，臨時出城緊急避難十分困難。因此消極防空只有兩條途徑：一是居民長期出城疏散，二是進入防空洞避難。大轟炸中，後者成為市民躲避轟炸的主要途徑。

日機來之前先拉預警，日機到重慶上空拉緊急警報。從預警到緊急警報只有幾十分鐘的時間。這寶貴的幾十分鐘時間，是潛伏在淪陷區的軍統人員用生命換來的。

當時中國軍隊沒有雷達，日機的驟然而至，給重慶的軍民帶來很大的損失。蔣介石嚴令戴笠必須提前知道日機來臨，以便設立預警機制，保衛陪都無辜百姓的安全。戴笠安排手下的軍統人員在淪陷區日軍每個機場附近都租了房子，化裝成普通百姓，觀察日軍轟炸機起落方向、架次和時間，然後迅速用無線電告知重慶總部。有的軍統特工剛剛發完報，就被日軍測向儀測出。好多軍統人員遭到日軍殺害。

面對日機對重慶進行了最嚴重的「地毯式轟炸」，蔣介石站在南岸黃山遠眺火海中的重慶時，感歎重慶市民：「徒憑滿腔熱忱與血肉，而與倭寇高度之爆炸彈與炮火相周旋，於今三年，若非中華民族，其誰能之？」

為躲避湘北的戰亂，賀衷寒的堂叔賀秋生千里迢迢地來到了重慶，賀衷寒熱情地接待了他。當時，賀載陽也在賀衷寒身邊當差。三個老鄉到一起了，自然是一番感慨。

賀秋生看看賀衷寒，再看看賀載陽，忽然歎了口氣：「我

說這人的命哪，真的說不清，就說你們兩個人吧，同年同月同日生，差別怎麼這樣大呢？」

「這個你就不知道了，」賀載陽嘻嘻笑起來，「我說一個故事給你們聽聽。從前，有一個縣官領旨赴任，到河邊過渡，巧遇三同庚，另外二個人，一個是艄公，一個是和尚。過河後，縣官邀同庚飲酒，艄公與和尚發牢騷說：『同年同月同日同時生，為何差別這麼大呢？』於是，三人去找當地的一個高僧。高僧說：『一時有三刻，時刻不同，命運各異。你們三人雖然同降雞鳴之時，然，一聲雞鳴，也有三刻！雞拍翼，點朱筆，是為縣官；雞報曉，艄公老，是為渡者；雞落腔，做和尚，是為僧家。各安天命吧。』這個說的就是富貴有命吶！」賀載陽感歎地說。

「這是迷信，信不得的。」賀衷寒微微一笑，接著關切地問道：「湘北的戰事如何呢？」

「鬼子佔領了岳陽，幾次打衝鋒，都被中央軍195師頂回去了。195師守在新牆河畔，有一個班長叫許崇新，一個人游到洞庭湖中將鬼子的汽艇炸個稀巴爛。還有一個連長叫張瓊，鬼子從湖裡沖上來，上級命令他撤退。張連長走到半路，一個人拿一挺機關槍返回，噠噠噠猛掃，鬼子倒下一大片。張連長的腸子打出來了，他把流出來的腸子往肚子裡一塞，又是一頓猛掃。可惜啊，只有28歲就死啦！聽說還有一個史營長，一個營500人全部戰死在筆架山，新牆河水都被染紅啦。」

講到了戰事，賀秋生眉飛色舞。賀衷寒、賀正平、賀載陽、李慰如、李穎吾、賀妙文等人圍坐一起，聽得非常認真。

「鬼子的飛機大炮打過來，中央軍抵不住，只好往長沙撤，鬼子燒殺擄搶，無惡不作。紹武爹的老婆被鬼子捅了幾刺刀，死在堂屋裡無人收屍，長了蛆。女兒被鬼子擄去當了花姑娘。紹武

爹心灰意懶，什麼都不做了，坐吃山空，光喝酒，成天腰上挎一個三尺長的酒壺，能裝六斤酒，是日本兵留下來的。他前不久在鹿角喝酒，喝醉了，落在洞庭湖淹死了。還有享賢爹……」賀秋生欲言又止。

「快講，我爺老子怎麼樣啦？」賀載陽急得跳了起來。

「你父親……還好，鬼子逼迫享賢爹挑擔子去黃沙街，一百多斤的擔子壓在老人家的肩膀上，走慢了一點，鬼子就用刺刀捅他的腳板，幾個月了還流膿灌水，現在走路還跛腳呢。」

「我捅他的娘，捅他的祖宗十八代！」賀載陽暴跳如雷。

「還是中央軍好，我們賀耕九屋場也有中央軍駐紮呢。他們不擾民……。」賀秋生未說完，賀衷寒就說道：「秋叔，既然來了，你就先住下來，至於找事做，莫急，要載陽帶你玩兩天再說吧。」接著又叮囑他們：「小鬼子的飛機經常丟炸彈，你們出門要謹慎，不要亂跑。」

說到丟炸彈，賀秋生興奮起來，不由自主地哼唱道：「天上飛機叫，地上拉警報，報告王縣長，預備高射炮。高射炮不能停，大炮打得嗵嗵聲。不怕苦不怕難，英勇殺敵沖向前。四億同胞齊抗戰，不難收復舊河山。東洋昭和倒了運，我們勝利在眼前。」

眾人哈哈大笑起來。這個王縣長就是王翯波，湖南臨湘縣的縣長。臨湘淪陷後，他帶領人馬在大雲山打遊擊，名氣很大呢。

那個時候吃了早飯就準備「跑警報」，沒間斷過幾天，有時甚至1天要躲3次。「跑警報」成為人們的主要生活：嘟、嘟、嘟……，這是告訴人們日機就要來了；嘟（高）、嘟（低）……，這是告訴人們日機已經到了；嘟（平）嘟（平）……，這是告訴人們日機走了，可以出防空洞了。

事情來得沒有一點徵兆。

6月13日，整天小雨，傍晚初晴。街上的氣氛很平靜，城牆邊有人在放牛，還有做生意的靠著牆角吆喝。很多人進城買賣、辦事、觀劇。天氣並不太好，天空中還有雲霧。

根據經驗，人們以為敵機今天不會來了。忽然，天空中懸掛起了紅球，在戰時重慶的警報系統中，那意味著敵人的飛機已經到了郊區。毫無心理防備的人們一下子亂了，出城疏散已經來不及，大家拼命向離自己最近的防空洞跑去。

數十架日機分三批進入重慶，轟炸市區主要街道和居民區。日本飛機飛得很低，飛行員的樣子看得一清二楚。他們倡狂得很，就像在天空上做遊戲，根本不把中國軍隊放在眼裡。老百姓像兔子一樣四處亂跑躲轟炸。

在重慶支援抗日的美國空軍飛虎將軍陳納德，目睹了日軍轟炸的全過程，在《陳納德回憶錄》裡，他這樣記敘：「27架日本轟炸機，像加拿大天鵝在春季從路易斯安那州飛向北方一樣，擺著漂亮的V形陣勢，逐漸接近。投彈艙打開了，數百枚銀光閃閃的燃燒彈灑落在這個城市裡，燃起全城大火，肆虐的大火燃燒了三天三夜。」

「重慶在燃燒，」英籍華裔女作家韓素音曾在《無鳥的夏天》中寫道，「天空中的一片紅雲浸染了皎潔的月光，可以看到重慶全城。火光像無數旗幟，在微風中飄拂，火焰夾雜著煙霧，像拍打著的翅膀，直沖雲霄。我們朝臨江門望去，那兒是一片火海，火舌在上面翻滾亂卷。在長江方向的遠處，那兒大火沖天，火舌高過了對岸的群山⋯⋯」

「糟了！糟了！燃起來了！」只聽見一片驚慌的喊叫聲。接著，一股濃濃的、刺鼻的火藥味迎面撲來。賀載陽趕緊拉著賀秋

生躲避。他們跑到一個石壁下坐著，不敢動。這時，防護隊的人拉著擔架，一串一串地從他們面前走過。擔架上的人鮮血直流，肚子破了的，腸子吊在外面。

賀秋生看見石壁上粘了人的一截腸子，還有一塊血糊糊的肉皮。他被嚇破了膽子，完全失去了理智，不顧一切地往城外跑。有一個提著箱子的男人，後腦已經被彈片削去一大塊，他居然毫無知覺，還在跑。有人喊：「你後腦遭炸了！」他用手一摸，立馬就倒下去了。賀秋生在後面看得清清楚楚，雙腿發軟，差點也倒下去……

人們慌了，從道門口、小什字等地下來的人，集中往東門湧去。東水門的地勢是前低後高，人群像灌漏斗一樣的往下灌，城門又像瓶頸把人卡住。後面的人不顧一切往地下壓，卡在城門內的人被壓得受不了，呼天搶地……不少人摔倒在地，後面的人潮水般湧來，把倒在地上的人活活踩死……

日本《東京朝日新聞》昭和十六年（1941年）6月13日報導：「從5日傍晚19時30分到6日淩晨之間，日本飛機前後4次歷時13個小時，對重慶進行了大轟炸。日機巧妙地利用照明彈照亮

重慶大轟炸慘案遺址

市區後連續投下炸彈，引起了非常的混亂，重慶上、下半城繁華市區變成了瓦礫。在重慶溽暑的夏季中，人們被驅趕到大街上，失去立錐之地，倒在硝煙與炮火瀰漫的血泊中。在這場大轟炸中死傷的人數，到現在都沒有定論。

賀秋生為了躲避戰火後來又輾轉抵達泰國並且在那裡安家落戶，最後終老異鄉。戰亂年代顛沛流離的人千千萬萬，他算是幸運的人了。

第11節
任職社會部勞動局，胡宗南代為教子

　　面對敵人的野蠻屠殺，重慶的防禦系統薄弱得像一個嬰兒。消防設施的落後正如陳納德觀察到的一樣：「我走進這個正在燃燒的城市，協助大隊人馬用手搖抽水機去與烈火搏鬥，這情形就好像要用花園澆水的水管子來撲滅一場森林大火一樣。」

　　一些市民也缺乏應有的常識，他們拒絕進入掩體，只是回到家中，關上門等著。有一家人全家躲在方桌底下，上頭蓋著棉被，以為可以避免流彈，沒想到房子倒下，壓在上頭，就整個捂住了，整個把他們燜熟了……

　　在這樣的情況之下，即使是蔣介石的生命也沒有百分之百的保證。1941年8月30日，蔣介石在重慶近郊黃山官邸「雲岫樓」召開各戰區司令、參謀長軍事會議。日本海軍戰略轟炸機隊指揮官遠藤三郎少將，從義大利駐華外交官處獲得黃山蔣介石官邸的確切位置，親自率機轟炸黃山官邸。兩名衛士當場被炸死，4人負傷，參加會議者踏著血跡躲進防空洞。

　　大轟炸雖然給重慶的市民和城市造成了巨大的損失，但中國政府和人民並未屈服，而是更加眾志成城，團結一致。在大轟炸最為慘烈的時候，重慶各大報紙紛紛表示：「重慶縱使被炸成為平地，吾人亦當以血汗於廢墟上建立光明燦爛之新重慶……」，「縱使重慶全成焦土，中國人民亦必在政府領導下，與日本軍閥繼續搏鬥，決不屈服……」

　　1942年9月，賀衷寒調任行政院社會部勞動局局長，任職6年。其間，曾於1941年至1945年兼任《掃蕩報》社社長，進行抗

日宣傳。

當時國內受太平洋戰爭影響，各地物價均作直線上升，導致各行業工資調整依據的問題發生了，他能夠為工人作全盤考量，厘定工資價目標準給廠商採用。使戰時與抗戰勝利後幣值不穩定的狀態下，工人的生活仍然能夠維持安定。但因戰時生活變動劇烈，一般勞資爭議事件，仍然很多，所以又舉辦全國技術員工調查登記，管理救濟失業，輔導就業，對於安定工人生活及情緒，均起到了一定的作用。由於多年的心得與實際經驗，抗日戰爭結束後，賀衷寒知道抗戰雖然勝利，而國家百廢俱興，現金資本沒有來源，復原工作非常艱巨。因此，1947年，他根據孫中山「地方自治開始法」，撰寫了《國民勞動與軍隊復原計劃》、《義務勞動五年計劃》等著作，強調中國積弱的原因在知識份子與工農生產脫節，生活物質必須轉嫁生產份子，不但影響資本積累與發展，更無法走向現代化的途徑。見解獨到，深受各界贊同。同年，賀衷寒又起草了《義務勞動法》，獲得立法院通過頒行，並在武昌舉辦了《義務勞動幹訓班》，作為普遍推行的基礎。

賀衷寒後來將他的看法與作法寫成《後期革命的號角》（在台灣出版時改為《中國的病根》），批判了知識份子的陳腐觀念，鼓勵他們向工農學習，改變中國積貧積弱的現狀。企圖為挽救危在旦夕的蔣家王朝「切脈」、開「處方」，但由於他的階級立場所決定，不可能看到當時中國真正的「病根」，也不能開出真正有效的

賀衷寒的著作

「處方」。

賀衷寒在勞動局長任期內，雖在協調勞資關係、輔導勞工就業、進行技術培訓、安排因抗戰而西遷的技術人員和工人等方面，盡了很大努力，賀衷寒任國民政府行政院國家動員委員會人力組主任時，有一次，他請曾任中國文化學會總會書記長的肖作霖吃飯。肖作霖醉後大發牢騷，痛罵蔣介石昏暴。

賀衷寒此時也有些醉意，竟也說出了他的真心話。

他說：「你哪裡知道，蔣先生是一個非常謹慎的人。暴則有之，昏則完全不然。你沒有看到他的統馭術的絕頂高明嗎？他一向抓得很緊的是軍隊、特務和財政這三個命根子。這三個命根子各有一套他最親信的人替他看守；同時他又讓這三種力量互相依賴、相互牽制，而只聽命於他一人。軍隊方面是陳誠、湯恩泊和胡宗南；特務方面是戴笠、徐恩曾和毛慶祥；財政方面是孔祥熙、宋子文和陳氏兄弟。他們之間誰也不敢有所挾持而無所顧忌。所有這些人，除了孔、宋是他的至戚外，其餘又都是浙江人，連宋子文的原籍也是浙江，可以說，都是他極親信的人了。可是他對這些人都還有個防而不備、備而不防，難道這還算是『昏』？他對湖南人，尤其是懂得點政治的湖南人，是絕對不放心的。像復興社這樣的組織，他也只是一時利用一下子，等到他已被捧成了絕對的獨裁領袖，當然就不再要這個組織了。因為他唯恐復興社發展到一旦難於駕馭的地步；尤其是這個組織的高級骨幹又多是湖南人，這也是他難以放心的。他的運用和打算，都是有極高明的權術的。你還罵他『昏』，可見你還是年輕不大曉事。」

從這番話可以看出，賀衷寒對蔣介石，也和蔣介石對他自己一樣，都是看透了的。蔣介石雖疑忌他，也還是用他。

　　34集團軍總司令胡宗南到重慶公幹，隨便拜訪老朋友賀衷寒。衷寒的大兒子19歲的賀正平在側。賀正平東張西望，一看就是一個精力過剩、無所事事的青年。

　　「正平，國難當頭，匹夫有責。你也年紀不小了，應該懂事了。」賀衷寒對兒子充滿期待地說。

　　說到這個兒子，賀衷寒頗為頭疼。賀正平生性頑皮，有俠客風骨，在校讀書不甚努力。賀衷寒擔心兒子惹事，便安排他的勤務兵賀載陽早出晚歸，負責接送。幼年時賀載陽是賀衷寒的鄰居，同年同月出生。李漣影的大哥李慰如在賀衷寒身邊當副官。賀正平不懂事，少爺習氣嚴重，直呼李慰如「大老李」。賀衷寒頗為生氣，呵斥兒子，「外甥不認舅，砣子背上蹓。你這樣叫你舅舅，該打！」

　　有一次，賀正平將公家的三輪摩托車偷了出來，騎著在街道上兜風，結果將一個行人撞傷。賀正平被員警抓了起來，賀衷寒出錢將傷者送到醫院治療，還要找人保釋兒子。兒子出來後，賀衷寒氣急，大罵了他，還說了幾句重話。不料，賀正平負氣出走，一路流浪到了成都，他想登峨眉山拜師修仙，沒想到仙人師父沒找到卻有了另一個奇遇。一天他在路上漫步，一個老者和他打招呼：「嗨！娃兒嘞！來來來！來下棋！不輸錢！不輸地。」基於好奇心，無所事事的賀正平就和那老者對弈起來，竟然下出了興趣，就天天主動找老人下棋。那老人是個象棋高手，賀正平經過他的點撥和啟發，後來也成了象棋高手。下棋時老者和賀正平也談些閑話，知道了賀正平的家庭情形。老人在無線電廣播中聽到尋找賀正平的消息，便通知了警察局。賀正平離家數月後，賀衷寒的部下去成都找到了蓬頭垢面的賀正平，好言相勸，將他帶回重慶。

　　一日自西安回重慶開會的胡宗南來看望賀衷寒。「爸爸，我也要去當兵打仗！」賀正平鄭重地說道，然後他轉向胡宗南：「胡伯伯，我沒有考取大學，我要跟著你去當兵。」

　　「讓胡伯伯帶你出去鍛煉一下也好。」賀衷寒高興地說。

　　胡宗南說：「好啊！君山兄，你就將正平交給我，先讓他完成學業，再到部隊鍛煉。」

　　賀衷寒當即應允。那個時候，胡宗南還是獨身，視賀正平如同己出。他將賀正平帶到西安，安排在西安中正中學補習，賀正平安心讀書，第二年考入西北農業大學。賀正平上大學住校期間胡宗南還多次寫信鼓勵賀正平。

　　賀正平剛到西安不久，受蔣介石的委託，何應欽帶著蔣緯國從重慶到西安報到。蔣緯國先前在德國學習軍事，留學歸國。蔣介石對兒子要求嚴格，讓他從基層幹起。特意將蔣緯國安排到得意門生胡宗南處鍛煉。

　　胡宗南自然不敢怠慢，安排他住在自己的行營，房間剛好與賀正平隔壁。賀正平因為先到住的房間比較大也比較好，那時，蔣緯國25歲，風度翩翩，賀正平還是一個高中生。賀正平覺得不好意思提出和蔣緯國換房間，但是蔣緯國並不介意。賀正平覺得蔣緯國平易近人沒有架子，一放學，就鑽進蔣緯國的房間聊天，蔣緯國初來乍到，沒有朋友，兩位年輕人很快熱絡起來。

　　「我聽胡長官聊起過你，說你在重慶時，曾經將摩托車偷出來騎，將人撞傷了，關了禁閉。」蔣緯國說。

　　「別提啦，我父親被氣壞了。」賀正平滿臉通紅，兩隻手絞在一起，局促不安。

　　蔣緯國哈哈一笑，「我就是喜歡你桀驁不馴的性格。年輕人就是要敢闖，敢作敢為。」

蔣緯國聊到了自己的經歷，「我5歲才從日本回國，見到父親。東征時，我才10歲，就纏著父親帶我上前線。我與父親擠在行軍床上睡覺。父親讓我睡行軍床，自己乾脆打地鋪。從那個時候開始，我就喜歡上了軍旅生活。」

賀正平充滿了羨慕，「我也渴望自己能夠上前線，建功立業。」

「老弟啊，你還年輕，現在的任務是認真學習，以後國家建設需要各類人才呢。」蔣緯國嚴肅的說。

過了一個星期，胡宗南派蔣緯國到第1師第3團第2營第5連當連長。那時國軍裡面的兵大部分都是文盲，軍官稍微好一點，不過有些從士兵升上來的人也不識得幾個字。蔣緯國非常低調，與這些人相處的也很好。

那時候，抗戰進入相持階段。國軍在和日軍作戰時，表現英勇，一旦衝鋒開始，與日寇拼刺刀，對方才跳出幾個兵，亮出刺刀輕輕一撥弄，國軍士兵就全倒在地上。蔣緯國認為，這不僅僅是我方體格問題，是我們的近戰格鬥沒有訓練好。蔣緯國就主動提出要在中央軍校第七分校開設短期格鬥培訓班，提高軍隊作戰能力。

胡宗南接受了他的建議，很快把蔣緯國從前線調了回來，成立近戰格鬥訓練班。這樣，蔣緯國與賀正平又住到了一起，成為鄰居。普通的劈刺訓練顯得有些花拳繡腿，只會前進後退、左右直刺，事實上，一桿槍最低限度可以用來砍、刺、挑、掃、錘。蔣緯國先教給學員們刺槍、空手奪槍、空手入白刃等技能，並且以圓鍬、十字鍬或預備槍管當武器，學習近戰格鬥。除此之外，蔣緯國還教他們如何攻擊和破壞坦克，也就是所謂的「戰車肉搏戰」。自從加強學習了近戰格鬥之後，我方士兵近戰格鬥的能

力，確實大有提高。

賀正平問蔣緯國：「別人知道你是委員長的兒子嗎？」蔣緯國笑而不答，對賀正平講起了自己在火車上的一次遭遇。

有一次，蔣緯國從西安回到潼關。火車很擠，過道上都坐滿了人。火車開動後，一個上校自彼處擠過來往前走，沒多久又從前方擠回來。

蔣緯國就站起來問他：「上校，你是要找人還是要找位子？」

他說：「找位子啊。」

蔣緯國客氣地說：「請坐吧！」

上校看了蔣緯國一眼，「啪」一巴掌打在他臉上，很生氣地問：「你剛才為什麼不讓？」

蔣緯國說：「上校，剛才你是從我背後過來的，等到我看見你時，你已經走過去了。我以為你在找人，現在看你又擠過來了。」

沒想到上校又「啪」的一巴掌打過來，說：「你囉嗦什麼！」意思是你還不讓位。

其實蔣緯國已經站在旁邊，說：「你請坐。」說完就到廁所裡坐在馬桶上。

賀正平憤憤不平，「你這二個巴掌挨得好冤枉啊。」

蔣緯國說：「辱人者自辱之。你不知道後來發生的事情更加有趣呢。」

「後來到底怎麼樣了呢？」賀正平急切地問。

「後來列車長來查票，一方面要他補票，同時告訴他剛才那個上尉是蔣緯國。他補完票就跑到廁所門口撲通一聲跪了下來，連打了自己幾個耳光，再三地道歉。」

「這一來反而把我嚇壞了，我挨揍時並沒有被嚇，反而覺

得很正常，但是看見了一個上校跪在我一個上尉面前，我可受驚了，就趕快把他扶起來。那位上校一定要我原諒他，說他家裡還有老娘在，好像我馬上就要把他拉出去槍斃似的……」

蔣緯國歎了一口氣，「這就是中國的官僚制度，中國的現實。正平啊，年輕人要有朝氣，不能有暮氣，要有變革圖強的勇氣與決心。」

賀正平鄭重地點頭。想想自己以前的任性，感到慚愧。

這一年寒假，學校放假。賀正平思家心切，打點行裝準備回家。胡宗南有點擔心，關切地問，「我派專車送你回重慶吧。」「不麻煩了，胡伯伯，我自己能夠處理。」

胡宗南幫賀正平買好火車票。賀正平擠上了火車，不料火車上旅客爆滿，人頭攢動，過道上都是行李。吃東西也是半饑半飽，一個星期後，疲憊不堪地回到重慶。

胡宗南已經打了電話給賀衷寒。告知賀正平不要乘坐專車的事。賀衷寒非常贊同。「兒子終於長大了懂事了。」

在賀衷寒的家人中，直接走上抗日戰場的是李憐影的二哥李新如。李新如，黃埔八期畢業，開始在憲兵團服役，抗戰開始後，他幾次請纓殺敵，急得像熱鍋上的螞蟻。

賀衷寒鼓勵他說：「要想有出息，上前線帶兵。」在賀衷寒的幫助下，幾經周折，李新如來到薛岳手下任職，帶兵打仗，1944年在衡陽保衛戰中英勇犧牲，追贈為少將軍銜。

正平賢姪覽 十三日來函閱
悉述喜微遊歷領詳請
而喜若人誨藏隆身遊乃
調劑精神之要道惜得此
有益往小學矢努力勉旃餘閒
迨往
　胡宗南啟
宗南啟事處　四月廿五日

正平賢姪：接複十月五日來函并附寄成績
表拾視及須成績均在七十分以上甚為欣慰望
能多加努力並多注意國文俾農藝並具
攝腺而未識之學生主要必須藏的切實
諸後酌詳嘉注意隨時此告原表附還希
查收卓籽
　宗南
　　午後十二
宗南啟事處

正平賢姪覽 廿日來書閱悉吾
姪天資聰穎學業日進欣喜之至仍望
沈潛力修學科除專門學問外應多讀
史書如通鑑及歷朝傳記俾明瞭往事
及華族精神中心之所在將來造詣當
不可量也我於日前赴點一行昨已返陝
得暇膽將學業情形詳以見告復閒
學祺
　胡宗南啟
宗南啟事處　五月廿一日

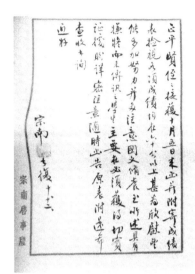

武功
西北農學院
賀正平先生手啟
西安東倉門下馬陵胡緘
　月
　　日

胡宗南寫給賀正平的三封信1~4

第12節　飛臨芷江，見證日寇投降

　　1945年8月15日晚，蔣介石在重慶官邸與外國大使共進晚宴，突然，外面一片喧鬧。他派人出去打聽，得知是對面求精中學內的盟軍士兵，聽說了日本投降的消息，正在歡呼。消息的來源是設在重慶的盟軍總部收聽到東京發出的英語國際廣播，稱日本接受《波茨坦公告》，宣佈無條件投降。

　　當天的《中央日報》、《新華日報》等，立即以號外方式，向中外公佈了這一振奮人心的重大消息。其中，《中央日報》的第三次號外發出的時間已經是晚上12點了。一天之內發三次號外，這在中國新聞史上絕無僅有。

　　當晚，賀衷寒在行政院社會部勞動局的辦公室裡，與袁守謙等同事分享著這個巨大的喜訊。突然，大街上傳來了一種異乎尋常的嘈雜聲音。賀衷寒與同事們連忙往外跑。跨出大門一看，他們都傻眼了！滿街的人都好像發了瘋似的，嘴裡高聲喊著「日本投降了」，腳底下又是跳，又是跑，簡直不知道是什麼在指揮著他們的大腦。

　　這時候人與人之間的距離一下子無形中都消失了，誰跟誰都好像親如一家人。雖然沒有像外國人聽到勝利到來時那樣瘋狂地擁抱親吻，但從來都很拘謹的中國人，這時候一點也不拘謹了。誰也不認識誰的男女老少，就這麼手拉著手，跳呀，唱呀，走呀。路旁擺雜貨攤的，賣水果的，都舉起雙手在那裡吆喝：「歡迎大家來，隨便拿！隨便吃！」

　　十四年了，億萬中國人吃了多少苦、受了多少罪啊！今天，終於盼來了這一天。

中國抗日戰爭，始於1931年「九・一八事變」，全面爆發於宛平盧溝橋，終於芷江七裡橋。抗戰勝利，芷江受降，寫下了中國近現代史上抵禦外敵入侵第一次取得完全勝利的光輝一頁。這是1894年甲午戰爭以來，中國人民反抗日本帝國主義侵略者第一次取得完全勝利，也是1840年鴉片戰爭以來中國人民抗擊外國侵略者第一次取得完全勝利。

芷江，成為我國國史上的第一個受降城。

芷江是通往大西南的咽喉，是抗戰時期中國空軍基地。芷江機場為遠東盟軍第二大機場。1938年9月，蘇聯援華志願空軍中隊進駐芷江。1944年，美國空軍第十四航空隊六千餘眾開赴芷江。芷江七裡橋、竹坪鋪一帶營房林立，稱之為「美國街」。芷江受降前，軍政機構有二百二十多個，中、美官兵達六萬餘人。

8月20日，天氣晴朗。下午5時，中國戰區的受降使節、陸軍總司令何應欽及其隨員、加上同行的中外記者共60餘人，分乘四架綠色運輸機，由重慶九龍坡機場起飛抵達芷江。同行的有「陸總」參謀長肖毅肅，中國戰區美國作戰司令部參謀長柏德諾準將。行政院顧問團成員有：陸軍大學研究部主任徐祖貽，軍訓部次長王俊，勞動局局長賀衷寒，行政院參事徐象樞，交通部技監韋以黻，教育部秘書劉林士等。從昆明和全國各地到達芷江的高級將領有：第一方面軍盧漢，第二方面軍張發奎，第三方面軍湯恩伯，第四方面軍王耀武，昆明防守司令部司令杜聿明，第三方面軍副司令官鄭洞國、張雪中等。

國內外新聞記者、電影攝影師近百人雲集芷江，居住在城南汽車站附近的東亞大旅館。記者佩帶著印有「日本投降簽字典禮出入證」的紅綢帶，工作人員佩帶黃綢帶。交通部特設一所臨時電報局，從辰溪王耀武所屬部隊調來軍用電台和五部收發報機、

四輛吉普車，供記者發稿、採訪用。

　　賀衷寒等黨政要員被安排在七裡橋空軍營房。所有的空軍營房全部改為了招待所，仍感住宿緊張。湯恩伯、盧漢住一間房，賀衷寒、徐祖貽、王俊住一間房，王耀武房間也住著四個將軍。床鋪全系美國軍毯，桌椅、沙發等大部分是從湖南安江一、二紗廠和縣政府運來的。

　　23日上午，受降主官何應欽在洽降現場召見日方代表今井武夫一行。今井首先向何應欽行90度鞠躬禮，之後拘謹地退回到座位。何應欽莊重宣佈：一、本總司令交給貴官的4份備忘錄，希轉達岡村甯次大將，必須遵照辦理。二、日本政府未向我簽署投降書以前，中國陸軍總司令部設立南京前進指揮所，冷欣中將任主任，有關投降未盡事宜向該所請示辦理。三、我陸軍總部決定從本月26日起，空運部隊到南京、上海、北平等城市，接受日軍投降，希迅速作好準備。四、貴官前來聯繫投降任務初步完成，決定今天下午你們乘原機回南京覆命。

芷江受降

今井武夫慌忙起立，連聲說道：「是！明白了，照辦，一定遵辦。」

當天下午3時，今井武夫這名敗軍降使及其隨員，乘原機傷感地飛返南京。據《今井武夫回憶錄》所載，降使一行「沉痛地陷於傷感之中」，「作為戰敗國使節，等於銬著雙手來中國投降」。

當晚，何應欽在芷江空軍俱樂部舉行盛大歡宴，前來受降的部分高級將領、中美軍事幕僚、為大會服務的主要負責人和中外記者應邀出席。何應欽手捧酒杯，到處找人交談，喜笑顏開。

有記者問：「為什麼接收人員中沒有一個共產黨員？為什麼沒有給共產黨一個接收地區？」

何應欽反問：「你認為中國應該有兩個政府，兩個領袖嗎？」

記者再問：「日本投降以後，我們的政府對共產黨如何處置呢？」

何應欽說：「只要他們不搗亂，服從指揮，政府中可以給他們一個位置的。……不過，他們現在不聽指揮，在各戰場搶奪日軍的武器。這是不允許的。」

記者再要提問，何應欽王顧左右而言他，頗為尷尬。

抗戰八年中共在日本佔領區建立了敵後根據地，到了抗戰勝利已經發展到正規軍六十一萬人加上地方部隊和機關的六十六萬人就是一百二十七萬人。現在日軍投降共軍可以就近參加接收任務，國民政府不讓他們接收，他們是不可能同意的。

賀衷寒看出，中國已經潛伏著內戰的危機了。

第七章
山雨欲來

第1節　鋤頭頓得穩，種田是根本

賀衷寒1946年在重慶

1946年春節，賀衷寒在抗戰勝利的喜悅中回到了家鄉湖南岳陽。

奔馳的火車將賀衷寒拖進了廣袤的洞庭湖平原。他坐在靠窗的位置，呼吸著故鄉的空氣，眼前的破敗與蕭條景象，令他觸目驚心。到處都是斷垣殘壁，被日寇縱火焚毀或敵機炸毀了的村莊、祠堂、廟宇隨處可見。

當年，日寇為了修築南侵湘桂通東南亞各國戰場的戰略公路，毀田作路，遇河架橋，拆民房的地腳石和青磚青瓦墊路基，用民房的樑柱檁木做建橋材料。農民逃離家園，致使田地荒蕪，荊棘叢生，一片淒涼慘景。

賀衷寒心情沉重，不禁吟出了北宋詞人姜夔的《揚州慢》：「淮左名都，竹西佳處，解鞍少駐初程。過春風十裡，盡薺麥青青。自胡馬窺江去後，廢池喬木，猶厭言兵……」

賀衷寒一行抵達岳陽縣城的當天，湖南省保安司令部少將副司令王翦波親自迎接。他已經在岳陽火車站恭候多時。

賀衷寒走下火車，王翦波趨步上前敬禮，連聲說：「歡迎賀局長榮歸故里！」

賀衷寒趕緊說：「我這次回來是私事，對地方多有打擾，甚為不安。王司令抗戰居功至偉，第二次長沙會戰，日寇兵臨城下，王司令的遊擊隊破襲日寇交通，焚燒糧草，騷擾後方，迫使

日寇潰退，連委員長都嘉獎你呢。」

王翦波謙恭地說：「哪裡哪裡，阿南惟幾說我們遊擊隊是牛尾巴上面討厭的牛虻蟲。賀局長才是委員長身邊的紅人，國之重器！」

賀衷寒幽默地說：「這樣的牛虻蟲越多越好，這不，蠻牛被叮出了血，流膿潰爛，乖乖地滾回去了嘛！」說罷，倆人哈哈大笑。

被日寇蹂躪了七年之久的湘北人民，揚眉吐氣，欣喜若狂。王翦波陪同賀衷寒到城裡四處察看，賀衷寒一路風塵僕僕，興奮與自豪之情溢於言表。他昂首挺胸，行走在曾經被外敵侵佔而今光復的中國的領土上，一種民族的自尊與自豪感油然而生！而這種尊嚴是無數的戰友與同胞以鮮血和生命為代價換來的！

建築工人在忙碌著整修街道，修葺房屋，新開的店面寥寥無幾。除岳陽樓、孔子廟、慈氏塔、呂仙亭、洞庭廟、乾明寺、天主堂、耶穌教堂等名勝古跡、宗教聖地和湖濱大學，未遭兵燹之災外，其它大街小巷基本上都遭到焚毀，到處是一片廢墟。

王翦波感慨地說：「岳陽樓曾經是日軍的司令部，要不早就毀掉了。昔日有6萬多市民，到日寇投降前夕，只有8000多人留城了。絕大多數商家抽走資金遠走他鄉，市民為了生計也棄家逃避到岳平交界的大山區。」

賀衷寒連連歎息，叮囑道：「一定要想辦法幫老百姓渡過難關，繁榮市面。毀壞的鋪面、房屋，政府要組織人力和物力恢復。」

眾人來到岳陽樓下東門大操場一帶（今市第一中學與第3517軍需工廠境內），操場裡停放著軍用大卡車300多台，還有一些坦克和裝甲車以及馬拉膠輪車。因公路已毀，又無司機，無法開走，任其在露天中日曬雨淋。

王翥波彙報說：「日寇彈藥庫先設在觀音閣，後為防我軍襲擊，設置在岳陽城郊的山野間，有庫洞80多個，散佈於20華里地區。各洞中間有汽車道互通。庫儲彈藥包括：山炮、榴彈炮、加農炮、平射炮、槍榴彈、手榴彈、地雷、炸藥以及通訊器材等，都照清冊點交。」

賀衷寒微微一笑：「據我所知，國軍到各地接收時，許多物資沒有完全列冊，王司令要引以為戒啊。」

「那是，那是，卑職一定照辦！」王翥波的額頭上冒出了冷汗。

其時，各地接收大員中飽私囊，像瘟疫一樣在國民政府的軍、黨、政、警、特、憲各系統迅速蔓延，賀衷寒對此痛心疾首。

一會兒，眾人又到城陵磯一帶去察看戰後情況。公路附近，有我軍的傷兵醫院，醫院沒有房子，只有一色的帳棚群。帳棚內住著抗日受傷的軍人，有的傷兵拄著拐杖在帳棚外聊天。離醫院一箭之地的山坡山嶺上，有整齊劃一、成排成排的新墳，粗略計算足有500多座。王翥波說：「這都是抗日衛國犧牲的烈士。」

賀衷寒頓時肅然起敬，和大家一起脫帽向犧牲的烈士們致哀。

賀衷寒與王翥波告別後，坐火車來到榮家灣。下車後，一行人往五公里外的鹿角賀耕九屋場走去。

賀衷寒從木魚嶺下轎，帶著妻兒步行二裡多路。那時，賀允平二歲多，賀一平才幾個月大，方孝英將小兒子抱在懷裡。賀衷寒一路與鄉親們熱情招呼。他告訴大兒子賀正平：「兒子，你的根在這裡，無論走到哪裡，都不要忘本。」

賀衷寒找到了父母的墓地。這是濱臨洞庭湖的一個小山頭，隨著洞庭湖水的漲退而時隱時現。春天悄悄來臨，裸露的湖灘上不經意間擠出來一絲絲的綠，一些不知名的黃色的小花在湖灘上

俏皮地眨著眼睛。

因墓地多年無人打理，夕陽之下，雜草叢生，頗為淒涼。賀衷寒撲通一聲跪了下來，妻子方孝英、大兒子賀正平等人也紛紛跪下。

賀衷寒淚水漣漣，祭告曰：「山河破碎，國家多難，兒子盡忠而不能盡孝，惟願父母大人安息於九泉，惟願此後國家太平，物阜民豐。」

前來拜訪的人絡繹不絕。有地方要員，有鄉紳，但更多的是鄉鄰。剛剛經過戰亂的湘北農村，民生調敝，滿目瘡痍。許多年輕人找到賀衷寒，要跟著他出去做事。賀衷寒將鄉親們召集起來開會，語重心長地說：「鋤頭頓得穩，種田是根本。孫中山先生鼓勵我們說要立志做大事，不要立志做大官，年輕人要各憑本事做對國家社會有貢獻的事。」

1947年10月，賀衷寒再次回鄉，為即將召開的國大代表選舉拉票做準備。他在洞天觀小學發表了熱情洋溢的演講。他雙目神光湛湛，氣蓋全場。賀衷寒順利地當選為岳陽區的國大代表，按常例在岳陽設宴請客，作為洞察時局、開了眼界的人，他勸村裡的人們說：「鄉親們啊，該吃的吃，該喝的喝，把生活搞好一點，千萬莫買田置地。」

這是他回鄉之後，留給鄉親們的最後叮囑。

第2節　安家南京，關注湖南饑荒

1946年5月1日，國民政府正式發佈還都令，宣佈5月5日「凱旋南京」。

抗戰八年，蔣介石輾轉於重慶四座官邸之間，撤離時亦「不免依依」。在1946年「慶祝國民政府還都大會」上，蔣介石說：「本人自出生以來，除家鄉以外，沒有其他地方比重慶算得是我第二故鄉。」

蔣介石乘「美齡號」專機離渝，途經西安、漢口，5月3日抵達南京。

賀衷寒從湖南老家返回重慶不久，很快接到了去南京的通知。

在還都的日子裡，賀衷寒和全家也都沉浸在喜慶抗戰勝利的歡樂氣氛之中。是啊，十四年來，日軍瘋狂的鐵蹄踐踏著神州大地，中華民族遭受了多大的犧牲呀！

作為炎黃子孫，賀衷寒全家人都為抗戰的勝利而「喜欲狂」。他們「白日放歌須縱酒」，夜晚「漫捲詩書」整理行裝，做好了前往南京的一切準備。

但是賀衷寒也有一件傷心事：他的愛妻李憐影、愛女賀小文在重慶病故了，魂留異鄉。他不禁潸然淚下。

賀衷寒一家人搭乘飛機去南京。到南京後，賀衷寒全家被安頓在行政院租的房子，地點在玄武門附近的馬家街。這兒緊靠風景秀麗的玄武湖公園。5月初的南京，春光明媚，草長鶯飛，桃紅柳綠，好一派秀麗的江南景色。賀衷寒有暇時也陪岳父方鼎英和妻兒們到玄武湖公園走走，飽賞湖光山色，沉浸在勝利的歡悅之中。安頓完家小，賀衷寒到行政院社會部報到上班，並參加了

慶祝「還都」的許多活動。

　　5日，南京城裡處處張燈結綵，旌旗招展，一派節日景象。上午10點30分，長江路國民大會堂舉行首都各界慶祝國民政府還都典禮。蔣介石身穿特級上將制服，佩帶5枚勳章，精神煥發地與身穿黑底紫花綢質旗袍的宋美齡走上國民大會堂主席台，向與會者頷首致意。由南京市臨時參議會議長陳裕光恭請蔣介石致訓辭。

　　當晚，華燈初上時，中央廣播電台所在的祠堂巷一帶早已警衛林立，而觀者如堵。一個龐大的車隊魚貫而來，進入中央廣播電台大門。依照事先安排，蔣介石親臨中央廣播電台將他在上午「首都各界慶祝國民政府還都大會」上的訓詞向全國軍民廣播。

　　賀衷寒不管家中事務。方孝英借了一筆錢，準備自己蓋房子。

　　賀衷寒勸妻子：「依我看還要打仗呢，國家不寧，還蓋什麼房子。」

　　方孝英說：「一家人跟著你顛沛流離，好不容易安定下來，難道不應該有一個自己的窩嗎？」

　　方孝英在南京寧夏路買了一塊地皮，蓋了一幢三層樓的小洋房。

　　這是一個難得的相對安寧的時期。食不厭精，賀衷寒對吃頗有研究，是一個不折不扣的美食家。他特別喜歡帶家人到「馬祥興」菜館去吃豆腐，每次豆腐上桌後，他都要評判一番，並提出改進意見。「馬祥興」老闆馬盛祥的次子馬德銘自創了一道豆腐菜：用湖南小箱豆腐，先在沸水中汆一下，去掉豆腥味，再放雞湯裡，然後加上雞肝、筍尖、蝦仁、木耳點綴。上桌後，紅白分明，清爽柔潤，鮮香撲鼻。賀衷寒品嘗後讚不絕口。

　　賀衷寒還喜歡吃馬祥興的燒賣，不時約上三五個好友去打牙祭。一次勤務兵賀載陽與馬祥興的師傅聊天，談到「賀長官」喜

歡吃他們的燒賣。馬祥興的師傅金宏義為擴大生意，討得口碑，便著意在燒賣的製作上下功夫。他把外面的麵皮改換成蛋皮，燒賣的芯子包裹了蝦仁、筍丁、馬蹄、胡蘿蔔、以及其他配料，再用雞汁、生粉、鴨油調製的鹵汁勾芡，澆在燒賣上，外面用綠色蔬菜在繫一條紮帶。這樣紅、黃、綠、黑相間顏色喜人。

賀衷寒見這色彩鮮豔，香味軟糯的燒賣，大喜過望，連聲稱好，大為讚賞，並向多人推存。引得一些政要如孫科、白崇禧等人也慕名前來品嚐。至此，這燒賣家喻戶曉，風靡京城。

賀一平快三歲的時候才開始記事，很多記憶都模糊了，但有一件事，他卻記得很清楚。他家裡有三層的樓房，院子很大，外公方鼎英有時候來南京走動，就住在女婿家。方鼎英非常疼愛外孫，經常陪著他們玩耍。有一次，賀一平吵著要外祖父方鼎英抱他上樓梯，賀衷寒看見後，大聲地對他說：「自己走。」賀衷寒的聲音很大，把賀一平嚇哭了。方鼎英抱起小外孫對賀衷寒說：「小孩子嘛，何必較真。」但他還是放下了賀一平，鼓勵他自己上樓。

賀衷寒個子不大，但聲音很洪亮，就像從丹田發出的一樣，略帶鄉音。中國有句古話：體小聲洪，福所伏。這句話正好印證在賀衷寒身上。賀衷寒之所以讓賀一平自己走，是想鍛煉他獨立自主、不求人的性格。賀一平說，他現在的性格就是當初父親培養出來的。

這一年的農曆七月三十，南京人都往清涼山趕。賀家人也不能免俗，方孝英信佛教，拉著丈夫往清涼山進香。

金陵四十八景中有「清涼問佛」一景，這是因為清涼山有不少佛寺庵堂，其中以小九華寺（崇正書院處）最為著名。小九華寺供奉的是地藏王菩薩。每年農曆七月的地藏香汛為一年中進香

鼎盛時期，清涼山要熱鬧一個月。農曆七月三十為「關山門」，盛況尤為空前，南京城男女老少信佛者紛紛出動，扶老攜幼，前往山中進香看會。

方孝英點燃一炷香，跪拜地藏王菩薩，心中默念：「菩薩保佑，一家人平安健康！」她回過頭來招呼道：「君山，你也來許一個願嘛。」

賀衷寒道：「我剛才已經在一旁許過了。湖南的大饑荒讓人寢食難安啊。」

原來，這一年的湖南全省遭遇了大饑荒。全省700多萬人受災，素有「魚米之鄉」的洞庭湖畔也未能倖免。勤務兵賀載陽回岳陽探親後，向賀衷寒描述一路上的所見所聞：饑民以草根、樹皮充饑，後來惡化到吃「觀音土」。岳陽火車站與竹蔭街、翰林街，到處都是乞討的饑民，許多人爬上火車去外地乞討，還有一些人餓得失去了乞討的能力，伏在地面上等待死神的降臨。餓死在路邊的人無人過問。

賀衷寒連連歎息。在這個時間節點，抗日戰爭剛剛結束，老百姓原本應該逐漸過上安居樂業的生活，不料緊接著來了一個無妄之災。饑荒的發生，直接原因是天災，天氣乾旱導致莊稼減產甚至顆粒無收。

一日，國防部新聞局局長鄧文儀、西北行轅參謀長兼新疆省警備司令宋希廉來訪，三人在書房裡議論了一陣。

賀衷寒拿著一張報紙遞給鄧文儀：「雪冰兄，你在新聞局任職，這條消息應該看到了吧？已經是舊消息了。」

賀衷寒遞過去的是一張1946年6月3日的長沙《大公報》，賀衷寒指著一條消息念道：「目前米價較去冬漲到十倍以上，老百姓生活困難啊。」

　　鄧文儀連連歎氣：「君山兄，我也每天在關注家鄉的災情呢。天災啊！」

　　賀衷寒加重了語氣，氣憤地說：「不只是天災，更是人禍。日軍蹂躪湖南期間，將民間的糧食、牲畜等搶奪一空，還殺了數十萬勞動力，戰後農業生產不能儘快恢復。此外，抗戰勝利後，軍隊在湖南大舉徵收軍糧，加劇了災荒。」

　　宋希廉附和道：「聽說就在饑民嗷嗷待哺之時，各地糧商囤積居奇，推動糧價暴漲。作為湖南人，我們臉上無光啊。」

　　賀衷寒說：「我認為政府反應緩慢，職能嚴重缺失，在賑災中表現不力。雪冰兄，湖南大饑荒的資訊在國內主要報紙、電台要大幅報導，只有這樣才能引起廣泛關注，新聞局不要打壓啊。」

　　鄧文儀連連應諾。

　　「君山兄、雪冰兄，我們可以聯絡湖南籍的人士向政府多多反映災情，引起足夠重視。」宋希廉心直口快。

　　後來，連美國報紙也在批評國民政府要對此負上責任。稍後，國民政府才動用了軍艦、軍車運送賑災物質。

第3節
選舉副總統時，奉命支持程潛

　　1947年，國民大會在南京開幕。1月1日國民政府公佈憲法，賀衷寒是國民大會制憲代表。

　　李宗仁、程潛、孫科競選副總統，大肆請客，設宴招待出席的國大代表，賀衷寒多次赴宴。

　　當解放戰爭進入第二個年頭，國民黨軍隊處處失利，人民解放軍已打進了國統區。蔣介石的美國主子在親蔣眾議員周以德的壓力下，特派魏德邁於7月21日來華對南京政府進行調查。

　　一個月後，即8月24日，魏德邁在黃埔路官邸蔣介石所設的歡送茶會上，向國民黨高級軍政人員宣讀了一篇訪華聲明，全文

國民政府憲法

制憲國民大會代表

措詞嚴厲，對蔣介石及其南京政府充滿著極端蔑視和侮辱之意。魏德邁指責蔣介石政府「麻木不仁」、「貪污無能」，又謂「中國的復興有待於富有感召力的領袖」。這無異明白表示，蔣介石不中用了，需要把他一腳踢開。

魏德邁返美以後，馬歇爾主持的美國國務院把他的訪華報告向司徒雷登徵詢意見。1947年9月8日，司徒雷登向國務院答覆說：「一切跡象表明，象徵國民黨統治的蔣介石，其資望已日趨式微，甚至被目為過去的人物……李宗仁的資望日高，說他對國民政府沒有好感的謠傳，不足置信。」這段文字十分清楚地表明，司徒雷登這時已經向華府當局舉薦李宗仁以取代蔣介石了。這也足以說明，李宗仁在10月間決定競選副總統，完全是出自杜魯門政府有計劃的安排。

李宗仁競選副總統，加劇了國民黨內部的矛盾。蔣介石對李宗仁競選副總統一事，直到1948年3月上旬還沒有什麼表示。因此，李宗仁以為蔣介石已同意了，便於南京正式成立，由邱昌渭主持其事。

可是，以後事態的發展，完全出乎李宗仁意料之外。3月16日，蔣介石召見孫3月11日在北平中南海對新聞記者首次發表競選副總統的談話。競選事務委員會也在科。次日，孫科即公開表態，也要競選副總統。十分清楚，孫科背後有蔣介石撐腰。

這麼一來，李宗仁的處境就大大不妙了。李宗仁於3月22日由北平飛抵上海，在那裡發表競選言論。他反復地陳述這樣的意見：如果當選副總統，當盡力所能及，在政治上進行民主政策。

幾日後，他到了南京。那時國民黨人競選副總統的，除李宗仁、孫科外，還有于右任、程潛兩人。蔣介石發現這種情況，特決定總統、副總統的候選人，應由國民黨中央提名，並派定陳立

夫負責領導國民大會內的黨團幹部會議，所有國民黨籍的國民代表，都要受黨團幹部會議的約束，違反者予以黨紀制裁。

4月3日夜，蔣介石在他的黃埔路官邸召見李宗仁，對李說：「總統、副總統的候選人，均由中央提名。副總統候選人已內定由孫哲生（即孫科）出任，希望你顧全大局，退出競選。」

李宗仁不顧蔣介石的勸告，理直氣壯地說：「半年以前，我已經向總裁請示，如果你不贊成，我當然唯命是聽。不料你一直沒有什麼表示，所以我就積極準備一切。事到如今，我已經欲罷不能了。」

1948年4月，國民大會第一次大會前夕，三青團的地方幹部大部分得以國大代表身份來到南京。他們得知蔣介石以中央組織部長陳立夫成立黨團組織，支持孫科競選，如果後者勝利，則蔣介石更將信賴陳立夫，而CC得勢，自非他們之利。於是，為了對付陳立夫的CC系，藍（藍衣社）、埔（黃埔系）、青（三青團）的一些骨幹分子，如湯如炎、白瑜、周天賢、任國榮、郎維漢、劉先雲、鄭代恩、許伯超等，一致支持李宗仁競選。此一發展，實非蔣介石所能逆料。

賀衷寒奉命竭力勸阻，卻無力回天。

4月4日，國民黨第六屆中央執行委員會臨時全體會議在南京丁家橋中央黨部禮堂舉行，全會議程是專門討論總統、副總統候選人問題。蔣介石主持會議，他首先講話，主張首屆總統應提出一位黨外人士擔任，並提出下列三項人選標準：（一）在學術上有成就者；（二）在國際上有聲譽者；（三）曾對國家有貢獻者。

蔣介石表示，他無意於競選總統，寧願當行政院長。蔣介石說完了話，就離開會場。當時議論紛紛，人們以為蔣介石要推胡適來當總統，甚至有人說蔣介石已派王世杰徵求胡適意見，胡適

同意了。

休息後繼續開會，由孫科主持，黃埔系多數人主張蔣介石不當總統，讓他做有實權的行政院長，但CC系和戴季陶則主張仍應推蔣作總統候選人。張道藩說：「如果贊成總裁不做總統，請問有什麼辦法要國大代表另選他人？」結果經上午和下午兩次討論，仍一致推蔣作總統候選人，由陳佈雷打電話告訴蔣，蔣仍不贊同，最後決定交中央常務委員會研究後再行決定。

4月5日上午9時，中央常委會在丁家橋中央黨部會議廳召開，研究蔣介石當不當總統候選人問題。會上仍是兩種意見尖銳對立，久久不能作出決定。張群看到事不宜遲，就站起來說：「並不是總裁不願意當總統，而是依據憲法規定，總統是一位虛位元首，所以他不願處於有職無權的地位。如果常會能想出一個補救辦法，規定在特定期間，賦予總統以緊急處置的權力，他還是要當總統的。」常委會當即推定張群、陳立夫、陳佈雷三人前去見蔣，轉達常季會意見，如蔣願任總統，當在憲法外另訂條款，賦予他以必要的權力。

4月5日下午4時，中央常委會繼續開會。張群發言：「已征得總裁同意，在憲法外另定條文，如臨時條款之類，使總統在特定時期得為緊急處置。在這個條件下，他願意當總統候選人。」

蔣介石因為由黨內提名競選的主張被打消，心裡很不高興。4月12日，他在總理紀念周中借題發揮，大罵不受黨的約束的人，並援引1913年國民黨員不聽孫中山先生的命令，從而招致全黨分裂的故事作為鑒戒。這些話的矛頭，主要是指向李宗仁。

4月19日，國民大會舉行第十三次大會，進行總統選舉，蔣介石以2430票當選。居正作為陪選人，也得到269票。廢票35張，有的在蔣的姓名上面打✕，更有寫孫中山的。

　　1948年4月23日，國民大會選舉副總統開始了。整個過程波濤洶湧，險象環生。是日開票結果：李宗仁754票，孫科559票，程潛522票，于右任493票，莫德惠218票，徐傅霖214票。由於無人得到超過代表總額一半的票數，依選舉法的規定，定次日將前三名，即李宗仁、孫科、程潛，進行第二次選舉。

　　蔣介石召見賀衷寒、袁守謙，面囑他們立即為程潛助選，並撥出一筆相當可觀的競選費交他們支配。蔣介石的理由是，他現在已知道孫哲生不是李德鄰（即李宗仁）的對手，他覺得程和李的支持者重疊兩可，只有幫助程頌雲（即程潛）以分散李的選票才能擊敗李宗仁。

　　蔣介石特將賀衷寒（代表黃埔系政工系統）、袁守謙（代表三青團）召到另室。校長有請，兩人不敢怠慢。蔣介石靠在沙發上略有所思，一副憔悴的樣子。賀衷寒、袁守謙不敢高聲，佇立在一旁。賀衷寒輕輕地說了一聲：「校長。」「你們來了，坐。」蔣介石抬起頭。兩人側身在對面的沙發坐下，不知道蔣介石葫蘆裡買什麼藥。

　　「今天的選舉，很糟糕呀。」蔣介石慢條斯理。

　　「校長，我們已經盡力了，按照您的意思將票投給了孫。」袁守謙說，

　　「不，這一次你們兩人要做好工作，務必支援程潛。」蔣介石決然地說。

　　賀、袁很感意外，因知蔣之本意是選孫科。賀衷寒怕聽錯，再問。蔣介石顯得不耐煩，「按我的意思去做。」

　　兩人仍有疑惑，不敢多問，匆匆返回到了選場。只見選場裡面人頭攢動，嗡嗡作響，蔣經國、俞濟時在各位代表中間穿來穿去，正在動員大家選孫科。」

賀衷寒、袁守謙與程潛雖然都是湖南人但原無深切的關係，他們聽從蔣介石的吩咐，也就應命。事實上，是蔣介石要程潛來分李宗仁的票而使孫科當選。

4月24日，第二次投票結果：李宗仁1163票，孫科945票，程潛616票，名次仍然未變，依法必須進行第三次的選舉。

當天下午，蔣介石再次召見賀衷寒、袁守謙等人，要他們把所有為程潛爭得的票全部改投孫科。

同時蔣又示意程潛，令其放棄競選，他將起用其助選人，並補償其競選費，要程潛將選票全部投孫。程嚴詞拒絕，當晚即發表聲明放棄競選。

4月25日，南京各報赫然刊載李宗仁、程潛放棄競選的聲明。李宗仁說，最近有人製造謠言，謂本人此次競選，志在「逼宮」，謠諑紛興，人心震撼，為肅清流言，消除誤會，不得不放棄競選，以免影響大會的進行。

李宗仁、程潛放棄競選的行動，激起了其支持者的憤激情緒，紛紛罷選，25日的國民大會竟不能如期舉行。孫科處境艱尬，也被迫放棄競選。在這種情況下，國大不得不被迫停開。

當日下午4時，蔣介石召開中常會，決定派人勸請各候選人取消放棄競選，俟在會外協商，取得結果後再開國民大會。

4月29日上午9時，國民大會進行副總統第四次選舉，直到午後方計票完畢，結果李宗仁得1438票，孫科得1295票。李以微弱的多數戰勝了孫科，當選為國民黨政府第一屆副總統。

李宗仁競選勝利了，但國民黨內部的分裂也更加激烈了。大會閉幕之時，正是國共兩黨打得不可開交之際，可國民黨政要，還沉浸在爭權奪利之中。

有趣的是蔣介石指示賀衷寒和袁守謙支持程潛以分散李宗任

的選票，他卻在日記中說：「賀衷寒支持程潛，因為他們是廣西人
之故。」（日記原文如此，而賀衷寒和程潛都是湖南人，賀又是湖
南省的制憲國大代表，除非是他的筆誤蔣介石不可能不知道賀和程
都是湖南人。）他也許是故意把湖南人寫成廣西人來表示他連賀是
那裡人都不知道，打消後人懷疑他指示賀衷寒操控選舉。

第4節　團圓飯後，蔣第三次下野

國民黨軍隊在共產黨的強大攻勢下，節節敗退。

1947年5月，國民黨王牌師整編74師兩萬餘人在山東孟良崮被殲；

1948年10月，新1軍大部和新6軍被圍殲於遼寧黑山、大虎山一帶；

1948年12月，陳誠的嫡系18軍（整編11師）被全殲於安徽宿縣雙堆集；

1948年12月，最後一支王牌第5軍被困於陳官莊，已成甕中之鱉（一個月後，該部被全殲）。

隨著五大王牌的相繼覆滅，蔣介石的嫡系主力損失殆盡，唯一可以依靠的只有白崇禧統領的25萬華中部隊。

武漢街頭甚至貼滿了「蔣總統不下野，中共將不肯談和」、「蔣不下野，美援無望」這樣醒目的標語。蔣介石已經陷入四面楚歌的境地。

1948年10月，也就是長春即將解放的關鍵時刻，司徒雷登針對蔣介石集團面臨土崩瓦解的惡劣情勢，向馬歇爾主持的美國國務院提出了五點建議，其中第二項即「是否可建議委員長退休，讓位與李宗仁」，並悄悄地進行和談活動，以期借此迫蔣下台。

可是，蔣介石對此不但毫無反應，而且於28日電召閻錫山、胡宗南、盧漢到南京有所指示，29日又發表陳誠為台灣省政府主席。凡此種種，均非謀求和平的部署。這時，平津戰役爆發，塘沽戰爭激烈，炮聲隆隆。

不久，被蔣介石免去了國防部長、就任華中「剿總」的桂系

首領白崇禧從漢口發出「亥敬」電（亥：代指12月；敬：代指24
日），呼籲蔣介石與中共恢復和談。電雲：「望乘京滬平津尚在
吾人掌握之中，迅作對內對外和談部署，爭取時間。」白崇禧又
對蔣發出「亥全」電，重申前電主張，電雲：「當今局勢，戰既
不易，和亦困難。顧念時間迫促，稍縱即逝，鄙意似應迅將謀和
誠意，轉告友邦，公之國人，使外力支援和平，民眾擁護和平。
對方如果接受，借此擺脫困境，創造新機，誠一舉而兩利也。總
之，無論和戰，必須速謀決定，時不我與，懇請趁早英斷。」

這位蔣介石寄以厚望的「小諸葛」白崇禧，非但不專注於軍
事防禦，反而協助李宗仁發動「和談攻勢」，逼迫蔣介石下野。

同時，河南省政府主席張軫也向南京政府發來「亥卅」電，
表達同樣主張。

12月17日，華中「剿總」副總司令兼14兵團司令宋希濂到武
漢公幹，華中「剿總」總司令白崇禧召宋希濂到其家中密談。

白崇禧分析形勢後對宋希濂說：「國軍現已無力與共軍決
戰，為爭取時間編組二線兵團，須恢復與中共和談。而要恢復和
談，則須請蔣總統暫時回避。」白崇禧請宋希濂領銜聯絡陳明
仁、賀衷寒、霍揆彰、李默庵等黃埔一期生，向蔣介石力陳不能
再戰之理由。說畢，很認真地注視宋希濂的態度。

宋希濂頗感為難，本不會吸煙的他也拿起一枝煙使勁吮吸，
藉以思考和斟酌措詞。宋希濂掐滅煙頭，最後表示：「我同意總司
令對形勢所作的分析、也贊成利用和談爭取時間的設想。但要我領
銜勸蔣隱退，斷然不可。」白崇禧眉頭緊皺，氣氛頗為尷尬。

談話結束後，宋希濂連午飯也未來得及吃，趕緊找到時任華
中「剿總」政務委員會委員兼秘書長的袁守謙，詳告了他與白崇
禧談話的內容，請袁守謙負責立即向蔣報告。

　　兩人相商了一會，感覺事態嚴重。袁守謙操起電話，與在南京的賀衷寒取得了聯繫，告訴了相關情況。

　　賀衷寒倒吸一口涼氣，說道：「企止兄，此事非同小可，我們都是黃埔軍人，終究要與老頭子在一條船上。」

　　袁守謙急切地說：「正因為事態嚴重，我們希望你拿一個主意啊！」

　　「告訴蔭國，武漢不可久留，必須立即回鄂西，防止對他採取激烈行動。」

　　「不辭而別，不太好吧？」宋希濂接過電話，還在猶豫中。

　　「走為上策，當斷不斷，反受其亂，如果白崇禧那邊怪罪下來，由企止兄負責對他解釋。」在賀衷寒的催促下，宋希濂當日就離開了武漢。

　　因此，蔣介石更懷疑白崇禧正在湘鄂豫三省開展一次迫蔣下台的運動，時局發展到了這一地步，他不能一聲不吭了。

　　12月31日下午，賀衷寒接到了總統府總務局交際科的書面通知，要他於下午7時到黃埔路官邸便餐一敘。這是蔣介石邀請國民黨中央常委與其他軍政要員吃「團圓飯」。

　　賀衷寒到達黃埔路官邸時，官邸裡火樹銀花，光耀奪目，天花板下，彩帶繽紛，四周牆壁也還貼著七彩剪紙。從表面來看，充分顯示著節日的氣氛，但是在座的人們，表情陰鬱，好似大禍臨頭，憂心忡忡。

　　這晚到會的有副總統李宗仁，行政院長孫科，立法院長童冠賢，監察院長于右任，總統府秘書長吳忠信以及國民黨中央常務委員張群、蔣經國、張治中、邵力子、陳立夫、谷正綱、張道藩、賀衷寒、谷正鼎、賴璉、蕭錚、劉健群、黃少谷、倪文亞、柳克述、何浩若、王世杰等，共40餘人。

　　蔣介石出來，招呼人們就座吃飯。飯後，蔣介石以低沉的語調說：「現在局面嚴重，黨內有人主張和談。我對於這樣一個重大問題，不能不有所表示。現擬好一篇文告，準備在元旦發表。現在請岳軍先生朗誦一遍，徵求大家意見。」

　　蔣講話時板起面孔，似乎十分惱火。這是蔣介石下野謀和的文告，出自總統府政務局長陳方的手筆。自蔣介石的文膽陳佈雷看到蔣朝絕望，於11月13日在南京自殺斃命以後，蔣介石要發表什麼文章，就只能依靠這個由楊永泰一手提拔的「江西才子」了。

　　張群把全文念完以後，全場一片靜寂，鴉雀無聲。李宗仁坐在蔣介石右手。蔣問李對這篇文告有什麼意見。李宗仁答道：「我與總統並無不同的意見。」接著，CC骨幹分子谷正綱、谷正鼎、張道藩等先後發言。他們都極力反對發表這個文告，因為它表示蔣有下野謀和的意向，這將對於士氣人心發生重大的影響。蕭同茲、范予遂等則表示相反的見解。

　　當CC分子爭論蔣介石不應公開表示下野時，蔣介石火冒三丈，他破口大罵道：「我並不要離開，只是你們黨員要我退職；我之願下野，不是因為共黨，而是因為本黨中的某一派系。」然後，他隨即對張群說，有關他下野的一句話必須列入。言畢，即憤然離開宴會廳。當時人們都十分清楚，蔣介石所說逼他下野的「某一派系」，即是以李宗仁、白崇禧為首的桂系。

　　次日，即1949年元旦，蔣介石的求和文告發表了。其中引人注目的一句話是：「個人進退出處，絕不縈懷，而取決於國民之公意。」

　　同日，蔣介石致電白崇禧，雲：「亥敬、亥全兩電均悉。中正元旦文告，諒荷閱及，披肝瀝膽而出，自問耿耿此心，可質天日。今日吾人既已傾吐精誠，重啟和平之門，惟言和之難，卓見

已詳。如何方可化干戈為玉帛，想兄熟慮深籌，必已有所策劃，甚冀惠示其詳，俾資借鏡。今大計雖已昭明，而前途演變尚極微妙。望兄激勵華中軍民，持以寧靜，鞏固基礎，然後可戰可和，乃可運用自如，則幸矣！」

這一天，蔣介石召集國民黨高級官員在南京總統府舉行「團拜」儀式。禮成後，他邀李宗仁到禮堂後面休息室去談話。

蔣介石對李宗仁說：「就當前局勢來說，我當然不能再幹下去了。但是在我走開以前，必須有所佈置，否則你就不容易接手。請你告訴健生（指白崇禧）也明白這個道理，制止湖北、河南兩省參議會不要再發表通電，以免動搖人心。」

新年中，南京、上海一帶謠言很多，說蔣介石元旦求和文告的發表，實際上是白崇禧前後兩份電報所逼成，甚至說李宗仁正在實行他競選副總統時就已定下的「逼宮」計畫。

宋希濂、袁守謙暗自慶倖，幸虧賀衷寒及時勸告，採取措施，避開這一場是非，不然，只怕是跳進黃河洗不清。按照蔣介石的性格，這一班黃埔生又要遭殃了。

蔣介石的求和聲明發表以後，各方反應冷淡。大家所重視和等待的，乃是中共方面的反應。

1949年1月5日，新華社發出了以《評戰犯求和》為題的一篇評論，把蔣介石的這個求和聲明的外衣一層層地剝開。

之後，毛澤東在《四分五裂的反動派為什麼還要空喊「全面和平」》一文中指出：「去年十二月二十五日，白崇禧及其指導下的湖北省參議會向蔣介石提出了『和平解決』的問題，迫使蔣介石不得不在今年一月一日發佈在五個條件下進行和談的聲明。蔣介石希望從白崇禧手裡奪回和平攻勢的發明權，並在新的商標下繼續其舊的統治。」歷史事實證明了毛澤東的論斷。

1949年1月，蔣介石第三次下野。特令袁守謙於2月初邀約南京黨部主委蕭贊育、上海警備司令陳大慶、社會部政務次長賀衷寒、南京員警廳廳長黃珍吾、國防部政工局局長鄧文儀、江蘇省民政廳廳長顧希平等一干黃埔一期生到上海商議恢復黃埔同學會事宜。

會後，與會者同乘王叔銘所駕飛機至寧波櫟社機場，驅車奉化溪口向蔣介石請示。

蔣表示：1、欲保持最後的力量，等候時機，恢復原來的地位，非加強黃埔同學的領導和組織不可。2、組織宜取半公開形式，只選擇對黨、對領袖有堅定信仰者參加，務使參加者能在軍隊中起核心和監督作用。3、對領袖有不滿情緒而發牢騷者，即或對聽聞發牢騷而不加斥責者均須防範，勿使生變。4、組織恢復，一本先各地、後中樞原則。凡有可能恢復之地均設法恢復，俟各地恢復就緒，即在上海正式恢復同學會總會。

蔣最後確定以袁守謙任書記負恢復黃埔同學會之全責。並令聯勤總司令部發銀幣1萬元予袁守謙作經費。

此時的上海局勢急轉直下，蔣介石深感恢復黃埔同學會緩不濟急，急令袁守謙會同在上海的黃埔同學火速成立「中央各軍事學校畢業同學非常委員會」以應付危局。

蔣介石怎樣企圖在新的商標下繼續其舊的統治呢？蔣經國在《危急存亡之秋》一文中作了概括的說明。他說他的父親當年所以決定引退，由於考慮到下面三個因素：甲、黨政軍積重難返，非退無法徹底整頓與改造；乙、打破半死不活之環境；丙、另起爐灶，重定基礎。關於第三點的具體措施，就是蔣介石任命陳誠為台灣省主席的同時，派蔣經國為國民黨台灣省黨部主任委員。

第5節　敗退前夕，束手無策

　　1949年1月，中國人民解放軍取得了淮海戰役的全勝。國民黨政府首都南京勢如壘卵，人心惶惶。26日，行政院政務會議決定：政府「遷地辦公」。21日，國民黨中央黨部由南京遷穗。

　　南京，1949年2月，陰曆還是中國的新年期間，街頭喜慶的民眾渾然不知歷史的車輪已經悄然轉向。前線撤退下來的國軍穿過南京城，蹲坐在街角的老人，等候買主來買走他的雞。大批國民黨軍撤離南京前往廣州，遠處有輪船正等著呢。撤離南京的國民黨軍隊。除了飛機殘骸，其他的一些物品都得運走，碼頭上，國民黨士兵守護裝滿傢俱的箱子，沙發、桌子、板凳等等，能運走的都要裝船運往廣州。

　　南京碼頭附近，湧現大量老百姓，他們也跟著國民政府撤離。南京普通老百姓也將物資裝船運往廣州。一名男子帶著他的雞準備逃離南京。

　　國民黨軍隊乘火車撤離南京。等候領取工資的鐵路工人，街頭的孩子們，火車站裡的難民，一切都是亂糟糟的。

　　丈夫賀衷寒不在身邊，方孝英無奈將家中的東西幾乎全部丟棄卻把三千多本書用海運寄往台灣，帶著二個兒子由家丁提行李，帶上老奶媽照顧允平和一平兩個幼兒，匆匆離開南京城。南京城，在一家人的腦海中留下深刻的記憶。方孝英還在幻想著有一天能夠回來，取回屬於自己的東西。

　　1949年4月23日，人民解放軍佔領南京。

　　賀衷寒隨行政院先期到達廣州。

　　隨後，方孝英帶著允平、一平、傭人，匆匆擠上了去廣州的

火車。

剛到廣州時，賀衷寒一家寄居在四牌路一棟二層樓裡，得以團聚。站在窗子邊，就可以看見來來往往的人群與車輛。應該說，每一個從黃埔軍校走出來的人，對廣州這座城市懷有特殊的情感。賀衷寒也是這樣，廣州是他人生的發跡地，在這裡，他接受了系統的軍事訓練，接受了三民主義，扛槍走上了東征北伐的戰場，為以後的升遷奠定了堅實的政治基礎。然而，兵敗如山倒，賀衷寒沒有想到，國民黨的黨政要員們、包括蔣介石更沒有料到，經歷了八年抗戰歷練打敗了兇殘日寇的國民黨軍隊，在短短三年時間內，竟然敗在共產黨手下。

「愛我中山，反對搬遷！」一陣嚷嚷聲打斷了賀衷寒的沉思，「爸爸、爸爸，我要看！」3歲的賀一平拍著小手向爸爸撲過去。

賀衷寒抱著兒子推開窗戶一看，一隊學生模樣的年輕人聚在一起，打著「中山大學」的校旗、高喊著口號，從大街上走過去，一部分膽小的群眾連忙回避，也有不怕事的群眾紛紛湧進遊行隊伍，為學生助威。

原來，行政院遷來廣州後，廣東省政府部署中山大學搬遷，全校師生堅決反對，部分師生在中共廣州地下黨的組織下，聯合起來上街遊行，反對遷校。迫使統治當局另找地盤，反遷校鬥爭取得勝利。

「真好玩，我也要去！」賀一平滿臉興奮，掙脫開爸爸的手，望外跑。

賀衷寒內心充滿惆悵，二十多年前，在漢口、長沙街頭，賀衷寒自己也參加過類似的遊行，那個時候的他，還是一個熱血青年。

不知是出於什麼心情，賀衷寒沒有制止，牽著兒子望外面走。

遊行隊伍慢慢走遠了，賀一平還要跟在屁股後面跑。

「爸爸帶你到對面去買冰淇淋吃。」賀衷寒哄著兒子。賀一平一聽又來勁了，搶在爸爸的前面往馬路對面跑去。就在這時，一輛小汽車疾馳而來。

說時遲，那時快，賀衷寒一個箭步沖過去，小汽車「嘎」的一聲緊急剎車，賀衷寒一個踉蹌才站穩了。賀一平嚇懵了，在一旁不知所措，他用手掌抵住車子前面的保險杠，車子和他之間的距離還不到他小手臂長的一半，車子差點就撞到他了。

駕車的人罵罵咧咧地跳下車，看到賀衷寒驚叫一聲，「賀、賀將軍」，嚇得臉色慘白……。原來他是方孝英三弟方輝生嶺南大學的同學。方輝生當時也看到了發生的一切，後來還常常和賀一平談及此事。

9月17日，賀衷寒應軍校老師劉峙、顧祝同之約，重遊了黃埔軍校舊地，但見一片荒涼，令人有荊棘銅駝之感。看到這破敗的景色，聯想到個人的窮途末路，劉峙不由流下眼淚。睹物傷人，他真是不知道自己的前途在何方。在年初的淮海戰役中，劉峙指揮的國民黨軍隊被人民解放軍殲滅了5個兵團、22個軍、56個師（內有4個半師起義），總計55萬餘人。蔣介石恨透了劉峙，於1949年1月20日下令將其撤職查辦。第二天，蔣介石自己離開南京，下野引退。劉峙兵敗淮海，蔣介石的政權根基隨之崩潰。賀衷寒、顧祝同不免歎息一番，好言勸慰劉峙。

9月29日，蔣介石在梅花村主持國民黨中常會及中政、中監會議，呼籲國民黨員支持李宗仁、閻錫山領導「為國服務」。當時已經下野的蔣介石就住在廣州東山梅花村陳濟棠公館。

代總統李宗仁、行政院院長閻錫山，余漢謀、薛岳、李漢魂、黃少谷、賀衷寒、劉健群蕭贊育等一批文臣武將出席了會

議。面對山雨欲來風滿樓的危急形勢，文武將官們顧慮重重。

其實此時，人民解放軍正迅速南下，已完成進逼廣州的部署。

1949年秋，蘭州撤守前夕，蔣介石派賀衷寒代表國防部赴西北擔任宣慰任務，負責調解胡宗南與「二馬」（馬步芳、馬鴻逵）的關係，要他們積極合作，通力剿共。

他先到蘭州訪晤馬步芳，馬步芳在其病榻之旁接見了他。賀衷寒從他的談吐當中，得知其所犯乃心病而非身病。當時，解放軍已經進入六盤山。

賀衷寒複轉赴甘草店附近，會晤當時的作戰指揮官，並慰勞部隊，察知當前局勢已極其緊張，於是終止了寧夏、新疆之行，轉飛漢中，慰勞胡宗南及其所部。

賀衷寒到達漢中機場時，胡宗南親自在機場迎接，緊緊地握住賀衷寒的手說：「你來了，我的運氣也來了。」

賀衷寒笑道：「但願如此！」

他們入城稍事休息後，即赴作戰室展開地圖研究當時戰情。賀衷寒問胡宗南：「西北各部能否統一？」

胡宗南說，除直接指揮的軍隊外，其餘都有困難，而且所部自西安撤退後，民心士氣，已顯低落。但胡宗南又表示：「當盡力而為戰鬥到底。」

去年冬，胡宗南曾經到南京，與賀衷寒相晤僅30分鐘，即行別去。從其行色匆匆，可知當時局勢之緊張。時北方局勢，已漸不穩，賀衷寒與胡宗南認為，將來大局能否扭轉，主要系於西北。東北既已棄守，則惟有靠西北勢力支撐。如今，西北局勢也已岌岌可危。

一時，兩人相顧無語。最後，賀衷寒告知說：「局勢逆轉，退保更非良策，固不能攻即無法守也。如環境急變，任務完成，

則最後只有前往台灣待命了。」

其後，賀衷寒赴定軍山拜謁武侯墓，吊古傷今，感慨無限，歸寓所後填《滿江紅》詞一首置於案頭，中有「百戰共期天下雨，一生辜負隆中月」之句。胡宗南前來送行，見之，閱後黯然神傷，欷歔不已。

10月1日，毛澤東在北京天安門城樓上莊嚴宣佈中華人民共和國成立了！

這一天最為難過的當然是蔣介石……

蔣介石守在收音機旁一直收聽著中共的新聞，每當聽到他的許多老部下參加了開國大典的消息時，蔣介石都破口大罵：「一群賣身求榮的無恥之徒。」

10月2日，中國人民解放軍第四、十五兵團和兩廣縱隊、粵贛湘邊縱隊、粵中縱隊約22萬人，發起廣東戰役。

蔣經國向蔣介石報告：蘇聯宣佈正式承認北京的中共政權，並宣佈從廣州召回原駐中華民國大使羅申。蔣經國同時催促父親說：「近日廣州形勢很緊，不少街道貼出擁共標語。我看咱們還是及早回台灣吧！」

10月3日，蔣氏父子乘飛機離開廣州，飛往台灣。

中秋節前夕，賀衷寒將家人送上了去台灣的海輪。再不走，就沒有機會了。汽笛聲聲，賀允平、賀一平抱著爸爸不肯鬆手，賀衷寒寬慰道：「乖孩子，媽媽帶你們去台灣旅行，台灣很好玩，有好多好吃的水果呢。」

賀一平天真地問，「爸爸，我們什麼時候回來啊？你要記得給黑麗餵食啊。」賀一平惦記著南京家裡的大狗黑麗。

方孝英癡癡地望著丈夫，

賀衷寒拍了拍妻子的肩膀，強裝笑顏，「你放心，到那邊後

照顧好孩子，也要照顧好自己。我把這邊的事情忙完了，自然會過去找你們。」

在海浪的拍擊聲中，方孝英帶著孩子漸行漸遠，岸邊，賀衷寒還在佇立凝望……

送走了家人，賀衷寒迎來了一個人的中秋節。當日，廣州街頭才有些節日景象，人們抱住「今朝有酒今朝醉」的心理，以求一夕之歡。機關上午雖有職員辦公，但大部分遲到早退，形勢殊不緊張。各級學校上午上課情形，亦寥落異常，下午則完全放黑市假。酒樓茶室生意，更是冷淡。戰火一步一步向廣州逼近，該跑的跑光了，剩下的多是連路費都籌不來的人。儘管早在幾個月前，廣州的不少街道紛紛籌建木柵，到了這時市民反而是鎮靜如常，廣州人見面時，多會說一句：「喂，有什麼攪呀！」對方總是先來一個搖頭，繼而是一聲長歎，然後才開口寒暄的。此時連最「不通氣」的人，見面也不敢像過去那樣勒索請飲茶了，廣州人認為一日不上茶樓為羞的事，目前朋友間都會心照不宣了。

賀衷寒一個人睡不著，索性帶著勤務兵羅金源朝沿江堤走去，他還記得當年在黃埔軍校讀書的時候，中秋節那天晚上與胡宗南等黃埔同學一起來沿江堤賞月。商家推出來一艘艘賞月花艇，艇租價格比平日高出八至十倍，聚集賞月市民仍然擁擠不堪。但今年迎月人稀，中秋之夜廣州街道冷清，人們不敢前往江邊湖上，只有從視窗窺月，戰戰兢兢地度過了一個「不敢出夜街」的中秋節。

在大時代的動盪變化中，個人的命運實在難以把握。夫妻別、老少別，離家別，人生是如此的微渺啊。賀衷寒踩著碎月走了一段路，游性全無，索然寡味，只得與羅金源打道回府。

10月10日，行政院長閻錫山等人，在廣州雖一籌莫展，但這

一天，還是在綏靖公署大禮堂舉行「雙十節」慶祝大會，組織機關職員與群眾在中山紀念堂舉行紀念大會，最後還派飛機撒反共傳單，街頭進行反共宣傳，中央公園還有話劇、音樂表演，最滑稽的是仍在公園裡義賣「國旗」。

10月12日零時，李宗仁正式宣佈，「政府」遷往重慶辦公。

10月14日，國民黨軍隊炸毀廣州的舊海珠橋。

10月14日，人民解放軍進入廣州城，解放廣州。

11月初，人民解放軍進軍西南，川湘鄂邊區綏靖公署主任宋希濂部陷入解放軍大軍包圍之中，先失荊門，繼而慘敗川東，宋希濂率領殘部向西昌方向逃奔，又被人民解放軍窮追猛打，於12月19日在大渡河沙坪被圍。宋希濂拔出手槍試圖自殺，被其警衛班長一把攔住，隨即被俘虜。

無可奈何花落去。賀衷寒隨國民黨軍政要員敗退台灣。

勤務兵李慰如、賀載陽說：「我們一沒有當過官，二沒有打過內仗，只在你身邊聽傭，反正是一個種田的，我們還是回老家種田好。」

賀衷寒說：「也要得，你們就留下來，留一個念想吧。一朝天子一朝臣，你們要老實做人，言多必失，過去的事情莫亂講啊。」

賀載陽記住了賀衷寒的囑託，夾著尾巴老實做人，躲過了歷次運動，得以頤養天年。

李慰如回到了岳陽李應宗屋場，專心務農。他辦的田最平整，是公認的行家裡手。但就是有一點不好，嘴巴子不嚴實，喜歡吹牛皮。

一次，李慰如看到大隊部掛在牆上的大照片，便說：「他就是周恩來啊，我早就認識的。1938年在武漢時，周恩來晚上來找賀衷寒，來過幾次呢，一來就將旁人支開，倆人密談好久呢。」

　　李慰如看見了林彪的畫像，忍不住又說道：「在武漢時，林彪找賀衷寒彙報工作。林彪的風紀扣沒有扣好，賀衷寒訓斥了他：『要像軍人的樣子。』」

　　大隊幹部怒氣衝衝，煽了李慰如幾個耳巴子：「老子正要找反革命，你狗日的倒好，送貨上門！」不由分說，幾個大隊民兵衝上去將李慰如摀倒在地，李慰如被五花大綁，戴著一頂報紙糊起來的高帽子，由一根繩子牽著，四鄉八裡到處遊行，打到「現行反革命李慰如」的口號聲一浪高過一浪。李慰如哪裡受過這樣的驚嚇，當晚扯了一根麻繩，將自己吊死在茅廁裡。

　　選擇留在大陸的，還有賀衷寒的二哥賀醒漢。他原在洞天觀小學任教員，在賀衷寒引薦下步入軍界，擔任過國民黨中央軍校第三分校少將政治部主任，國民政府立法委員。1951年被鎮壓。

　　賀衷寒的確曾經和林彪談過話，那是在國共合作抗日時期，國民政府從南京遷到武漢不久，蔣介石約見各方的軍事將領，也約見了林彪，林彪見蔣之前先見到賀衷寒，因為蔣介石特別注重軍人的儀容，所以賀衷寒好意提醒他和蔣介石見面一定要記得把領子的扣子扣好。賀衷寒在台灣對友人說他曾和林彪有過長談，覺得林彪滿腦都是儒家思想，一點也聽不出他是共產黨。

第八章
寶島歲月

第1節　土地改革，耕者有其田

　　1895年4月，在甲午戰爭中慘敗的清朝和日本簽訂了喪權辱國的《馬關條約》，從此台灣成了日本的殖民地，開始了50年的分離狀態。

　　抗戰勝利後，國民黨從日軍手中接管了台灣。

　　1949年國民黨幾百萬軍隊土崩瓦解，後來有幾十萬撤退台灣。此時的台灣雖然相對平靜，但是，隨著國民黨的一再敗退，數以十萬計的國民黨軍隊及高級人員家屬一波又一波地湧入台灣，大批移民的到來不僅增加了台灣的經濟負擔，而且潛藏著巨大的危機。

　　一年之後蔣介石復任「總統」，他提名陳誠為「行政院長」全面來主持台灣的行政工作。

　　台灣實施了出入境管制。

　　出入境管制和戒嚴令雖能防共，卻不能根本解決台灣的社會問題。台灣當局提出了「人民至上，民生第一」的施政綱領。民生第一，就是要優先解決老百姓的衣食住行。台灣省主席陳誠首先決定從農村入手，通過土地改革解決農民問題。

　　陳誠和賀衷寒的友誼深厚。陳誠生於1899年1月4日，而賀衷寒生於1900年1月5日，兩人正好相差一歲。他們志趣相投，信仰相同，1940年7月陳誠任抗日第六戰區司令兼湖北省主席，駐節恩施，得知賀衷寒遭受妻子及幼女同時病故之痛，就邀請賀衷寒到恩施小住，並經常慰問交談，當時兩人討論了抗日及國共兩黨的種種問題。陳誠特別對1939年9月賀衷寒到延安會晤毛澤東的經歷感興趣，賀衷寒就對陳誠說：「我們應該特別關注共產黨的

土地政策。延安已實行對農民減租減息等優惠農民的政策，而毛澤東特別重視農民，他除了談抗日並談到其土地改革的成效，這是有關爭取民心的大事實在是特別重要。」陳誠也深以為然，問賀衷寒有沒有上報蔣委員長。賀衷寒說已經寫了報告。陳誠認為必須再想出一套辦法立刻實施才好。兩人就共同擬定了減租減息及耕者有其田的土地改革方案，由賀衷寒寫好，立刻上呈。蔣介石收到報告後把它放在辦公桌上經常翻閱，可見也非常重視。

　　陳誠還在湖北進行了土地改革的嘗試，國民政府也在幾個地方實行了減租減息，但是由於戰亂和各方的阻擾，實行時困難重重，收效甚微。

　　日本投降後國共又爆發內戰，中共開始在東北實行土改，加惠農民大眾，中共的土改政策深入人心，很大的打擊了國民黨方面的民心和士氣，成為迫使國民黨敗退台灣的重要因素之一。

　　1949年陳誠出任台灣省政府主席，他認為必須汲取國民黨在大陸失敗的教訓，不能重蹈覆轍，應該在台灣實行土地改革。

　　他首先推出三七五減租政策。就是把佃農每年付給地主的地租從百分之五十或更多減少到百分之三十七點五。1950年陳誠被蔣介石任命為行政院長，他又更進一步提出，要推行耕者有其田。為了加強號召力特別請農業專家蔣夢麟來提案。

　　但是有關法案送到立法院後，卻遭到立法委員的刁難，他們認為這是學共產黨的做法，有一個立委指著陳誠說：「陳辭修你是行政院長，你要照顧全民不能只照顧農民，如果耕者就可以有其田，那麼住者就應該有其屋，行者就應該有其車。」

　　你一句他一句鬧得不可開交，立委們就是不讓法案通過。

　　陳誠心煩意亂，問計於賀衷寒。賀衷寒說只要請蔣總統出面就行了。

　　果不其然，蔣介石到了立法院，先要陳誠重申耕者有其田在台灣實行的重要性，然後就站起來說：「既然我們都知道這件事這麼重要，為什麼還要反對呢？我們來表決一下，不同意耕者有其田這個法案的請舉手。」台下的立法委員們個個噤若寒蟬，無人敢舉手更不敢發言，蔣介石說既然沒人反對，那麼就通過吧！

　　法案雖然通過了，但是「三七五減租」政策一推出便遭到了台灣地方士紳和省級參議院的公開反對。這些人大多都是台灣本省的地主。

　　為了順利推行「三七五減租」，陳誠召集這些地主開會，耐心細緻地做說服工作，向他們說明。一方面，農民的生產積極性調動起來後，糧食產量會有較大的提高。另一方面，陳誠計畫將國營水泥、工礦、造紙、農林四大公司轉為民營，通過發行公司股票，作為向地主收購土地的代價，鼓勵地主投資工業。他形象地比較說，農業利潤只不過是數學級數（大陸稱為算術級數），而工業利潤卻是幾何級數。

　　地主們最終接受了陳誠的「和平土改」方案，「三七五減租」得以順利推行，農民的生產熱情空前高漲。1949年，台灣糧食總產量達到120萬噸，比上年增產21萬噸。

　　「三七五減租」確實給農民特別是佃農帶來了巨大的實惠。據彰化縣大橋村的統計資料，全村200戶中，140戶為佃農。減租後，佃農新蓋房屋者7戶，休整土地者20戶，購買耕地者4戶，購買耕牛者40戶，娶婦完婚者25戶。當時，台灣農村稱剛過門的新娘子為「三七五新娘」，足見「三七五減租」的巨大社會功效。後來台灣土地改革推行順利，台灣百分之八十的農民成為自耕農，提高了農業生產量，穩定了民心。1954年陳誠在台北賓館開酒會慶祝土地改革成功，賀衷寒前往道賀，陳誠一看到賀衷寒步入會場，立刻到

門口迎接，他們在大陸時想要做卻做不成的事終於在台灣做成了，他們兩人是多麼歡欣鼓舞啊！台灣土地改革通過和平贖買的手段，成功解決了農民的土地問題，將地主的農業資本轉化為工業資本，為台灣60年代的經濟起飛打下了堅實的基礎。

第2節　落腳台北，與胡宗南做鄰居

1949年6月方孝英帶著允平、一平、和老奶媽漂洋過海來到台北。

先期到台的鄧文儀受賀衷寒的委託，在同安街幫他們租賃了二間小房子。一家人暫時安頓下來。

1949年底，賀衷寒來到台北。一家人終於搬到了浦城街22巷7號。這裡是台灣省政府蓋的新房子，以前這個地區都是給日本官員居住的，不論多大的颱風和暴雨從來不淹水，在台北，這裡的居住條件算是相當不錯了，由國民黨當局統一分配。

1950年3月26日，解放軍逼近西昌機場，胡宗南將剩餘6萬部隊的指揮權交給參謀長羅列，然後飛往台灣，其殘餘部隊陸續被圍殲；5月台灣「監察院」李夢彪等46位「監察委員」提出彈劾，經顧祝同、蔣經國周旋，「立法院」108名委員簽名上書「行政院長」陳誠求情，陳誠將彈劾案移交「國防部」處理，8月「國防部」答覆「應免議處」。1951年9月9日，胡宗南化名為「秦東昌」，就任「江浙人民反共遊擊總指揮」，駐守大陳島，指揮部隊騷擾破壞大陸沿海。1952年10月，胡宗南兼任「浙江省政府主席」。

1953年6月，解放軍進軍大陳島，台灣當局撤銷「江浙人民反共遊擊總指揮部」；胡宗南回到台灣，任「總統府戰略顧問委員會」上將顧問；8月進入「國防大學」進修。這時，胡宗南已經58歲，自黃埔軍校畢業後，一直帶兵打仗，戎馬多年沒有讀書學習，這一次解甲入學，胡宗南卻認為機會難得，他捧著書本，學習十分認真。

　　賀衷寒與胡宗南對門而居。賀衷寒住在台北市浦城街22巷7號，胡宗南住浦城街22巷6號。

　　當時，台灣省政府用國有財產局的土地新蓋安置房，安置國民黨來台官員，按房屋面積大小與甲乙丙丁四個等級分派房屋。賀衷寒家裡人口多，住丙種，約180平方米。對門是居正他和兒子居浩然一家住人口更多分到乙種有200平方米，胡宗南結婚較晚，來台灣時，只有胡為真一子，人口少，分到的是丁種，約150平方米，後來夫人又生了胡為善，胡為美，胡為明。人口多了房子小，清廉的胡宗南也從不要求換房子，他替子女取名真，善，美，明，不就是求真求善求美又要光明正大的的做人嗎？

　　胡宗南是名將也是智仁勇兼備的帥才，但是他對抗共軍還是失敗了，分析原因還真不能完全把失敗的責任都算在他身上。據胡宗南的舊部幕僚楊炳鏞回憶說，抗日戰爭勝利後國共內戰爆發前，胡宗南曾建議蔣介石放張學良回東北，如果蔣介石不放心，他願意做張學良的副手，一起接收和經營東北，這是極為高明的戰略考量，如果實施，國民黨在東北可能就是一盤活棋，可惜蔣介石沒有采納。遼審，淮海，平津三大戰役結束後，國軍的兵力大大削弱，1949年8月宋希濂和胡宗南一致認為共軍實力已經超過國軍四倍以上，漢中難以固守，建議將主力先控制西康和川南再轉移到雲南西部和南部，必要時退到緬甸。但是蔣介石為了國際地位和面子反對這項建議，致使胡宗南的部隊失去轉移先機，後來被共軍包圍，國軍突圍不成，全軍覆沒，胡宗南續赴西昌率領殘部作戰，李宗仁回憶錄中所說的胡宗南部一槍未發，便土崩瓦解是與事實不符的。胡宗南不是貪生怕死的人，他沒有選擇戰死沙場而擔著敗軍之將的罵名跑去台灣，其實還有一個外人不知的原因，那就是當他決心和守地共存亡時，他的妻子葉霞翟在台

北寫信給他，說如果他犧牲了，她也會自殺殉夫，並將他們三歲的兒子胡為真送加拿大由舅父撫養。胡宗南為人為父，怎麼忍心讓他的幼兒成為父母雙亡的孤兒呢？他忍辱赴台，實在有不得已的苦衷。

胡宗南1950年才乘蔣介石派出的專機抵達台灣，到台灣後，胡宗南對過去的一切，從來隻字不提，即使有人談及，亦從來不置一詞，沉默寡言。

賀、胡兩家都有小轎車，如果胡宗南和賀衷寒同時出門，胡宗南一定要讓賀衷寒的車先走他後走。賀衷寒週末和假日，喜歡去北投的一個招待所休閒。有一天賀衷寒夫婦邀請了胡宗南夫婦一起去北投打橋牌。胡宗南的妻子葉霞翟的牌技比較高，就會經常對胡宗南進行指點。胡宗南在戰場上可是指揮千軍萬馬的人啊！他怎麼能受得了妻子不斷的指指點點呢？終於他生氣了，把牌丟在桌子上，不打了，葉霞翟委屈的擦眼淚，胡宗南後來雖然和他的妻子賠不是，但是大家的打橋牌的興致已經沒有了。從這件事上可以看出胡宗南不喜歡被他人左右的個性。

1937年春，經戴笠介紹，在上海光華大學就讀的葉霞翟結識了胡宗南。當時，24歲的葉霞翟是大三學生，而41歲的胡宗南時任國民黨第一軍中將軍長。儘管雙方年齡差距17歲，但一見鍾情，甚為投緣。據《宗南文存》記載，胡宗南贈詩葉霞翟，詩中寫道：「縱無健翮飛雲漢，常有柔情越太華。我亦思君情不勝，為君居處尚無家。」

抗戰爆發，胡、葉婚事一拖就是十年。1939年，葉霞翟赴美國喬治華盛頓大學、威斯康辛大學研究院學習，獲博士學位。期間，胡、葉之間不斷鴻雁傳書，可謂情意綿綿。1944年，葉霞翟海歸，先後任成都光華大學、金陵大學教授。1947年春，相戀十

年的胡、葉喜結連理。

　　1955年9月胡宗南就任「澎湖防守司令部」司令官，晉任陸軍二級上將。

　　胡宗南為官清廉，他把自己的薪水的大部分都分給生活比較困難的部屬，剩下的小部分拿來養家，他從不送禮也從不收禮。台灣天氣潮濕炎熱，1960年時很多家庭都買了電冰箱，他家裡卻沒有，當時任台灣陸軍總司令的羅列過去曾是胡宗南的部下知道了這情況，正好家裡換了新冰箱便把的舊冰箱送給胡家，以為這樣胡宗南應該會接受，冰箱到了胡家，葉霞翟和孩子們都很高興，但是胡宗南卻還是把冰箱退還給羅家，堅持他不收禮的原則。

賀衷寒（前排左二）與交通部下屬留影

賀衷寒試駕駛飛機

賀衷寒、方孝英、賀一平、
賀允平，1951年攝於台北
市浦城街22巷7號家中

第3節　蔣介石來到浦城街巷子

　　1950年3月，蔣介石在台灣恢復「總統」職務，5月16日發表「告台灣同胞書」，提出「一年準備，兩年反攻；三年掃蕩，五年成功」。當時的台北浦城街有多個巷口，巷口不寬，但小汽車可以進出。巷口與巷口間是新建有前後院子的平房。但是1980年後由於台北地價飛速上漲，這些公家平房逐一被拆除改建成4或6樓的公寓房了。

　　22巷7號是賀家到台灣最後的落腳點，賀衷寒在這個地方住了二十二年，一直到離世。從羅斯福三段大街進入浦城街再左轉進入22號巷子，右邊第3家進入一個小庭院，別有一番天地。庭院不大，乾淨整潔，庭院的一側建了一個防空碉堡。走過庭院幾步，就是一家人生活的房子。中間是過道，過道左邊是會客廳，緊挨會客廳的二間小房是方孝英的老奶媽名叫田石與傭人的臥室；過道右邊較大的一間是賀衷寒夫婦的臥室兼書房，有窗戶對著大門和庭院，光線較好。緊挨賀衷寒夫婦的臥室，又有二個小臥室，是賀允平與賀一平的。在巷子口建了車房，車房後面住著副官羅金源和廚師李先珍兩家人，司機蔡金池家不遠每天騎單車來上班。那個時候，老大賀正平在大陸念完了大學娶了陳錦梅生了女兒賀姍姍，來到台灣後又有了兒子賀啟明，正平參加了工作，他們住在單位宿舍。

　　賀衷寒家的隔壁是「國大秘書處」，是公職人員辦公場所。秘書處隔壁住的是國民黨元老鄒魯。賀衷寒家對門住的是國民黨元老居正，居正隔壁住的是胡宗南一家。隔一條巷子，住著錢大鈞一家。隔兩條巷子是張其昀家，許多來台的國民黨政要，都在

這裡安了家。

居正（1876-1951年）比賀衷寒大了24歲。

居正是湖北省廣濟縣（今武穴市）人，號梅川居士。少年時代，聰穎好學，有文采，為時人稱頌。1900年中秀才。1905年赴日本入法政大學預備部，加入中國同盟會。辛亥革命武昌起義指揮者之一。曾任南京國民政府司法院院長，前後17年之久。

在國共十年內戰期間，居正是蔣介石反共清共政策的堅決執行者之一。

1948年，根據蔣介石的授意，居正被中華民國國民大會代表連署提名為第一屆中華民國總統候選人，成了蔣介石競選總統的陪襯人物。國民黨敗退台灣後，居正任國民黨監察院監察委員、國民黨評議員。

晚年的居正生活儉樸，每逢外出，都以三輪車或公共汽車代步。他熱心教育，創辦了淡江英語專科學校，任董事長。淡江英專是台灣第一所私立高等學府，1980年後更名淡江大學，迄今已發展成擁有淡水、台北、蘭陽、網路等4個校園的綜合型大學，共有11個學院、28000餘名學生、2200餘位專兼任教職員工及22萬多名校友，是台灣具規模且功能完備的高等教育學府之一。淡江大學一直到今日，即以居正的生日11月8日為校慶。

居正文采頗高，擅長做詩寫文。賀衷寒在居正面前很是謙恭，以晚輩自居。兩人經常探討詩文。

居正還是一個虔誠的佛教徒，晚年潛心於佛經的研究，對賀衷寒的影響也很大，他將一部從大陸帶來的《金剛經》送給了賀衷寒，叮囑他好好研習。

平時凡朋友去世或周年忌日，居正都作文哭之。

1951年秋，賀衷寒去拜訪居正。這個時候的居正已經75歲，

他抖抖索索地拿出一條幅，「老夫別無所贈，以此留念吧。」

賀衷寒打開一看，是抄錄唐代詩人王維的兩句詩「山河天眼裡，世界法身中」。

看到賀衷寒迷惑不解，居正微微一笑，「我以王維詩《夏日過青龍寺謁操禪師》二句相贈，禪宗修習就是要講究達到自性清靜、物我兩忘，這樣心靈才能獲得閒淡，心安處便是故鄉啊。」

賀衷寒怔住了，一時間陷入了對故鄉的遐想中，洞庭湖邊的花落鳥鳴、潺潺流水、瑟瑟風聲的天籟之音；辛勤勞作的淳樸村民，濃郁的生活氣息、山水田園的景致撲面而來。

幾個月後居正讀完書洗足就寢，於洗足時坐化。

居正去世後，在家裡擺設了靈堂。弔唁者絡繹不絕。

賀衷寒和著眼淚寫下了一副挽聯，「艱難抱一德始終，志節梅川舊居士；開濟數卅年勳業，風裁葦布老書生。」送別這位故交。

這天，蔣介石親自登門祭奠。他的專車開到了巷子前面停下來，幾個衛士一陣風跑到前面開路，另外二個衛士為他打開車門，蔣介石頭戴禮帽，身披藏青色披風，緩步走下車，進入巷子。

賀一平帶著幾個小夥伴，正在巷子裡面玩得起勁，遠遠地看見蔣介石走過來，他趕緊領著小夥伴們退到牆邊，站成一排，賀一平帶頭喊了一聲「敬禮！」幾個小夥伴很乖巧地向蔣介石舉起了手。蔣介石朝著幾個小孩點了一下頭，徑直走過去了。

第4節　就任台灣「交通部長」

　　1950年3月，蔣介石在台北復職「中華民國總統」。陳誠改任「行政院院長」，10日，陳誠組成「行政院」，內閣名單如下：

　　「行政院」副院長張厲生
　　「行政院」內政部長余井塘（新任）
　　「行政院」外交部長葉公超（蟬聯）
　　「行政院」國防部長俞大維（新任）
　　「行政院」財政部長嚴家淦（調任）
　　「行政院」教育部長程天放（新任）
　　「行政院」司法行政部長林彬（新任）
　　「行政院」經濟部長鄭道儒（新任）
　　「行政院」交通部長賀衷寒（新任）
　　「行政院」蒙藏委員會委員長余井塘（兼）
　　「行政院」僑務委員會委員長葉公超（兼）
　　「行政院」政務委員吳國楨、蔡培火、田炯錦、董文琦、
　　　　　　　王師曾、楊毓滋
　　「行政院」院秘書長黃少谷

　　名單公佈後，原來大陸時期的部長高官們均不見了影子，全是新面孔。有人說這是「人才內閣」，有人說是「實幹內閣」，有人說是「反攻內閣」。除了賀衷寒外，這些部長們原來知名度都不高，不為大家熟悉，可謂「政壇躍出的黑馬」。不過，他們還是有幾個鮮明的特點，一是有國外留學經歷的人多了，部長幾

乎都有國外留學的經歷；二是名門之後不少，如俞大維（曾國藩的外曾孫、清代湖南督練公所兵務總辦俞明頤之子，其大伯俞明震甲午戰爭時曾協助唐景崧據守台灣）、葉公超（民國前交通總長葉恭卓侄子）、程天放（系清代湖廣總督程矞采曾孫）；三是陳誠雖然一再聲稱自己沒有門第觀念，但部長中張厲生、嚴家淦都是他的鐵杆親信，而蔣介石的鐵杆黃埔系只有賀衷寒一人。

　　賀衷寒出任台灣國民黨交通部長後，首先設立交通幹部講習會，使交通工作人員接受專業訓練；接著又制訂了交通部所屬各事業單位企業化的政策，要求資金向最有利的方向投資，勞力往最有效的地方調配。隨後，按科學管理的要求，推出了職責契約制、資本責任制、勞動效率制、工作檢核制、公共關係制、資歷管理制等一整套企業經營管理的制度。在他任交通部長期間，還撰寫有《交通管理要義》、《交通管理論叢》等著作。

賀衷寒與台灣省主席吳國楨（右二）、財政部長嚴家淦（右一），留影於基隆港

　　賀衷寒有寫日記的習慣，他的日記中記載了自己的工作情況，也有部分內容寫家庭瑣事、朋友交往，從一個側面國民黨政治、經濟、文化、外交等一些情況。

　　1951年1月26日（星期五）的日記記錄了他這一天的工作：「本日部務會報，只聽取電信、民航、氣象三單位報告。電信副局長陳樹人出差，由秘書文齊賢代表出席報告，該局業務情形尚好，月可盈餘七八十萬。民航局長賴遜岩報告該局工作，系到職後第一次，尚稱職。氣象局長李麗蘋報告台灣人造雨實驗經過，尚稱滿意。余指示設立標準，選擇其最合用之一種作為固定標準。並囑其檢討各單位三九年（1950年）度工作之優點與缺點，於二月底前送核。與柳次長談大陸交通問題愈時許。午後約見陳納德君，袁克安、舒伯炎二君同來，任翻譯。陳氏要求續約，第十五條內容有權乙方改變其經營方式之範圍，……」

　　他在主持交通部工作時，特別重視海洋船隻的發展，除充實所謂「國營」航運及輔導民用航運外，並成立打撈公司，重建復興航業公司，以備戰時之用。他建立了新的規章制度並且改善和完善了電信局，郵政局，鐵路局，公路局，氣象局，港務局，航空站等的舊規章制度，他大力的興修鐵路，公路和橋梁，成立交通幹部訓練班，培養了數萬名交通人才，這一切，都為以後台灣交通事業的發展奠定了堅實的基礎。

　　蔣介石來台後建設方面，主要修復重建戰爭時期受創嚴重的各種設施，加速資源的開採擭取以資軍費及聯合國常任理事國會費，並加強擴建修復在二戰已密佈全島的各項軍事設施。西螺大橋就是其中之一，西螺大橋於1937年（台灣日據時期：昭和12年）開始興建，日據時期主要的建設部分為橋墩，用了兩年，之後因戰爭而停工。賀衷寒任台灣交通部長時於1952年5月29日再

度開工，12月25日不到7個月全部完工，隔年1953年1月28日正式
通車。西螺大橋全長1939.03米，橋面寬7.3米，共32座橋墩，31個
橋孔，采華倫氏穿式，以鋼鐵作架。當時是僅次於美國三藩市海
灣大橋的世界第二長橋，也是遠東第一大橋。

　　國民黨政府來台灣後進行有加強統治效果的去殖民化「愛
國」教育並推行國語及九年國民教育，宣傳台灣為「民主自由的復
興基地」，實施「地方自治」選舉，為打擊台省地方地主豪紳，進
行土地徵收、375減租、工地放領、耕者有其田等土地改革。

　　安定外省來台人士的民心士氣，讓台省民眾重回「中華文
化」的環境中，並一定程度遏止了美國對台灣的深入控制。

　　在台灣和平建設時期，賀衷寒受到了蔣介石的青睞。在黃埔
同學中曾經流傳著一句話「文有賀衷寒，武有胡宗南」，賀衷寒學
富五車，即飽受傳統文化浸染，又先後在蘇聯、日本、德國等國家
進行過學習、考察，視野開闊，讓他擔當重任，亦在情理之中。

台灣西螺大橋

1951年6月25日，「行政院」討論《經濟安定委員會組織規程草案案》。經濟安定委員會對外宣佈正式成立。

陳誠下令由台灣「省主席」俞鴻鈞兼任該會主任委員，令嚴家淦、賀衷寒、張茲闓、郭寄嶠、周至柔和農復會主任委員蔣夢麟、「省府」財政廳長徐柏園、「中央信託局」局長尹仲容、美援運用委員會秘書長王蓬等人兼任委員，委員還包括美駐台大使館與安全分署高級財經官員。經濟安定委員會主要目的為協調「政府」與美援政策、財源，發展台灣經濟，下設四組一會及秘書處。秘書處置執行秘書一人，由錢昌祚擔任。

這個機構組建以及大綱出台後，台灣經濟四年計畫的制定進程便加快了，並且獲得了統一的設計。這個計畫完成後獲得了蔣介石的贊許和大力支持。

值得一提的是，後來這個四年計畫執行得比較順利。四年期間，農業年均增產62%，工業年均增長117%，均超過計畫指標，交通運輸方面也基本上按計劃完成，初步穩定了台灣經濟的基礎。此後，台灣當局繼續推行經濟建設四年計畫，確定一定時期內的發展目標，在政策、投資各方面保證目標的實現，先後實施「二四」、「三四」……計畫，形成了計畫指導下的市場經濟發展模式。

當上「交通部長」的賀衷寒工作忙碌。1953年，賀衷寒在交通部除了上班還要到講習班給學員上課，每天早出晚歸。允平、一平很難見到父親，一天方孝英帶著允平和一平到他的辦公室去看望爸爸。

賀衷寒別的疼愛子女。他的小女兒賀小文，7歲時不幸患上痢疾，在重慶夭折。賀衷寒到台灣後，一家人過上了安定的生活，他經常想起小文的可愛和滑稽，想起小文那麼小就會自己創

作兒歌：「我的眼睛明明亮，明明亮，像個皮球樣。」每次賀衷寒提到小文都會說這件事，可見他懷念之深。

賀衷寒見到兒子後很開心，仔細詢問了他們的學習情況，然後說：「你們也有十來歲了，要學習毛筆字，書法是老祖宗留下來的好東西。」

賀衷寒下班後在辦公室花了一個晚上的時間，用漂亮的魏碑體寫了一個貼──《禮運大同篇》。《禮運大同篇》是孔子論述禮之源頭和禮之實的專論。

他一早就把字帖交給兩個兒子，要他們臨摹。「大道之行也，天下為公。選賢與能，講信修睦。故人不獨親其親，不獨子其子。使老有所終，壯有所用，幼有所長。鰥寡孤獨廢疾者，皆有所養。男有分，女有歸。貨惡其棄於地也，不必藏於己。力惡其不出於身也，不必為己。是故謀閉而不興，盜竊亂賊而不作。故外戶而不閉。是謂大同。」賀一平至今仍把它珍藏在身邊，倒背如流。

賀家有四口人，加之傭人、廚師、副官、司機、奶媽等。他在當交通部長時，台灣當局分給他一套位於中山北路的房子，二層樓洋房，面積大，帶花園，賀衷寒讓給了他的下屬，因為下屬家裡的孩子多。

當時，有很多退伍軍人或者老國民黨黨員跑到賀家來訴苦，並要求資助。還有很多是冒充賀的學生或是部下來行騙的騙子，賀衷寒雖是高級公職人員，但家境並不寬裕，因此，方孝英就不想給他們錢。可是，每次賀衷寒都會讓妻子拿錢給他們。賀衷寒平時身上不帶錢，偶爾身上有錢，他就全部給那些人。賀衷寒這麼做是要他的家人寬厚待人。但是他絕不做爛好人。如果這些騙子膽敢到他辦公室行騙，他就會毫不猶豫的拆穿他們，因為他不能讓他的屬下

覺得他是個容易被糊弄的人。賀衷寒1963年任國民黨中央設計考核委員會主任委員時的日記裡記載了這樣一段趣事：

> 五月九日　星期四　晴　台北氣溫　78-83度華氏
>
> 　　九時赴黨部辦公，閱『戰鬥編組』講演記錄稿，改動甚多，是以不能卒篇，又復停住，恐尚須數次方能改竣也。
>
> 　　十時三十分彭書隱來，面報有楊瑞林者請見，余以無暇，囑其代為接唔，移時復來謂，楊某仍求面見，余勉強見之。
>
> 　　楊見面時稱余「賀伯伯」，並謂其現在高雄某校教英文、數學。余未之應，彼乃謂因事北來，被扒手竊走攜身錢包，致昨晚露宿公園一宵，余聞言即直告之曰：「你不能到此行騙，速行離去，免致不便。」彼聞余言即恬然拔足外出，真所謂小人閒居為不善──如見其肺肝，然又謂視其所以，觀其所由，察其所安，人焉廋哉，人焉廋哉。
>
> 　　晚應三軍政治部主任高魁元約宴，談政治部改變名稱問題，余表示可以改稱但不必改稱。

賀衷寒任交通部部長的時候，除了普通薪水之外，還有特支費，不過，這些錢他分文不收，全數分給家裡有困難的部屬或者有困難的軍校同學。

何雲槎的孫子何繼勳，1921年出生，黃埔第17期畢業，在國民黨32師當連長，1949年隨部隊撤退到台灣。賀衷寒童年在鹿角洞天觀讀書時，何雲槎擔任校長。

一次，何繼勳去交通部拜訪賀衷寒，賀衷寒非常高興，對他噓寒問暖，關愛有加。賀衷寒回憶說：「我在你爺爺面前讀過

書，受益匪淺。記得在重慶時，成立岳陽同鄉會，我在講話中特意提到何雲槎先生毀家紓難的辦學精神，了不起，大家都要向他學習！」

賀衷寒感慨地說：「我還欠你父親何爽溪先生一筆帳呢。」

何繼勳一怔：「什麼帳啊？」

「民國36年，我回鄉時，你的父親委託我為你爺爺寫一篇墓誌銘，我雖曉得一部分情況，但是掌握的資料不全面，看看以後能否從大陸弄一部分資料過來。我總覺得心裡欠了一筆帳啊！」賀衷寒的內疚之情溢於言表。

上個世紀九十年代初，老兵何繼勳回大陸探親，特意到爺爺墓前祭拜。他與鄉親們交談時說，賀衷寒在台灣擔任交通部長時，有人議論說他是軍人出身，在大陸擔任的是勞動局長，是安排人就業的工作。在台灣，他與經濟工作打交道，想不到照樣搞得出色。

國民黨退居台灣時，受戰爭破壞的島內交通設施基本得到恢復，一般客、貨運輸已能正常運行。50年代開始，台灣一方面運用美援貸款發展交通運輸，一方面有計劃的進行交通建設，台灣交通運輸業得到較快發展。台灣是海島，賀衷寒特別注重海運，他投入大量的心力和時間完善台灣的航運事業，在他任內台灣的郵政，電信，廣播，航空，鐵路，公路等交通事業都得到飛躍的發展。

1954年，賀衷寒離開交通部改任「總統府」國策顧問。

後來賀衷寒擔任行政院政務委員時，孫運璿任交通部部長，他們一起參觀了基隆的造船廠。賀一平也陪同去了，賀一平聽到父親向孫運璿提出了三條對未來航運業有很大幫助的建議，孫運璿點頭稱是。

　　大約半年後，台灣報紙的頭版上刊登了行政院對孫運璿部長
的褒獎令，褒獎的原因，正是賀衷寒對孫提的三個建議的實施。

　　賀衷寒為了台灣交通事業的發展與經濟騰飛，並不介意功勞
歸了別人，因為他是認真辦事的公務員，不是只想升官的人。在
他接管交通部前國民政府交通部所轄的公路局，鐵路局，招商局
（海運），郵政局，電信局等公營事業大都處於年年虧損的狀
態，賀衷寒上任後一年多以後全都轉虧為盈，因為賀衷寒採用國
外大企業先進的管理方法，將人才和資金往最有利方面運用，增
加效率減少浪費，他稱之為科學管理。他勤於政務，洞悉問題產
生的原因後把它們徹底解決，他負責任而敢於擔當這些都是他成
功的因素。

1955年乘CAT飛機視察台南

第5節
蔣介石約談，卸任「交通部長」

　　交通部的業務範圍很廣，需要大批的專業人才，賀衷寒在台北近郊的北投辦了一個交通幹部講習班以培養人才。蔣介石也派了心腹人員混在學員中聽課。

　　有一次是賀衷寒講課，一個學員翹著二郎腿漫不經心。賀衷寒要他把腿放下來，那人說：「賀部長您有時候也翹二郎腿。」

　　賀衷寒本想用師道尊嚴、長幼有序來訓誡他，見他玩世不恭的樣子，便奚落了他一番：「我是部長，你看部長的『長』字像不像一個人翹著腿？而你是學員，學員的『員』字像不像一個人站直或是坐直了，在那裡聽講？所以我可以翹腿而你不可以。」弄得哄堂大笑。

　　不料，這件事被人打小報告給蔣介石，蔣介石聽了很不高興說「那我總統的『統』字是像給人下跪呢還是要落跑？賀衷寒的比喻不當應該給他警告。」

　　1954年初，賀衷寒55歲生日，蔣經國邀請了賀衷寒夫婦和一些好友到自己的家裡為賀慶祝生日，他親自切了一塊蛋糕，放在盤中拿到賀衷寒的面前，他彎腿半蹲著要獻給賀衷寒。賀衷寒連忙站起了說：「不敢當，不敢當。」蔣經國誠摯地說：「君山先生是國家的柱石，黨國的精英，我理應如此。」在場的人很是感動。

　　這事傳到蔣介石那裡，他覺得蔣經國抬舉賀衷寒過度了，不論是他的黃埔子弟還是親戚唯一能受到崇敬的只能是蔣介石他自己一人而已。1949年國民黨撤退到台灣也帶來了一大批大陸的高官，台灣地方小官位少了，這些人不排擠他人就難以上位，於

是在蔣介石耳邊搬弄是非，挑撥離間以達到自己的政治目的，何況賀衷寒個性耿介容易得罪小人，在蔣面前說他壞話的人自然大有人在，而賀衷寒又從不主動親近蔣，蔣介石聽了讒言一時也難分真假。1954年行政院改組陳誠行政院長對蔣介石說：「賀衷寒做得很好，他辦事認真，效率高，能力強，其他單位都要國庫貼錢，只有交通部反而還有錢給國庫，應該讓他繼續再做下去。」

蔣介石道：「賀衷寒太努力了，最近身體看起來不大好。」又說：「其實你不知道，有人報告說他好造派系，還挑撥你和我的是非，沒有查明真相前此人決不可用。」（見蔣介石日記1954年5月25日）

陳誠聽了非常驚訝，他知道賀衷寒從早到晚整天忙於部務，哪有時間去造派系，賀衷寒平日言談都是該辦的公事，挑撥他和蔣的是非更是子虛烏有，便替賀衷寒辯解了幾句，陳誠那裡知道他越說賀衷寒的好就越讓蔣介石心生忌憚，看到蔣介石顯出不以為然的表情，陳誠只好說：「由誰接替賀衷寒？」

蔣介石說可以讓袁守謙去，他過去一直是做賀衷寒的副手，他接手交通部也會蕭規曹隨和賀衷寒做沒有兩樣。

陳誠點頭同意，「賀衷寒操勞過度，影響到健康讓賀衷寒休息一下也好。」

蔣介石又向陳誠說，賀衷寒退下後還是要給他一個職位才是。陳誠回答，賀衷寒是改組復興航運公司監理委員會的主任委員，可以讓賀擔任復興航運公司的董事長，他工作上有總經理幫助，賀做復興航運公司董事長比做交通部長的壓力小。蔣介石點頭表示同意。

陳誠便把蔣的意思告訴賀衷寒。不料，被賀衷寒婉言謝絕了，「復興航運公司是我在交通部長任內大力支持的民營企業，

現在部長不當了就去那裡做董事長，好像當初的努力有私心，我是公務員不能公私不分，還是避嫌為好。」

陳誠無奈，便問賀由誰擔任董事長為好。賀衷寒推舉了周兆棠。

當時復興航運公司是台灣最大的航運公司，經過多年整頓營運已很順利，周兆棠對賀當然心存感激，公司的很多大事和人事安排都向賀請教後才決定，或者乾脆完全聽賀的。當年台灣招攬人才不容易，賀衷寒內舉不避親，自己的親信楊恩賜，老友許克黃，老友蔣伏生的的兒子蔣濟生，內弟方輝生，內弟的好友鄭百平都先後進了復興航運公司，他們都是難得的人才，可是外界傳出謠言，說賀衷寒是復興航運公司的大股東，這真是天大的誤會。其實賀衷寒只是為該公司著想，完全沒有私心，他的兒子賀正平是西北農學院畢業的，到台灣後在台灣大學管理實驗農場十多年，賀正平想換到復興航運公司工作，賀衷寒請周兆棠先安排他當海員見習幾年，因為工作努力才升到台北復興航運總公司上班。

賀衷寒離開交通部不久，蔣介石召見賀衷寒，蔣與賀寒暄一番，進入正題，慢條斯理地說：「你做交通部長已經四年，一直很努力也很辛苦，有成績有起色，我都知道，你雖然進過軍校但是體格還是偏文弱，你要多保重和鍛鍊身體，先擔任國策顧問，休息一下，以後另有任用。」

賀衷寒頗為坦然，回應道：「聽憑校長安排。」

「我現在要你研究蘇聯和對岸的情況，知彼知己百戰不殆，你有什麼看法和想法隨時向我報告。」

當年六月，袁守謙替換賀衷寒當上了交通部長。陳誠的行政院長則被俞鴻鈞取代，一直到1958年俞鴻鈞被彈劾辭職後，陳誠才復任行政院長。

　　賀衷寒卸下了交通部長的重擔，一身輕鬆。這四年來，他殫精竭智，為台灣百廢待興的交通事業晝夜辛勞，現在交通部一切都上了軌道，他也心安理得。

　　不久總統府派人送來了一台超大型的飛利浦長短波收音機，並且在後院架設了10公尺高的天線用來接收蘇聯廣播，總統府還定期送來台灣市面上嚴禁的大陸書籍報刊及封面上印著極機密的敵情資料，又在賀家的客廳及賀的床邊各安裝了一具軍用電話。這種電話在蔣介石的辦公桌和家裡也有，話筒一拿起來便直通總統府，很快就可以接通蔣介石。

　　賀衷寒不需天天上班，在家寫寫報告，自己的時間就多出來了，「食有魚，出有車」轎車還可以私用，待遇很好，於是他勤讀英文，早起早睡，練習打坐和瑜伽以鍛煉身體，有空就出門訪友，下下棋，打打橋牌，詩詞唱和，再釣釣魚，遊山玩水，身心愉悅。

　　蔣介石如不找他，他也不會主動去見蔣，這樣一晃就過了六年。

　　這六年中賀衷寒雖然沒有去求官求職，但是官職卻一直在找他，1960年交通銀行要在台灣複業，交通銀行董事會決定要請德高望重的賀衷寒擔任董事長。便找了一個說客到賀家中請他出山，賀衷寒以自己一直從事政務不熟悉金融業務婉拒。來人看到他推辭不就，便說：「交通銀行董事長的待遇優厚，住花園洋房，又從國外進口了一輛新型轎車給董事長用。」賀衷寒聽了很不高興，便大聲說：「我一生做事都不是為了這些，我如果要的話什麼沒有？但是我不要，你看我家裡掛了什麼名家字畫？用了什麼好傢俱？現在國家多難，我們退到台灣已經是退無可退，你還說這些升官發財的事，如果大家都這麼想，我們還有什麼前

途？這樣會讓我們死無葬身之地的。」來人唯唯諾諾告辭而去。

　　交通銀行董事會請不動賀衷寒，便退而求其次要賀衷寒推薦一位人選。於是賀就推舉曾任交通部次長又有金融學歷的柳克述，但是柳克述覺得自己資歷不如賀衷寒，不敢就任董事長，只願意就任交通銀行的常務董事。一直到1962年經過陳誠勸勉，柳克述才就任交通銀行董事長。柳克述是勤政又廉潔的好官，原交通部總務科科長王軼猛回憶說有一次交通部的公務費有年終結餘，王科長就把這筆錢分給同事，分到柳克述次長時柳次長問他賀部長拿了沒有，王軼猛回答說賀部長不要，沒有拿，柳克述馬上說，賀部長不拿我也不拿，足見其清廉的為官形象。

　　柳克述擔任交通銀行董事長9年，1971年柳克述轉任台灣中國石油公司董事長，1976年退休。他退休後靠著退休金過日子，退休金可以分期月付或一次付給，他選擇一次取走，不料他的小兒子和朋友合夥經商，被人倒帳把柳克述的退休金也貼了進去，致使柳克述的晚年生活艱難，還要靠老長官袁守謙的接濟才能維持。

第6節　與陳誠、蔣經國的關係微妙

　　1961年冬季，賀衷寒的老友舉家移民外國，臨行前送來一盆他帶不走的盆景萬年青，賀衷寒推沒推掉，但又不知道如何照顧好這個朋友珍養多年的盆景，突然想到陳誠官邸的庭院有專人打理，便把這盆萬年青轉送給陳誠。

　　送去時陳誠不在家，沒想到第二天陳誠卻親自登門道謝，陳誠說他公務纏身，千頭萬緒，羨慕賀衷寒的生活自在，因為他剛訪美歸來，又說了很多他訪美時的見聞，兩人談的很是愉快。陳誠告辭時握著賀衷寒的手說：「君山兄從來不和我談私事，可見你一心為公，何不出來為公家多辦些事呢？」賀衷寒回答道：「若蒙徵召，一定盡力而為。」

　　陳誠高興地說：「太好了！我會把你的意思向總統報告，你也可以直接給總統寫信啊。」可是賀衷寒從來就不向蔣介石要官做，自然不會寫這種信。賀衷寒只是照常把該寫的蘇聯研究報告寫好交了上去。

　　過了沒有多久，一天早上，賀衷寒家的外面有一個人總是不斷把頭探出圍牆之上，往屋子裡面張望，家人就開門出去看是什麼人，原來他是總統府的安全人員，並且整個巷子都佈置了崗哨，說是蔣總統要來了。但是快到中午時那些安全人員又全部撤走了。

　　當天下午蔣經國來訪，說他代表父親來請賀衷寒出任國民黨中央設計考核委員會主任委員，並說本來總統作為國民黨總裁想要親自來的，但是臨時得知陳誠生病，先去看望他而耽擱了時間，後來有公務不能來了。蔣經國又和賀衷寒談了很多有關國民

黨的黨務計畫，推展和考核等問題，賀衷寒表示願意接受任命。

蔣經國走後賀衷寒就打電話給陳誠表達關心問候，並把自己新任命的事告知他。陳誠說了些恭賀和勉勵的話，就說他前幾日覺得不舒服去看了醫生，還做了身體檢查，現在快好了，要賀衷寒不用擔心。又叮嚀賀衷寒，說他生病的事千萬要保密。賀衷寒提醒陳誠，「總統和經國先生都知道了，那麼一定還有更多的人知道，尤其是那個向總統報告的人必須要他守密，不要向外傳播。」

陳誠說他看的是私人醫生和診所，守密本來沒有問題，不知道為什麼會驚動總統，也不知道是何人向總統報告的。

賀衷寒掛上電話後想到老蔣的耳目無所不在，不禁說了一句：「好厲害啊！」繼而又感到陳誠的健康可能出了大問題，老蔣才會去看望他。陳誠此後依然活躍政壇，1963年還去訪問越南，1964年11月台灣新聞公佈陳誠患了肝癌，然後不到四個月陳誠就病逝了。

1963年11月，陳誠因健康原因辭去行政院長，他希望賀衷寒來接棒組閣，但是蔣介石另有打算，1964年3月，蔣介石安排強勢的賀衷寒擔任行政院政務委員，而讓比較溫和的嚴家淦為行政院長。任命蔣經國為政務委員兼國防部副部長，並代理因病不上班的國防部部長俞大維的職務，蔣介石傳位給蔣經國的意圖已經開始顯露了，台灣當時就有傳言，說要嚴家淦當行政院長的意思就是老蔣告訴大家要「俺家幹」。

陳誠辭去行政院長後，蔣經國的地位上升加快了，但是蔣經國的資歷畢竟尚淺仍需要學習和歷練，他就經常去向國民黨的大佬們請教。

賀衷寒在台灣黨政軍的聲望高，清廉正直，遇事能洞察先

機，又有創新及規劃事務的才幹，加之賀在行政院與蔣經國同為
政務委員，院會時經常碰面，所以蔣經國就經常在行政院或到賀
衷寒家中去向賀請教。每次去賀家蔣經國都要司機把車停在遠離
巷子的地方然後步行到賀家，有時沒有通知會突然造訪，好像是
突擊檢查一樣。

　　賀衷寒對蔣經國也是知無不言，言無不盡。賀把他深思熟慮
之後對台灣政治、經濟及交通等各方面的計畫都提出來，和蔣經
國一起討論。不僅如此，每當他的學生、部屬或是在任的部會首
長來拜訪他時，賀衷寒都會將自己對台灣經濟發展和計劃的研究
心得毫無保留，傾囊相授。賀衷寒有成事不必在我的胸襟，對後
來蔣經國掌權後的台灣經濟起飛做出了極大的貢獻。

賀衷寒夫婦與兒子、女婿、媳婦、孫子、孫女合影，1962年攝於台北

第九章
淡泊名利　與人為善

第1節　無端被「中傷」

　　賀衷寒卸任「交通部長」後在家賦閑了一段時間。「交通部長」接任者袁守謙。

　　袁守謙和賀衷寒有很長時間的共事關係。長久以來，無論是在大陸還是台灣，賀衷寒如果是正職，他就是副職，倆人合作共事幾十年，肝膽相照，結下了深厚的友誼。

　　賀衷寒在台任交通部長時，曾在北投創辦交通幹部講習會，為台灣的交通建設和管理培養了很多人才。賀衷寒離職後，袁守謙擔任了下一任的交通部部長。後來報紙報導說，台灣所有交通建設的規章制度都是由賀衷寒制定的，袁守謙只是蕭規曹隨而已。後來袁守謙做國防研究院的主任時，又特別聘請賀衷寒去作講座。

　　袁守謙住台北中山南路，房子很大，隔壁住的是陳誠。來台時袁守謙夫婦有了4個孩子，後來又添了2個，一共5個女兒、1個兒子。袁和圓同音，袁守謙認為做人要外圓內方，所以他的兒女的名字都帶方字的偏旁，像長子袁旃，三女袁鍵。

　　賀一平與袁守謙的三女兒袁鍵在他舅舅方輝生的婚禮是當過花童。方孝英的三弟方輝生，剛到台灣時，聽香港過來的朋友說，他的父親方鼎英在大陸被共產黨殺害了，非常難過。1951年朝鮮戰爭爆發，方輝生想打聽父親的下落，於是去了朝鮮，在聯合國部隊當翻譯，在那裡也許有機會能夠與大陸來的人有接觸，後來他得知他的父親方鼎英不但沒有被殺害反而受到很高的禮遇，由於他和香港友人通信結交了一個筆友胡靜齡，她是廣西人，和父母住在香港。1953年，朝鮮戰爭結束，方輝生返回台

灣，第二年與胡靜齡在台灣結為連理。那天恰好刮颱風，婚禮正在禮堂進行當中，突然間停電了，儀式被迫中斷。後來夫妻二人吵架，胡靜齡總是說，「結婚那天的兆頭就不好。」當然這只是一句玩笑話，他們後來育有一子三女，婚姻美滿。

1954年賀衷寒擔任台灣「總統府」國策顧問。「國策顧問」與「總統府資政」由「總統府」每年聘請一次，人數達到數十人之多，少部分兼任其它職務，大部分沒有職務，只掛個名拿薪水而已，是台灣當局對前高級官員、將領的一種禮遇。對政事不聞不問。

1960年的春節剛過，台灣島內的政治氛圍就濃郁起來，這一年是中華民國第三屆總統大選，儘管老總統蔣介石已經73歲，但是大多數人都認為，他依然是下一任總統的不二人選。

50年代60年代的台灣，都在談三個東西，一個主義、一個領袖、一個國家。領袖、國家跟主義這個中間是一個超連結的關係，就是說這樣的超連結，是建構在誰的身上，當然就是蔣。

然而有人卻不這麼認為，1960年春節前後，台灣《自由中國》雜誌，就連續拋出了幾篇文章，文章內容直指第三屆「總統」選舉，明確表示反對蔣介石連任第三屆「總統」。《自由中國》的負責人是雷震，但其背後的支持者，則是中國自由主義的鼻祖胡適。胡適認為這樣不好，你蔣介石只能連任兩次，因為違背「憲法」。胡適並想自己參加競選總統，蔣介石因此在日記中大罵胡適是小人。

1964年外界有傳聞說賀衷寒在搞小組織，這謠言傳到了蔣介石的耳中。有一次袁守謙有事見蔣介石，蔣就特別向袁守謙提到此事並詢問他平常和賀衷寒見面的次數，賀衷寒都說了什麼，又說丟了大陸就是不團結的結果，語氣非常嚴厲。

　　袁守謙擔心老朋友的安危，勸賀衷寒去跟蔣說清楚，賀衷寒聞言，久久不說一句話。

　　袁守謙說：「君山兄啊，想當年我兩人投身黃埔，追隨老頭子幾十年，到如今寄居海島，你現在的作為我都清楚，但是老頭子未必知道。」

　　「我賀衷寒前額有字，我是三民主義的信徒、中國國民黨的黨員、領袖的學生。搞一個運動，必定有言論，有行動。我賀某未離開台灣一步，從未寫過一篇違背中央決策的文章與言論，小組織運動從何而來？……」

　　袁守謙雖然好言相勸，賀衷寒依然堅持不去見蔣，不久謠言果然自動平息。

　　蔣介石從1948年擔任「總統」1954年獲得連任，第二屆任期到1960年5月屆滿，按照「憲法」規定，他不應再參加下一任總統競選。

　　按照胡適的想法來講的話，應該建立制度嘛，你一個總統，到任了然後繼任，你不可以永久的這樣繼任下去，這是一個問題。

　　然而「老總統」卻並沒有打算解甲歸田，退居台灣後，蔣介石的生活似乎平靜了很多，結束了軍閥傾軋、強寇內敵，紛擾漸趨歸於沉寂。

　　位於台北近郊的陽明山，更像是一座世外桃源。修行、打坐、讀書、含飴弄孫，享受天倫之樂，蔣介石把更多的時間給了自己，然而他平靜的外表下，卻潛藏著一顆並不平靜的內心。身處桃花源中，卻在時時洞察著時局變化。1960年的總統換屆，蔣介石的內心從未有過別人。

　　蔣介石堅信，假如沒有他的話，怎麼能夠維持這個局面，從他看起來責無旁貸，唯有他才能夠穩定台灣。

　　還有一點，他一直想要反攻大陸，這是他的使命，他這個使命他沒有完成，他怎麼能夠放棄，這個權力他不能放棄。

　　蔣介石在日記中記錄了對胡適的謾罵：「胡適要我即作不連任聲明，余謂其以何資格言此，若無我黨與政府在台行使職權，則不知彼將在何處流亡矣，胡適無恥，要求與我二人密談選舉『總統』問題，殊為可笑，此人最不自知，故亦最不自量，必欲以其不知政治，而又反對革命之學者身份，滿心想來操縱革命政治，危險極矣。」

　　好在「副總統」兼「行政院長」陳誠善於揣摩蔣介石的心意，修改了《臨時條款》，賦予「戡亂時期」「總統」無限期連任的機會。1960年，蔣介石再度當選「總統」。

　　「城門失火，殃及池魚」，賀衷寒在紛繁的世事中有置身事外的智慧，他逐漸迷上了垂釣與瑜伽，磨練自己的心性，儘量避開權力爭鬥。他時常想起家鄉的風景，懷念大陸的風土人情，這種心態可以從他1960年所填詞《瑞龍吟‧懷鄉》中窺知一二：

　　「鄉關路，依舊息杏霜鴻，望迷雲樹。徒芳魂繞湖山，夢縈父老，毫無宴處。偶停佇，如見洞庭漁舟，武陵農戶。經常撒網迎風，荷鋤戴月。羈旅流亡身世，滿腔悲憤。無心歌舞。猶幸匣中吳鉤，鋒利如故。欄杆拍遍，豪抒登臨句。憑誰念，佯狂意態，從容行步。把臂相將去。愴懷國事，千頭萬緒，紛亂過麻縷。」

　　好在他是經歷過大風大浪的人，尚能泰然處之。後來，這謠言不攻自破了。

　　1960年9月胡宗南任國防研究院畢業同學會會長、國防研究院院務委員，深居簡出。1961年身體出現高血糖。1962年初胡宗南病情惡化，2月14日凌晨因心臟病突發去世，終年67歲。2月15日以台晉字第198號令，「故陸軍二級上將胡宗南，追晉為陸軍

一級上將」，另頒「旌忠狀」，「以永垂式範」，台灣成立以何
應欽、顧祝同為正副主任的治喪委員會，移靈台北市極樂殯儀
館，17日公祭，蔣介石親自參加祭奠，發表紀念講話，挽「功著
旂常」；安葬於台北陽明山紗帽山麓。

對胡宗南去世，賀衷寒的大兒子賀正平甚為悲切，他感念當
年胡宗南對他的栽培之恩哭泣不止，賀衷寒失去了一位相交幾十
年的老友，也深感悲痛，他勉勵兒子努力向上，不要辜負胡伯伯
深厚之培育。

胡宗南與妻子葉霞翟育有四個子女，胡為真、胡為善、胡為
美、胡為明。

胡為明當時只有7歲，賀衷寒夫婦認她做乾女兒，和胡宗
南，賀衷寒一起投考的黃埔軍校的老朋友蔣伏生和妻子也將胡宗
南的另外一個女兒9歲的胡為美認作乾女兒。表示他們會照顧去
世老友的後人。

胡宗南去世後不久，蔣介石對這位「天子門生」的遺屬甚為
掛念，委派蔣經國上門慰問。蔣經國問葉霞翟有什麼困難與要求？

葉霞翟說：「謝謝總裁牽掛，我沒有困難，能夠自食其力。」

蔣經國受到感動，雙眼不禁濕潤。回來後向父親彙報，蔣介
石不免唏噓一番。

1962年到1965年，賀衷寒擔任國民黨設計考核委員會主委。
委員中不乏黨政與學界名流，如騰傑、秦孝儀、劉詠堯等人，騰
傑是當年藍衣社的主要發起人之一，秦孝儀被稱為「黨內第一枝
筆」，劉詠堯則是黃埔軍校一期的老將，台灣著名藝人劉若英的
爺爺。

賀衷寒與袁守謙在洛陽留影

賀衷寒攝於家中的臥室兼書房

第2節　不限制兒子的思想

1959年賀一平是初中二年級的學生。那一年他14歲。

他的同班同學大都是台灣人，日本侵佔台灣五十年，他們的父母在日據時代受到日本教育，所以難免有一部分台灣人親日，日本人對他們灌輸「大和民族是最優秀的民族，而中國人是既落後又劣等的民族，做中國人是很可恥的」。這些思想也影響到下一代，他們把1945年以後到台灣的大陸人稱為外省人，以示區別。這些學生在課餘閒聊時就會說侮辱中國人的話。

有一次一位同學對賀一平說：「你們中國人就是差勁，來台灣都十四年了，台灣最高的樓是總統府，還是日本人當年建的。」

賀一平回到家裡就把這件事對他的父親說了。

賀衷寒說：「台灣沒有鐵礦，日本把台灣當做農業基地，產業以稻米，木材，糖，樟腦，煙酒為主。台灣人一般都很貧窮，我們剛到台灣時看到滿街都是穿木屐的人，連皮鞋都是奢侈品，政府遷台後一直在建設台灣，新建了很多公路、橋樑、發電廠等，造福民生。現在台海局勢不穩定，隨時準備打仗，為了防空的原因不宜建高樓，」

可是這些事實並不能改變那些有偏見的同學。他們還說中國人不愛乾淨，不守秩序，隨地吐痰。日本皇軍多麼英武，國軍來接收台灣時背著洗臉盆穿著草鞋，像乞丐一樣。

從同學口中賀一平得知了228事件，一個因為稽查員查私煙打傷了賣煙婦人又誤殺了一個圍觀者而引起波及全台灣的大暴動流血事變，這就是後來造成本省人和外省人產生重大隔閡的主要原因。當時台灣的行政長官是陳儀，發生事變他當然難辭其咎，

雖然有的報導說當時來台的接收官員貪污腐化但是陳儀本人的確是清廉的也是勤政愛民的，只是很不幸他碰上了這件歷史上的大事。因爲愛民他認爲不需要太多軍隊駐台，台灣不養兵，可以省下經費來從事建設，他把大部分接收台灣的軍隊退回大陸僅留下五千人，由於兵力薄弱無法控制局面，才使得事件擴大。後來陳儀被解職回到上海，一年半後蔣介石又任命他爲浙江省主席，因爲他寫信給湯恩伯要他放棄抵抗共軍以免生靈塗炭，蔣知道後認爲他通共大爲震怒，將陳儀押回台灣受審，關押期間陳儀的弟弟陳公亮爲他奔走求當局寬恕，可是台灣當時風雨飄搖，人心浮動，最高當局要殺人立威，陳公亮到處碰壁，一日在街邊看到一個測字攤，便想測一字問問吉凶，測字先生桌上放了一堆字卷，他抽出一個字卷打開一看是個『常』子，測字先生搖頭說「小人當頭，吊客臨門，此事兇險，希望渺茫」。（繁體字的當寫作當，當字頭是尚字也是常字的字頭）他說准了1950年6月陳儀被處決。

　　不少台灣人因爲228事件而遷怒外省人，加上還有很多日本人在戰後選擇留在台灣，他們下一代的心中也認爲自己是異類。和這些生活在中國土地上卻不想做中國人的同學天天處在一起，賀一平感到很無奈，但是也激發了他認真思考和研究中國問題的興趣，他想台灣只是中國的一小部分，要想知道中國的未來，就必須看中國大陸的資料。但是兩岸隔絕，大陸的消息被台灣當局封鎖，台灣人知之甚少。

　　這時他注意到父親的書桌上堆放著蓋了「極機密」印的資料，還有大陸出版的報刊雜誌，於是他就仔細地閱讀起來，興趣越來越濃，花的時間也越來越多，甚至超過了做學校家庭作業的時間。

賀一平都是在趁父親不在家或在客廳時，才去讀這些材料。賀衷寒雖然有所察覺，但是並不知道他兒子已經是天天在看這些書刊，他沒有禁止或責備，只是叮囑賀一平不可以到外面透露這些資料的內容。

賀一平在讀那些資料時知道了大陸正在進行大規模的建設，並且立下了目標以英美先進國家為趕超的對象。賀一平最喜歡讀到的報導是中國本來不會製造的工業產品現在會造了，又一個空白被填補了。大陸有目標和決心，提倡不怕苦不畏難的精神，又有人力和資源，綜合了大陸的政治，經濟，軍事等各方面的發展，他那時就已經感到中國必定會逐漸走向富強。

國民黨政權遷台以來，一直奉行全面倒向西方的各項政策，政治上、經濟上逐漸向西方靠攏。朝鮮戰爭停戰、美蔣簽訂共同防禦條約以後，實際上已經宣告了國民黨」反攻大陸「的政治神話的破滅。由初始期「美援」的不斷湧入，到1965年後外資的大量輸入，國民黨在政治、經濟、軍事等各方面已完全依賴美國，這使台灣一些大中城市經濟出現了快速、畸形的發展，台灣的經濟結構和意識形態發生急劇的轉變，由封閉的封建社會一下子演進為開放式的資本主義工商社會。

那些歷經動亂的大陸去台軍民，眼看歸期無望，普遍懷有一種淪陷於孤島的失落、悲觀、絕望感；知識份子，在這種東西文化的激烈撞擊中，其傳統價值觀念更是日益動搖，以至面臨崩潰的邊緣，因而內心充滿了無限的壓抑、痛苦和焦灼。

60年代，台灣因為中小企業占大多數，加上台灣人的勤儉以及苦幹精神，還在二戰後整個世界經濟的複蘇，台灣當時利用台灣人較低的廉價勞動力成為全世界的加工出口中心，很多家庭都有做不完的家庭手工如塑膠花等，當時國民黨政府的政策是成功

的，把台灣整個導入代工、加工的經濟型態，把台灣的國民所得往上拉升，這也就是後來的台灣經濟奇跡。

1964年10月16日下午3時，中國第一顆原子彈爆炸所產生的巨大火球和蘑菇雲升上了戈壁荒漠，中國一躍成為世界核俱樂部的第五個成員。當天晚上，中央人民廣播電台連續播放了中國第一顆原子彈爆炸成功的《新聞公報》。在國內許多大城市，無數人湧上街頭，如同慶祝盛大的節日。

美國得知這一消息時，詹森總統正在白宮召開國家安全委員會特別會議討論赫魯雪夫下台後的蘇聯局勢。由於美國事先已獲得中國即將爆炸原子彈的情報，總統國家安全顧問麥喬治‧邦迪拿出一份早已準備好的聲明，略加修改後由詹森向全世界公佈。美國想儘量貶低中國核武器造成的影響。

即使如此，詹森當局也無法掩飾他們的緊張。當日，美國國務院立即通過駐台「大使」賴特向國民黨「外交部長」沈昌煥通報了中共第一顆原子彈爆炸成功的相關情況。

接連幾日，中國第一顆原子彈爆炸的消息一直佔據世界主要媒體的頭版頭條。

10月19日下午，蔣介石夫婦和美國駐台「大使」賴特就中共核爆炸的影響舉行會談。蔣對賴特說，中共核爆炸成功給亞洲人民造成巨大而深遠的「心理衝擊」，各國對中共的態度將因此而改變。他表示事態倉促，無法作具體的評論，只希望美國和「中華民國」能從現在開始攜手共同重新審視對中共的政策，並聯合制定出「新的解決辦法」。宋美齡也在一旁附和著。

雖然蔣介石沒有明確說明「新的解決辦法」是什麼，但賴特還是大致猜出蔣介石葫蘆裡賣的是什麼藥，無非是重新要求美國支持其反攻大陸、或以美國為首組建「亞洲反共聯盟」之類，使

美國對華政策進一步僵化的建議。會談後賴特立即向美國國務院彙報蔣介石的態度。

與蔣介石同樣焦躁不安的還有國民黨的許多政要。

恰好，蔣經國也於當天提議美國派出一個由高級官員組成的工作小組赴台，與國民黨高層商討中共核爆炸所帶來的政治和軍事影響。於是，美國國務院決定派原中央情報局台北站站長克萊恩赴台會見國民黨高官。克萊恩與蔣介石父子私交甚篤，美國中央情報局局長麥考恩希望能通過他特殊的背景及探知國民黨高層真正的態度。

蔣介石之所以恐慌，很大程度上是由於中共核武器試驗的成功完全出乎他的意料。雖然從1964年以來，美國多次提醒蔣介石中共有可能於近期爆炸原子彈，但蔣對此一直持懷疑態度。

台灣「外交部」發言人立即於10月2日出來澄清，聲稱大陸將爆炸原子彈的傳聞是不可信的。直到10月5日，蔣介石還對來台訪問的美國《時代週刊》創辦人亨利，盧斯說，「國務卿臘斯克關於中共即將爆炸核武器的聲明只不過是癡人說夢」。在他看來，中共根本不可能在這麼短的時間內製造出原子彈。所以，中共第一顆原子彈爆炸的消息對於蔣介石來說簡直是晴天霹靂。他的第一反應有些措手不及，接下來是又驚又怒。

美國也很瞭解蔣介石此刻的心情。10月29日，賴特就中共爆炸原子彈對國民黨的影響向國務院起草了一封長達數千字的電報。在這之前，他屢屢受命安慰蔣介石，但毫不奏效。他知道中共核子試驗的成功對蔣介石反攻大陸的夢想是個巨大的打擊。隨著蘑菇雲在羅布泊的騰起，蔣介石終日掛在嘴邊的「反攻大陸」、「解救大陸同胞」成為空洞的口號。

第3節　「效忠書」和來台老兵

　　1965年的暑假，賀一平參加了台灣大專院校暑期集訓，這是當時台灣的兵役制度，大學男生要在大學四年中的兩個暑假接受軍事訓練及分科的軍事教育，大學畢業後就有少尉軍官的官銜，分發到部隊中去服兵役一年。暑期集訓的地點是位於台中的軍事訓練基地成功嶺。

　　賀一平初中時總是名列前茅，可是從高中一年級他開始長個子，身高比同班大多數同學高，一般情況下老師編排座位都把他安排在後面。他的眼睛近視，但他不願意戴眼鏡。認為佩戴眼鏡不好看。結果黑板上的字看不清，加上他又花太多時間閱讀大陸的書報和資料，致使他的學校成績平平。就這樣一直到上大學。

　　暑期集訓的學生兵是加入以連為單位的編制，一個連有一百多人，分配到兩個教室上課。這次集訓的第一堂課由連長主講，連長走進課堂就問：「你們當中有近視的嗎？」

　　一個叫張一匡的同學迫不及待地站了起來，說：「我與賀一平是近視眼。」連長皺眉頭，可能是覺得張一匡沒有舉手報告，沒有理睬張一匡，反而將賀一平調到教室的第一排當中的座位上課。賀一平對軍事本來就興趣濃厚，上課時又心無旁騖的專心聽講，受訓時每一個科目一講完，教官經常馬上發考卷進行測試。他坐在第一排聽講心無旁騖，每次考試均得高分。結訓時他在近萬名學員中以前5名的成績結業。

　　1965年10月份，結業典禮。上面傳來消息，蔣介石要親自出席典禮。不久前台灣國民黨的二艘軍艦被大陸軍艦的魚雷快艇擊沉了，一位學員靈機一動寫下了「效忠領袖、建艦復仇」的效忠

書，洋洋灑灑數千言。學校順水推舟，在受訓學生中搞起了萬人簽名活動。一時間沸沸揚揚。

典禮上有一個環節，由學生代表五人上台向蔣介石獻效忠書。校方要求這幾個學生要達到以下標準：體格健壯，成績優秀。暑訓班主任王潔將成績靠前同學的入學自傳拿過來仔細研讀。

「中國過去由於戰亂頻繁，沒有建設，多有破壞，」賀一平在《入學自傳》中寫道，「我立志學建築是為了將來建設國家！」「義平同學志向遠大，不錯嘛。」

就這樣賀一平被選中擔任獻「效忠」書的領頭人。

在校方的刻意安排下，那一天的畢業典禮自然很隆重。蔣介石站在主席台一個五公分高的四方木板子上，這樣，他顯得鶴立雞群，比一般人更加偉岸。

賀一平發口令，帶領葉信讚等三名同學，精神抖擻，走上主席台。賀一平在蔣介石面前站定，喊了一聲：「敬禮！」大家同時舉右手，敬了標準的軍禮，蔣介石面露微笑，他好像記起14年前在居正家門前帶領幾個小朋友向他敬禮的小孩就是賀一平。賀一平雙手呈上厚厚的「效忠書」，距離的觀察了蔣介石的臉龐。

那天蔣介石特意化了妝，臉上皮膚像嬰兒臉一樣光潤，一點皺紋和老人斑都沒有，是化妝高手的傑作，奇怪的是，他的左臉下巴旁邊像毛澤東一樣也有一顆淡色的痣，很顯目也很好看。不知道是真的還是化妝是加上去的。

蔣介石笑眯眯地接過「效忠書」。蔣介石眼神裡放出光亮，似乎特別高興。

據說，蔣介石也看了暑訓班前5名學生的自傳，知道賀一平是賀衷寒的兒子，成績優異又有建設國家的大志，親自點名選他上台。

第二天，《青年戰士報》還以頭版報導說「學生代表賀一平向蔣總統呈獻效忠書」，讓他出盡了風頭。

結業典禮完畢後，輔導長要求賀一平加入國民黨。賀一平回答，他是學理工科的，對政治沒有興趣。輔導長強調，「你父親是國民黨元老，兒子怎麼能不加入呢？」

輔導長不由分說，幫賀一平填好申請表，要他簽名。賀一平只好答應了。

賀一平回家後，將輔導長逼迫他入黨的情況告訴了父親。賀衷寒說：「台灣年輕人不願意加入國民黨的現象很普遍，我在中常委會議時梁蕭戎就提出過這個問題，後來討論了很久，也沒有拿出有效的對策。」他就問賀一平說台灣的年輕人為什麼不願意加入國民黨？賀一平回答說這和政府的政策有關，現在國民黨當局的政策是要反攻大陸，台灣的年輕人本省籍佔90%以上，他們的根在台灣所以普遍認為反攻大陸不符合他們的切身利益當然不會支持這個政策，國民黨不能得到他們的人心又怎能寄望他們

成功嶺大專學校暑期集訓結業典禮，賀一平像蔣介石呈效忠書

參加這個政黨呢？再說現在國民黨當局的高層都是大陸來台的老人在把持，台灣的年輕人覺得即使參加了國民黨也沒有什麼政治前途就更不願參加了。賀衷寒說這些問題他已經知道就問賀一平用什麼辦法可以解決這些問題。賀一平回答說國民黨應該改變政策，提出和共產黨一起建設中國，這樣一來不僅能鼓舞台灣年輕人加入國民黨而且還能得到大陸同胞的民心，一舉兩得這樣國民黨不是不用打仗一樣也可以回大陸了嗎？賀衷寒聽了非常驚訝說國共兩黨之間的恩怨尚未消除，我知道你學建築是立志建設國家但是沒想到你現在就想要去建設大陸，這是資敵的想法你千萬不可以到外面去說，你會被關起來的！賀衷寒說我年輕時也想盡快打倒軍閥趕走欺負中國的列強，因為說話大膽被軍閥抓了起來差一點連命都沒了，如果丟了性命還談什麼服務社會人群？如果台灣的年輕人都有你這種想法那還得了！賀一平說這請爸爸放心，我是看了你桌上的敵情資料才知道共產黨在建設中國，台灣人只會認為大陸同胞生活在水深火熱之中絕對不會有我這樣的想法的。當時台灣實行戒嚴法，白色恐怖籠罩，賀一平怎麼會不知道他的想法不可行，只是他的想法和當時的情況格格不入，他感到心裡受到壓抑才不得不一吐為快。

　　大學畢業後賀一平要服兵役一年，被分發到部隊擔任少尉副排長，一天晚上一個老班長手上拿著一瓶金門高粱酒對賀一平說：「副排長，我請你吃宵夜。」兩人在街上的小餐廳坐了下來，叫了滷肉，滷蛋和花生米下酒，一邊吃喝一邊說說笑笑很是開心，賀一平不大喝酒，而老班長則是大口大口的喝，沒多久就喝掉了大半瓶酒，忽然老班長變的嚴肅起來，靜默了一會兒，很認真的說：「賀副排長，你父親是大官，肯定有辦法，能不能幫我辦退役，我想要退役但是上面一直不批准。」賀一平很好奇也

很關心就問他：「退役有什麼好？將來你到社會上怎麼生活呢？」老班長說：「將來幹什麼都行，混口飯吃絕無困難，你如果幫我辦成退役，我這條命就是你的了，你要我幹什麼我就幹什麼。」賀一平實話實說：「我父親地位雖然高但是他也只是個公務員，他辦的都是公事，如果是私事找他，就連親戚朋友他也不會管，更何況你和他不認識。」老班長現出失望的表情說：「當年跟著國民黨到台灣來，沒想到一來就是20年，妻兒父母留在大陸，音訊斷絕，軍隊裡審查嚴格，不能通信，如果退役了還可能從香港那邊轉信通消息。」他越說越激動就趴在餐桌上哭了起來。賀一平很同情他，但是他剛從大學畢業，社會經驗不足，不知道如何幫起。其實老班長想退役的真正目的是和大陸的親人聯絡，他如果有機會到香港或是外國就可能跑回大陸了。那時候兩蔣盡量不讓大陸來台的老兵退役可能也是基於這種考慮，如果大多數的來台老兵都回大陸這對他們的統治和宣傳都是非常不利的。一直等到蔣經國去世前4個月也就是1987年九月才開放台灣老兵回大陸探親，可是那些老兵大多是60歲以上的人了，他們的父母也多半不在人世了。

賀衷寒夫婦與孫子賀啓時合影

第4節　陽明山宗南堂揭幕禮

1963年6月24日，賀衷寒應張其昀的邀請，欣然出席了中國文化大學（當時是中國文化學院，1980年改制為大學）宗南堂揭幕禮。說到張其昀，賀衷寒對他頗有好感。

1949年，國民黨政府搖搖欲墜，蔣介石困獸猶鬥，一方面沿長江佈防，要與共產黨決一死戰，一方面加緊謀劃後退之路。這時候，一個神秘的「高人」出現了，他給蔣介石指了一條路：一路南退，退守孤島台灣。這位「高人」的出現，改變了國民黨的命運，也改變了中國歷史。他就是張其昀。1949年初，經過遼沈、平津、淮海三大戰役，國民黨軍隊的有生力量已被消滅過半，在大陸的統治也面臨徹底垮台。國民黨何去何從讓蔣介石徹夜不眠。各大要員登門遊說均被蔣介石搖頭拒絕。

有一天，蔣介石在總統府一直熬到天亮，也沒有想出什麼良策。天濛濛亮時他出來透氣，看到被他邀請來的張其昀站在院子裡。張其昀對蔣說道：「上上良策是退守台灣！」蔣介石聽了心頭一震。張其昀堅定地認為西撤川康不妥，他詳細向蔣介石說明東撤台灣的種種優勢：台灣海峽海闊浪高，它可以暫時阻止共產黨軍隊的乘勝追擊。其次，台灣作為「反共救國」的復興基地，有著大陸其他地區無法比擬的優越之處。

張其昀的一番分析實事求是，有理有據，邏輯嚴密，讓蔣介石不得不佩服。他後來又與張其昀有過幾次深入交談，最後拍板決定放棄大陸，前往台灣。

遷台之後，蔣介石鑒於國民黨在大陸的潰敗，決定改組國民黨。1950年7月，國民黨發表《中國國民黨改造案》，張其昀在

這個關鍵時刻擔任「國民黨改造委員會委員」，並被蔣介石委任為「國民黨改造委員會」秘書長。「國民黨改造委員會」全面承擔了國民黨中常委的職責與權力，替代其工作，重新對國民黨黨員進行登記，凡是未登記的，作為放棄黨籍處理。經過此次黨員登記，重建了國民黨各級黨部和組織系統。

1952年10月，國民黨召開第七次全國代表大會，宣佈改造完成。經過全面改造，徹底摧毀了陳果夫、陳立夫CC派把持二十年的組織系統，重新組織了適合蔣家父子共治、興建台灣的新的黨務系統。在國民黨立足台灣這個關鍵時刻，張其昀立下了汗馬功勞，受到蔣介石的多次誇讚。

但是作為一代學人，張其昀念念不忘的仍然是文化教育。國民黨大改組完成之後，他有一次來到蔣介石的辦公室，當面向他提出任「教育部長」的要求，蔣介石沒有二話，當場同意。

一年後的1954年，張其昀履新「教育部長」。1962年初，張其昀在台北市近郊陽明山創辦中國文化研究所，下設12個學門，包括三民主義、農學、哲學、文學、史學、政治、經濟、法律等，基本就緒後，張其昀堅決辭去教育部長一職，一心一意辦學去了。第二年，在蔣介石的建議下，研究所更名為中國文化學院。「中國文化學院」成為一所以弘揚中國傳統文化為主的綜合大學，很快聲名遠播。而張其昀也因為在文化上的成就與影響，被報界稱為台灣的「文化之父」。

張其昀不貪戀官場大力推崇中華傳統文化，賀衷寒對其敬佩有加。1963年6月24日這天一早，賀衷寒趕到中央黨部設計考核委員會辦公室，對當天工作稍作安排，即赴陽明山中國文化研究院參加十一時三十分宗南堂揭幕禮。陽明山位於大屯火山群七星山南側，賀衷寒坐在車內，一路行來，但見青山翠谷，溪水潺

潸。胡宗南去世已經一年多了，賀衷寒懷念老友不禁熱淚盈眶。

車在文化研究院大成館地坪裡停下，張其昀滿面春風上前迎接賀衷寒。

「曉峰兄辦學宣傳中華文化，台灣少了一個教育部長，中華文化卻多了一個大儒，國家之大幸啊！」

「君山兄過獎，學院還得仰仗賢兄支持，兄滿腹經綸，學院亟需你來傳經送寶呢。」

時間尚早，兩人談笑著，從大成館轉到山後，一大片橘園，鬱鬱蔥蔥，煞是可愛。賀衷寒脫口而出：「後皇嘉樹，橘徠服兮。受命不遷，生南國兮。深固難徙，更壹志兮。綠葉素榮，紛其可喜兮。」

「這是屈原《橘頌》裡面的句子，君山兄好記性。美好的橘樹只適宜生長在楚國大地，中華文化的根在大陸，我們在這裡辦學，就像是對橘樹進行移栽。」張其昀有一點酸澀的感覺。

「不，曉峰兄，『美哉中華，鳳鳴高岡』，只要我們有心，中華文化可以在全世界的任何一個角落生根發芽！」賀衷寒頗為激動，停頓了一下，又說，「我們都要向你學習，有你這樣的有心人，中華文化在台灣完全可以發揚光大！」

兩雙手緊緊地握在一起。有感於這一次對話，張其昀受到鼓舞與啟發，擷「華岡」為其地名。

顧祝同、蔣鼎文、劉詠堯、冷欣、鄧文儀等人先後趕到。賀衷寒與眾人寒暄，無非是說一些天氣、身體健康、兒女學習工作之類的閒話。大家對對顧祝同格外客氣，顧祝同畢業於保定陸軍軍官學校，黃埔軍校建立時，他擔任中校戰術教官。1952年4月，顧祝同任「總統府」戰略顧問委員會副主委，1954年7月，晉升為「陸軍一級上將」。

　　國際研究院受訓學生以及文化研究所研究人員共一百多人也趕來參加宗南堂揭幕式。

　　秘書匆匆進來向張其昀報告：「何敬公來了。」

　　大家不敢怠慢，趕緊起身相迎。來者是何應欽。

　　何應欽字敬之，1909年留學日本，入振武學校讀書，蔣介石也就讀於該校，比何應欽高一個年級。何應欽在學習期間，加入了孫中山先生的「同盟會」，1924年何應欽被孫中山任命為黃埔軍校總教官兼教導第一團團長。1934年授陸軍一級上將，1945年9月在南京代表中國政府接受岡村甯次代表日本政府投降，這是一個中國軍人所能享有的最大榮耀。1948年5月何應欽任國防部長，次年3月任行政院長，來台後任「總統府」戰略顧問委員會主任委員。

　　文化學院的宗南堂在大成館內，陽明山半山腰。一座綠色琉璃瓦建築高高聳立，端莊大氣。眾人魚貫而入，進入大堂中。何應欽致辭，稱胡宗南為黨國之脊樑，黃埔之驕傲，是踐行儒家忠孝思想的楷模。

　　何應欽致辭完畢，眾人繞牌位一圈，悠長的音樂與緩慢的腳步更增添了肅穆的氣氛。

　　賀衷寒不由感慨萬千，時光彷彿倒流，他和胡宗南站在遠赴廣州的輪船甲板上，破浪前行，海風吹亂了頭髮，兩個年輕人談論著中國局勢，憧憬革命，意氣風發。

第5節
蔣介石的猜忌與賀衷寒的面相學

　　賀衷寒家裡裝了二部軍用電話，直通總統府，一部裝在客廳，一部裝在賀衷寒的臥室床頭旁，平常很少使用。在賀一平的印象中，他只看到用過兩次，一次是父親打到總統府，還有一次是總統府打電話過來，說蔣總統要召見他。那次從總統府回來後，方孝英就問他什麼事，賀衷寒回答說，「沒什麼大事，是總統例行召見。」

　　蔣介石問他：「最近為什麼瘦了呢？」

　　賀衷寒回答：「最近身體不大好，長期瀉肚子。」

　　蔣介石頗為關心，「君山啊，你的體質不太好，目前也沒有繁重的工作，要注意保養身體，以後還有更重要的擔子呢。你看，壽山他，操勞過度，匆匆忙忙就走了嘛。」蔣介石提到胡宗南，不由得歎息起來。

　　1963年，賀一平上高三，學習上勞作課（大陸稱手工課），賀一平想製作電話，所謂做電話，只是做了個殼子，話筒和聽筒均是採用家裡現成的兩部軍用電話設備。因為賀一平對電學知識稍懂一些，所以知道在拆話筒和聽話筒時，只要不把聽話筒殼拿起來，電話電源未通，應該沒人知道動了電話。賀一平瞞著父親，上午拆，下午交完勞作作業，得了九十分。放學後，賀一平高高興興地回到家裡，準備重新把拆的東西裝回去時，居然看到總統府派的電工來修電話，不禁產生懷疑。於是等電工走後，賀一平就拿起這個從未用過的電話仔細看看，究竟是怎麼回事。

　　賀一平試探著對話筒說話，即刻，自己的聲音居然從聽筒裡

傳出來。賀一平嚇了一跳，馬上認定這不僅僅是電話，也是強力的竊聽器。也就是說，他父親，乃至全家人在家裡所說的話，總統府都可以聽到。這兩部電話已經在賀家十幾年，也就是說偷聽了十幾年。賀一平感到非常憤怒，對著電話大吼：「不要臉，偷聽人說話。」

賀衷寒忠於國民黨，忠於蔣介石，卻尚未得到蔣的信任，並且還監視著他。賀一平把電話有問題的情況和父親說了，賀衷寒只是對兒子笑一笑，好像並不介意。賀一平感覺到父親早已知道那是竊聽器了。

賀衷寒個性耿介，如果他生在古時候就是一個不討君王喜歡的直臣。蔣介石在他1963年8月21日的日記中這樣記載：「本日上午主持中央常會，討論對禁試協定問題，每一常委及參加者，皆任其發表意見，最無常識而偏好說理論者乃賀衷寒也，余不知修辭（陳誠）為何如此信愛他，可嘆！」。多人發言，只有賀衷寒的話讓他聽不進去。其實賀衷寒當天也沒有說什麼理論，賀衷寒在他自己的日記中詳細記載了他的發言，當天討論的是應否簽署核子禁試條約，因為蔣介石認為應該簽署，有些本來主張不簽的中常委為了迎合聖意也改變了主意，賀衷寒則認為美國已墮入蘇俄和平共存的陷阱應該不簽，但是為了孤立中共則應該簽，輕重緩急應加以考慮，賀的建議是不簽為好，約有三分之一的中常委贊成賀的看法，蔣介石則希望美蘇一起制裁中共所以決定簽了，會後蔣大概覺得賀的墮入蘇俄陷阱之說讓他十分不爽，加上賀衷寒帶領一些人和他唱反調，所以才要在日記把賀衷寒數落幾句。多年後事實證明賀是對的，核子禁試條約並未阻止中國大陸發展核武，蔣簽了該約就受到聯合國的監管，反而阻礙了自己的發展。賀衷寒不拍馬不逢迎，不主動和蔣親近，這都是容易使蔣

對賀產生誤會的原因。

蔣介石在他1964年5月30日的日記中說：「賀衷寒又有分裂本黨內部之謊妄企圖，不能不加注意，因之心神又起煩惱，以辭修（陳誠）既無知人之明而又不能自反與克己為慮耳。」兩天之後他在1964年6月1日的日記中又說：「聞賀衷寒公開說本黨終將分裂，此人為一真小人，而辭修（陳誠）好聽細言，加之其年來心理病態激增，此皆受此等小人細言之刺激所致，不知其最後利害關頭是否將陷入其包圍，受其圈套乎？當不致昏庸如此耳。」他日記一開頭說了一個「聞」字便透露了玄機，聞就是蔣介石是聽別人說的，那時候陳誠因為身體健康每況愈下就想讓賀衷寒來接替他，他向蔣推薦賀衷寒，於是那些想要爭權奪利的人就開始造謠抹黑賀衷寒，而那個好聽細言的人恰恰是蔣介石自己。陳誠在大陸任政治部部長時賀衷寒任第一廳廳長，到了台灣陳誠任行政院長時賀衷寒任交通部部長，作為賀衷寒的直屬主管陳誠當然知道賀衷寒的辦事能力和績效，他推薦賀是為了公而不是私。當時台灣實行戒嚴法，白色恐怖，賀如果確實有分裂國民黨的言行，蹲大獄都算是輕的。蔣當然並不昏庸，他派人調查，知道賀是被冤枉的，但蔣介石並沒有聽從陳誠的舉薦，他對人事另有安排。為了鞏固自己的權力並要為他的兒子蔣經國接班鋪平道路，他的黃埔優秀學生賀衷寒正好可以用來做蔣經國的陪襯和參謀，1963年行政院改組他讓蔣經國和賀衷寒同時任行政院政務委員，但是蔣經國還兼任國防部副部長，部長俞大維因病不上班，於是蔣經國是實際的國防部掌權人。當時很多人都覺得蔣經國升的太快，但是沒有人敢站出來說。1965年蔣經國正式當上國防部長，賀衷寒依然留任行政院政務委員，一直到1970年賀衷寒70歲了才退休。

　　賀衷寒在1964年6月1日的日記中也記載了蔣介石對他的疑心，日記如是記載「……，十時三十分在寓約袁守謙同志作長談，此乃渠於上週六與余面約者。據袁稱彼近因用度不夠，擬即審請退役，曾與彭明照商談此事，渠請其徑呈總統決定。渠乃作一報告，呈請總統請予退役，總統乃於週二，五月二十六日上午在總統府召見。總統首先詢其近年來是否常見賀衷寒同志？答以時常會見。又問有否談什麼問題？答見面雖多，未談各項問題。總統謂賀同志近來在搞分裂活動，你們要曉得大陸失敗的教訓。袁謂賀同志不會說這些話的。總統說他不但說了而且有很多人聽到。余聞之沉吟半響，莫明所以。真所謂晴天霹靂，繼思此乃有人中傷，否則必不致如此冤枉也」。袁守謙關心老友，後來一再勸賀衷寒去見蔣介石澄清此事而賀則認為沒有必要，賀衷寒1964年7月14日的日記有記載：「……，下午四時袁守謙同志來談關於向總裁呈明心跡事，余認為此等事不辯自明，渠則認為仍以惋為說明為上。」賀衷寒依然覺得不必見蔣，他所料不差，後來果然沒事。1965年又應邀入閣繼續擔任行政院政務委員。

　　1958年胡適勸蔣介石不要繼續連任總統，同時胡適自己也有意參選總統，於是蔣在日記中就罵胡適是小人。1971年美國總統尼克森開始和中國大陸改善關係，尼克森也成了蔣日記中的小人。這樣看來蔣心目中的小人就是會影響他統治地位的人。黃埔軍校是蔣介石發達的基石，而賀衷寒在黃埔軍校同學中聲望很高，這當然會引起他對賀的猜嫉，陳誠曾任黃埔校教官也是黃埔系的，所以陳誠越是說賀衷寒好，蔣就越不是滋味，說賀是小人就是基於這種心理因素。

　　蔣介石對下屬監視應該是全面的，賀衷寒在大陸時曾經和毛澤東，周恩來有過交往，雖然那些交往大都是賀衷寒奉蔣之命的

公務來往，但依然會引起蔣介石的特別關注。國共合作抗日時在武漢賀衷寒和周恩來曾經有一段時間共用一間辦公室而且辦公桌是面對面的。1939年他在延安和毛澤東有幾次長談，有一次還是在毛澤東住的窯洞中。

陳賡在黃埔軍校時，有一次，在蔣介石的辦公室，發現蔣介石的桌子上有一本黃埔軍校學生的花名冊，裡面把所有共產黨員學生的名字都用筆勾了出來，並且在陳庚名字下面邊註明「共產黨？不許帶兵」。

賀衷寒畢業於黃埔軍校一期，後又留學蘇聯與日本，軍事應是他的專業，但是在他這一生中，蔣介石任用他做政治、政訓、政工、黨務工作，到台灣後又擔任交通部部長、行政院政務委員，從來沒讓他帶過兵，是不是與他早期參加了社會主義青年團有關？答案就不得而知了。也有人說蔣不讓賀帶兵而讓他去建立軍隊的政工系統是看出賀的優點讓他發揮所長，賀衷寒的確沒有辜負他的期望，建立了完善的政工制度也鞏固了蔣的軍事領導地位。

賀衷寒年輕時與朋友聊天，喜歡探討中國的歷史。他痛恨官僚地主，有一次湖南老鄉在他家裡聚會，談到了中國傳統文化。賀衷寒自嘲地說：「我是讀書人出身，都是有病之人，百無一用是書生啊。」

鄧文儀說：「我們都是讀書人，先讀書，後打仗，再搞國家建設，好歹也是知書明理之人，怎麼是有病之人呢？」

賀衷寒解釋道：「中國傳統文化的病根是什麼？科舉制度貽害了讀書人。讀書人不從事耕種，不拿工具，汲汲營營只想投機取巧做官，沒有想法也沒有能力促進國家經濟發展，不能為社會做貢獻。要不然就當地主，不願意改進農具，不願意從事農業生產，一門心思收地租，盤剝農民。」後來他的著作「中國之病

根」也重申了這些話。

他說，「宦官和外戚專權，皇權旁落，中國歷朝大都因此衰亡。」

當初，復興社要成立特務組，賀衷寒站起來表示反對：「不能讓一個人專權，要將特務組的權力分開。」

賀衷寒有相人用人的特出才能，常常會提到曾國藩說的「邪正看眼鼻，真假看嘴唇。功名看氣概，富貴看精神。主意看指爪，風波看腳筋。若要看條理，全在語言中」。不過，他還有一套自己的看人方法，則不是一般人能學到的。

大概在1965年，賀一平在念大學。有一次，他參加了一個小學同學會，和一個多年沒有來往的小學同學碰面了。同學會後沒幾天，他就來賀家找賀一平借照相機。賀一平毫不猶豫地將家裡的名牌相機借給了他。他們站在大門口講話，賀衷寒在窗子裡面對著他們望了望。賀一平讓同學進屋裡坐一會，他拒絕了。等他走之後，賀衷寒就出來對兒子說：「你這個相機是拿不回來了。」

後來，照相機果然沒有歸還，不僅如此，他還借了其他兩位同學的相機，全部都送到當鋪裡去了。賀一平問過父親是怎麼看出來的，賀衷寒笑笑，說：「看他的樣子就知道了。」

賀衷寒的老鄉徐克黃親口告訴賀一平，說他在大陸時作戰負傷，傷癒後，腿有些瘸了，他向老蔣報告請求安排工作，蔣介石就下手令讓他去找賀衷寒。徐克黃見到賀衷寒時，賀正要去開會，跟他打了個照面，說請他等一會兒，然後就離開了辦公室。

當時天很熱，徐克黃滿頭大汗，坐著一動也不動。大約一個小時，會開完了，賀衷寒進來了，他還是一動也不動。於是，賀衷寒就安排他管理財務。

徐克黃做得很好，財務管理井井有條。後來，他又孤身一人

隨賀衷寒撤退到台灣。每逢端午、中秋及除夕時，賀衷寒必定會請他到家裡一起吃飯團聚，並奉為上賓。

賀衷寒看人的確很准，據他自己說，他曾經任用和提拔了很多人，那些人後來都成為忠誠之士。

賀一平上大學的時候，有一個同學是香港人，他有一本英國人寫的《手相學》，該書用統計學的方法，將社會各個階層人的手相做了一個綜合整理和調查。這本書引起了賀一平很大的興趣，借來仔細看完了，後來又陸陸續續讀了很多中國和其他國家寫的關於手相的書，對手相稍微有了些瞭解。

一般說來，人的手紋分為智慧紋，情感紋，生命紋，事業紋，財富和名譽紋等。1971年，賀一平在美國拿到碩士學位後回到台灣，跟父親相處了三個月。有一天，賀一平給父親看了一次手相，發現他有兩條智慧線，紋條長且深，上面一條橫越手掌，下面一條直達月丘，兩條線像尺子一樣筆直。根據西洋手相學所說，這就是天才的手相。他的事業線也是像尺子一樣筆直，直立手中。名譽線在無名指下，既深且長。手掌中很少有亂紋和雜紋，這是非常好的手相。他的手相也符合中國相書上所記載的平章政事人才的手相。賀一平說：「我曾經看過百人以上的手相，都比不上您的手相好。」

賀衷寒一生都相信科學，不迷信命運，他對賀一平的解說聽得很仔細，但是不發表任何意見。這件事過了幾天，賀衷寒特意過來對兒子說：「世界上所有事情都是一定的，我三十幾歲就當了中將，到現在還是中將。從大陸到台灣，難道這不是命定的嗎？凡事要想開，心胸就豁達了。」其實賀衷寒是因為由軍職轉為文職所以未能晉身上將，但是他曾經任交通部長，三度入內閣，武為上將，文可入閣，內閣地位與上將並無差別，黃埔同學

中除了他也沒有別人能夠三度入閣，只是在軍階上未能達成他的
心願而已。

第6節　淡泊名利，與人為善

　　賀衷寒閒暇時喜歡下象棋，和妻子下的時候，讓她一個車還能取勝。在朋友圈裡，賀衷寒經常和蕭贊育下象棋，但蕭天天在研讀棋譜，而賀從不讀譜，所以蕭的棋藝略高一籌。

　　賀衷寒的大兒子賀正平的棋藝很好，曾經是台灣航業界象棋比賽的冠軍，蕭贊育也下不過他。所以每次軍校老同學聚會蕭贊育要挑戰賀衷寒象棋時，賀衷寒就會說：「我們兩人下棋，只是消遣，如果你一定要分出高下，那你就先和我兒子下，贏了我兒子再來和我下。」大家都知道賀正平的象棋實力，聽了都會大笑。

　　賀衷寒生平喜歡釣魚，在閒暇的時候就會花上一天的時間垂釣，通常是清晨就出發，傍晚才歸。賀一平學校放假的時候，常常會陪他一起去垂釣。

　　賀衷寒釣魚，通常會去台北市近郊的淡水出海口、七堵山中的湖邊、內湖，或者家附近的小河邊。有時滿載而歸，有時收穫甚少。

　　賀一平記得七堵山中有一個養殖湖，裡面魚很多，尤其是鯽魚多不勝數。賀衷寒的魚竿有兩個鉤子，一次就可以釣到兩條魚上來。賀衷寒就想：何不在魚竿上多增加幾個鉤子？他就自己設計，讓魚竿掛了五個鉤子，但是這樣，浮標就會被拉到水裡，於是，賀衷寒用乒乓球代替浮標，果然可行，一次就可以釣到三四條魚上來，收穫量大增。

　　有一次賀衷寒和蕭贊育聊天，賀衷寒認為中國的很多字其實都是來源於一個字，後來演化成很多不同的字的。例如尖、前、沿、簷、巔、邊，這些字的發音都很相似，並且也都有邊緣的意

思。賀衷寒就認為這些字有可能都是從一
個字慢慢演化而來的。蕭贊育說：「知道
你書讀得很多，對很多事情有自己的見解
和研究，沒想到你對漢字也這麼有自己獨
特的看法，真是佩服啊！」

蕭贊育35歲

　　賀衷寒不僅中文底子深厚，毛筆字也
寫得特別好，字體是魏碑。

　　此外，他還會寫雙鉤字。所謂雙鉤字，是以草書的格式，但
是中間是空的，只鉤在外面，一筆成一字。

　　常常有朋友來求字，賀衷寒一般是來者不拒，欣然答應，寫
好後免費送給朋友。只有一次，到越南有公務的陳大慶對賀衷寒
說，有一位華僑想求字，賀衷寒讓陳大慶轉交給那位華僑，不料，
那華僑卻讓陳大慶帶給賀衷寒五千美金作為答謝。由於陳大慶不再
回越南，距離又太遠的原因，賀衷寒無奈，就收下了這筆錢。

　　賀衷寒除了寫字外，還經常閱讀報紙、書籍，自學英語。在
賀一平的印象中，他每天至少念半個小時，甚至一個小時的英語報
紙。他可以閱讀並書寫俄語、日語、德語、英語四種外國語言。

　　賀衷寒記憶力驚人，他對賀一平說：「當年在上海外國語學
校時，為了學習俄文，我強迫自己一天記住五百個俄文單詞，三
個禮拜後便可以讀俄文報紙。」

　　賀衷寒六十歲之前曾抽煙喝酒，但是喝酒只是參加宴會的時
候喝，平時在家從不喝酒。抽煙也只是抽兩口，就擺在那不抽了。

　　賀衷寒曾有一段時間長期瀉肚子不止，人變得很瘦弱，看了
很多中西名醫都治不好。後來，家裡來了一個老男工，名叫魏孝
元他從大陸隨軍來台，從來沒讀過書，大字不識幾個，他說他有
辦法治瀉肚子，魏孝元到郊外采了一些藥草，煮水給賀衷寒喝，

沒有多久，賀衷寒的病就好了。於是，從那時起，賀衷寒就再也不抽煙喝酒了，並天天打坐，又勤練瑜伽術，以保重身體。他七十歲時，還能夠把雙腿盤到頸上，形成圓形，蛇盤蛋勢。當然，這是需要很長時間的練習才能做到的，從這可看出他的毅力非常人所能及。

賀衷寒家裡有一個司機叫蔡金池，是台灣人，他開車技術很好，為人也很忠誠，為賀衷寒開了20多年車。有一次，他父親去世，為了辦喪事向賀衷寒請了兩個禮拜的假，於是就有一個代班的司機來給賀衷寒開了兩個星期的車。這個代理司機後來還想繼續給賀衷寒開車，不想離開，就不把車的鑰匙還給蔡司機。老蔡也不好意思要他還鑰匙。只好和賀衷寒說他要辭職。賀衷寒問蔡司機要辭職去做什麼，老蔡就說要去開計程車，賀衷寒只得同意，就在蔡司機轉身要走的剎那，賀衷寒突然察覺到了什麼，馬上就讓他停了下來，問他：「你真的不想做了嗎？」老蔡說：「代理司機想繼續做下去，要我答應他，他又扣了車的鑰匙不還給我，我不好意思要回來，就答應他了。」賀衷寒聽後直搖頭，就把代理司機叫來說：「不僅僅只會開車就好了，我還要經常走親串友、釣魚，老蔡都很熟悉。我還是要老蔡回來，請你把鑰匙給他。」可見賀衷寒有很大的親和力，讓人喜歡為他做事。後來蔡司機一直替賀家開車，等到賀衷寒去世並且下葬後，公家小轎車被取消了，才離開賀家。

賀衷寒家裡有廚子、傭人、司機，這些都是國民黨政府提供的，但賀衷寒個人的生活，還是十分儉樸的。請客擺宴，他會讓廚子做得豐富點，除此之外，日常吃的都非常簡單。

賀家的廚子叫李先珍四川人，抗戰在重慶時他才15歲就到了賀家，開始只是來挑水的，後來他很勤奮，自己學會了做菜，就

一直給賀家做飯了。他做的菜非常好吃，賀衷寒一直很喜歡。

食不厭精膾不厭細。自己也發明了二道菜。一道菜叫炒羊肚絲，將羊肚切細絲與碎花生粒、香菜同炒；另外一道菜是紅燒牛蹄，以牛蹄上的筋肉代替熊掌精心製作。

有一次，賀衷寒請袁守謙、鄧文儀、蔣伏生等老朋友到家中吃飯，上一道紅燒牛蹄。袁守謙品嘗後，羨慕地說：「君山兄，想不到你家裡居然還有熊掌，真奢侈啊。」

鄧文儀瞪大了眼睛，頗為費解，「你君山兄一向謹慎自律，這是做的哪門子生意呢？」方孝英笑著道出了原委。客人們連聲誇讚，大快朵頤。

一天，賀衷寒請駐美大使邵毓麟在家中吃飯，邵毓麟覺得菜很好吃，就讓老李出來，說希望他可以到台灣駐美國使館裡為他們做飯。老李那個時候已經在賀家服務了30年，與賀家建立了深厚感情，難以選擇。賀衷寒勸說他：「天下沒有不散的宴席，你在我們家這麼多年，把我們照顧得很好，我代表全家感謝你。你到我這裡幹是混日子，過一天是一天，沒有出息。你到外交部去幹，可以見世面，你的手藝會派上大用場，是正路。」

李先珍去了外交部，也通過了考試，於是就被派送到台灣駐美國「大使館」做大廚了。

賀衷寒經常要出席婚禮，給新人當證婚人，或者做治喪委員會主任委員。尤其有趣的是，賀衷寒居然答應擔任趙恒惕治喪委員會的主任委員。趙聚鈺的伯父趙恒惕去世後，趙聚鈺本來請蔣經國做治喪委員會的主任委員，但是蔣經國授意他，應找他家鄉的前輩賀衷寒主持。趙恒惕去台灣後任「總統府」國策顧問、資政，晚年從事佛教活動，曾任台灣佛教會會長。1971年去世，享年91歲。

　　賀衷寒本來對趙恒惕是有芥蒂的。1922年，湖南省鎮壓工人運動，新聞記者賀衷寒針對省長趙恒惕，寫下了措辭激烈的社論，被趙恒惕抓去坐了三個月大牢，險些丟了性命。

　　給新人當證婚人時，賀衷寒常打趣說：「婚姻是人生的大事，婚前人可以自由自在，婚後人的自由就只剩下一半了，比如說睡覺時是橫著睡，豎著睡還是疊起來睡都要先商量商量才行，不能再為所欲為了。」他認為人的自由是有範圍的，要顧忌到別人的自由。

　　大約在1966年，張鎮的兒子張禮寧結婚，請賀衷寒做證婚人，憲兵司令吳輝生做主婚人，賀一平是伴郎，蔣經國也被邀請來參加婚禮。向來賓致辭的時候，蔣經國和賀衷寒就互相推辭，推到最後，還是賀衷寒上去致辭了。蔣經國因為有糖尿病，飲食特別小心，沒有吃喜宴就先走了。入席用的大圓桌子可以坐十二個人，賀衷寒夫婦，吳輝生夫婦，袁守謙夫婦，蕭贊育夫婦，新郎新娘，賀一平和伴娘，坐在一桌。新郎和新娘的對面是主位，這個主位應該是賀衷寒坐的，因為賀衷寒資格最老，地位最高，但是吳輝生夫婦沒有讓座就先坐在主位上了。他們坐下來後，賀衷寒倒很平靜，但其他人臉上不好看，沒有一個人說話了，氣氛尷尬。這時，吳輝生發現自己犯了大錯，匆匆忙忙吃了兩道菜，就先行離席了。當時台灣上軍界下級觀念如此之嚴格，固然有利於軍令的下達和施行，但不利於長官和下屬間的溝通。這個也可以看作是中國傳統文化中固有的陋習吧。

　　賀衷寒和朋友閒談，或者學生到家中請教的時候，最喜歡談的就是說中國為什麼會改革換代，常常引用資治通鑒上的警示。他說中國朝代的更換，大多是因為前朝宦官和外戚專權所致，這恰巧印證各朝代的滅亡，似乎成理。賀衷寒是否想到國民黨在大

陸失敗的因素，也不乏外戚專權呢。

　　對於讀書人只想著做官，賀衷寒一直持反對態度。在大陸他寫過一本書，叫《後期革命之號角》，後在台灣出版時改為《中國的病根》，其要旨是勸中國的讀書人不要只想著做官。他認為中國社會過去不能進步的主要原因就是科舉制度，中國有知識、有才能的人以為做官光宗耀祖才是唯一出路，這些人對國家的生產沒有任何貢獻，還要用搜刮老百姓的錢去養一批自己的家族，這就是中國貧窮落後的原因。只要有年輕人去拜訪，他就會不厭其煩地重複說這些話。憂國憂民的心，溢於言表。

　　晚年的賀衷寒，對名利非常淡泊。1962年賀衷寒任國民黨設計考核委員會主任委員，蔣介石派人送給賀衷寒一張親筆簽名的照片，還要來人問賀衷寒說他的學生都向他要簽名照，為什麼賀衷寒從來沒有要？賀衷寒回答說別人要簽名照是想炫耀拉近自己和蔣校長的關係，而我賀衷寒和蔣校長的親近關係人人都知道，不必要再麻煩蔣校長給我簽名照了。一般人拿到照片一定會如獲至寶，掛在客廳，引以為榮，而賀衷寒卻把它放在臥房裡，正對著他的床。他用雙盤腿打坐時，正面對著蔣的照片，不知是有意還是無意。

　　曾子曰：「吾日三省吾身──為人謀而不忠乎？與朋友交而不信乎？傳不習乎？」對蔣介石，對國民黨政權，賀衷寒是不是也在每天三省吾身呢？

賀衷寒（右）與蔣經國（中）合影

第7節 免費福利，娛樂和醫療

　　台灣光復時國民黨從日本人那裡接收了很多產業，電影院也在其中，後來免費電影票就成了發給國民黨工作人員的福利券。賀衷寒不喜歡去電影院看電影，即使有免費電影票到台灣後直至他去世只到電影院看過兩部電影，一部是好萊塢1940年拿過金像獎的老片《亂世佳人》，是以美國南北戰爭為背景的名著改編的電影。50年代在台灣上演依然非常轟動。另一部是好萊塢1965年拍的《齊瓦哥醫生》是以俄國十月革命前後為背景的電影，賀衷寒在那個時代曾兩度到俄國，這是這部電影吸引他去看的原因。他在台灣二十三年只去電影院看過兩部電影，實在太少了，原因除了他不喜歡電影院的空氣，還有就是他不願意浪費時間，他把空閑時間都用在戶外活動，鍛煉身體，或是閱讀自學，充實自己。

　　賀衷寒六十歲之前曾抽煙喝酒，喝酒只是參加宴會時才喝。抽煙也是淺吸，他體質偏弱，賀衷寒很相信醫生，不論中西醫他都看，有一次他數月腹瀉不止，看了很多名醫都治不好。由於他曾經創辦過勞動講習班和交通講習班，學生很多，有他有一個學生喜歡業餘研究針灸，又從法國買了一套可以找到穴位的儀器，這個學生就自告奮勇免費為他針灸治療，這個學生用一根長約10公分的金針從他的後腦扎入一半深，家人在旁看了無不駭然，而賀衷寒依然談笑自若，但是針灸很久依然無效。後來還是被草藥治好了。

　　賀衷寒到榮民總醫院做定期身體檢查或是看醫生治療，都是約好時間，不需等待而且都是免費的，住院或動手術也是免費的，住院住多久都沒關係，他又和榮民總醫院的幾個醫生交了朋

友，他的健康是受到很好的維護和照顧的，可是沒想到可能是因為住醫院太久被醫院洩露的放射線照射而得了骨癌的怪病。

他的二兒子賀允平則有另外的經歷和看法，他出生在重慶，正值抗日戰爭的後期，他一歲時生了一場大病幾乎沒救，幸好遇到一位名叫依克倫的好醫生才治好，於是賀衷寒夫婦就讓賀允平認依克倫醫生為乾爹，依克倫是留德的西醫，主治內科和小兒科，他就成了賀家的家庭醫生，後來他也到了台灣，而且診所離賀家也很近，他到賀家出診，用藥完全免費，小孩子經常生病如果碰到吃壞肚子了或是小感冒他就不打針不用藥，只要賀允平和賀一平斷食或少食，多喝開水多休息，過幾天自然就好了。於是賀允平和賀一平從小就養成了身體不適時先自療的習慣。

到了台灣不久，朋友介紹了一位名叫周少吾的牙醫，他是四川成都華西大學醫學院畢業的，醫術非常高明。他替方孝英做了一副假牙，居然用了六十年依然完好無損，而且後來方孝英在美國做的好幾副新假牙都不能替換這副舊假牙。周少吾非常尊敬賀衷寒，賀家人看牙一律免費，連方孝英的奶媽做了滿口假牙也不收錢，方孝英只好拜託航業界的朋友們經常從海外帶一些台灣很難吃到的水果或特產送給他作為答謝。賀衷寒的牙齒很好幾乎沒

賀衷寒夫婦與孫子賀啓時

有看過周醫生，等到賀衷寒七十歲，牙齒鬆動需要看醫生時，周少吾已經退休六年了，而且移民去美國了。後來賀衷寒看的牙醫都不高明，這也成為他身體轉弱的原因之一。

第十章
盤根錯節　不失其志

第1節
再次「入閣」，蔣介石提前佈局

　　1958年一位岳陽籍鄉親來到賀衷寒家裡，說老家已經通電了。賀衷寒當即予以否定，認為這是不可能辦到的，並預言說，如果他們的家鄉那麼偏僻的山村都能通上電，中國就了不得了。

　　賀衷寒的預言果然正確。2015年，賀一平返鄉時詢問家鄉的父老，他們說1969年農村才通上電。第二年，中國的人造衛星就已成功發射，第一架自主研製的超音速噴射戰鬥機成功，第一艘核潛艇下水成功。這些都是重工業和國防工業有了基礎後才能造成的成果，而且都是家鄉通電的後一年，也就是1970年。賀衷寒說得很對，故鄉通上電後，中國真的了不得了。第二年，也就是1971年，就有了尼克森訪華的破冰之旅。當然，這是後話。

　　賀衷寒到台灣住進浦城街那房子不久，就有人送了一大缸從大陸運來的正宗紹興黃酒，賀衷寒如獲至寶，一直捨不得喝。直到1963年的臘月，賀衷寒才決定拿出來請朋友喝，賀衷寒宴請了袁守謙、蕭贊育，也邀請了蔣經國。由於蔣經國有糖尿病，醫生囑咐他嚴格控制飲食，就沒有出席。

　　袁守謙是著名的品酒專家，酒開缸後，袁首先品嘗了，他認為這個酒已經變味了，但是大家都捨不得扔掉，還是把酒熱了喝了。賀衷寒吮了一口，酒在嘴巴裡滋嗞作響，好一會才滑進喉嚨，連連感歎：「想當年在大陸時，昌城好大的雪，蔭國（宋希濂）從鄉下帶來用松樹枝熏的臘肉，切成小塊，洗洗，放進鍋裡慢煮，快熟時丟一把紅薯粉條下去，樓上樓下香氣瀰漫。吱溜吸半碗粉條，啃一根骨頭，咬一塊肥肉，品一口紹興黃酒。嘖嘖，

那種快活，不羨神來不慕仙吶！」

　　袁守謙附和著說：「這件事我也一直記得呢，不知怎麼回事，越到老年越想家啊。」

　　「不說這些了，來來來，喝酒。」賀衷寒招呼著大家。幾個人酒杯碰在一起，一飲而盡，互道祝福。

　　宴會結束後，還剩下一些酒，賀衷寒就自己留著又喝了好久。這些從大陸到台灣的人，即使離開了家鄉，還是對家鄉有著濃濃的鄉情，酒變味了，也捨不得丟掉，還要繼續喝完。

　　六十年代，賀衷寒在台灣與老朋友經常聚會。蕭贊育與賀衷寒過從甚密，經常互相打趣。

　　北伐時，在一次戰鬥中，一顆子彈從蕭贊育的前胸打進去，從後背出來。蕭贊育當時就血流如注。好在當時年輕，身體素質好，通過靜養，恢復了健康。

　　一次參加袁守謙家裡的晚宴後，客人們在聊天，賀和蕭兩人在一起下棋。聽到有人說：「做官的人有權有勢，有人巴結，要做到一身清白，實在不容易。」蕭贊育就打趣說：「一身清白，這四個字在你走了以後，我送給你。」

賀衷寒的晚年生活

賀衷寒笑哈哈地，「好啊，你到時候給我作證。」

1972年，賀衷寒去世，蕭贊育無比悲痛。奉上一副挽聯：「思慮通純，兩字公衷昭慨節；操持堅忍，一身清白著廉隅。」

蕭贊育有四個兒子一個女兒，兒子取名蕭元（又名旦明），蕭亨，蕭利（又名理明），蕭貞，「元亨利貞」是以易經的乾卦的卦辭為四個兒子命名。

蕭贊育很喜歡賀一平。辦完賀衷寒的喪事，送靈柩上山。蕭贊育特意對賀一平說：「我會待你像自己兒子一樣。只要在台灣，有什麼困難儘管來找我。」

1960年賀一平初中畢業，暑期中。賀衷寒、鄧文儀、蕭贊育三家人相約外出旅遊，十幾人去了台中日月潭、谷關。

日月潭上面有一個小島，煙波縹緲，風景迷人。蔣介石曾經在此流連忘返，題寫了「光華島」三個字。「日月之光華，盡蘊其中。」鄧文儀點頭稱道。一行人乘船離開光華島，參觀上岸參觀，岸上住著一些土著居民，當時稱他們為高山族，穿著豔麗的民族服裝。

賀衷寒打聽酋長姓氏，答曰：「姓毛」。一行人不禁啞然失笑。

1963年10月，戴高樂總統授權法國前總理富爾攜帶他的親筆信前來中國，代表他同中國領導人商談兩國關係問題。根據雙方事先的協定。1月27日中法聯合公報宣佈：「中華人民共和國政府和法蘭西共和國政府一致決定建立外交關係。兩國政府為此商定在三個月內任命大使。」

新中國誕生不久，從1950年1月到3月，西方國家如挪威、瑞典、丹麥、芬蘭、瑞士先後予以承認並建立了外交關係。當時，胡志明領導的越南人民抗法鬥爭如火如荼，因為中國堅決支持越

南人民的解放戰爭。法國政府因此拒絕承認新中國。

中法建交標誌著中國加強同西歐國家關係的一個重大突破。

兩個月後，台灣政壇出現了一次權力的交替。

1963年12月11日上午，賀衷寒列席了國民黨第三次中常委會議。蔣介石出席。第六組副主任報告了全代會第四次會議經過及討論議案。即「立院」對嚴家淦提名出任「行政院長」同意投票之經過及結果。計為365票對50票，獲得了通過。

到了這一天晚上七時許，陳誠「副總統」來電話告知，要賀衷寒參加嚴家淦的內閣，擔任政務委員。

「辭修兄，年前我請辭設考委主委一職，願望落空，現在又——」

「君山兄，總裁點名點到了你，你應允就是了。」

賀衷寒何等聰明之人，他明白蔣介石對於未來的權力佈局，提前下了一盤棋。

複雜而又密切的人生交會，形成了陳誠與蔣介石之間極其特殊的關係，外人難以琢磨。1960年的總統換屆，像是在平靜的水面上，投下了一粒石子，蔣陳之間的關係起了微瀾，在胡適和《自由中國》反對蔣介石連任的風波中，陳誠被拋了出來，論合法性、資力、才幹，陳誠都具有大優勢。但是無論胡適和《自由中國》背後的知識份子群體如何鼓吹，陳誠均無任何表態。

在陳誠辭職後，蔣介石提議由嚴家淦任「行政院院長」。對此舉，在台灣政壇不少人不以為然，也有的瞠目結舌。嚴家淦是江蘇人，早年就讀於上海聖約翰大學，比蔣經國大5歲，長期從事技術工作，是一個典型的技術性官僚，他顯然到台灣時間很早，但長期在島內默默無聞。提議這樣的人擔任如此重要職務，似乎不太符合蔣介石用人的標準。

其實，蔣介石用嚴家淦來填補陳誠留下的空缺，顯現出他在政治權術上的老道。經過陳誠的鋪墊，蔣經國在組織上、特務政治上的經營，有比較好的基礎了。在陳誠之後，他不能再啟用「老臣」，也不能任用本事太大、野心可能大的人，否則，可能出現影響權力交接新的障礙。所以，他必須物色一個本事雖不高，但沒有野心，沒有自己的勢力，不會與蔣經國爭權奪利的人。嚴家淦比較符合這樣的條件。

嚴家淦性情溫和，生活簡樸，從政不太張揚，他奉行八個字的人際關係哲學，即：「退一步想，易地而處」。從這樸實無華的信條可以看出，嚴家淦是一個與世無爭的人。他在擔任台灣省主席期間，輿論對他的評價比較低調，稱他是「好人，不是好官，是好國民，不是好公僕。」說歸說，批評家可以坐而論道，可政治家要的是政治實惠，當然，既好看又有用，那當然很好，如果不能兩全其美，那肯定是選擇「有用」的了。

說不定蔣介石所看中的，正是批評家所抨擊的。當然，嚴家淦也並不一無是處，他到台灣很早，在台灣任地方官，跟台灣本土的人士有較好的人際關係，在權力構成的有關方面，其奉行的八個字的處世哲學，有彈性，全球權力平衡；在政治上，沒有很強的權欲，可以說在政治利益上是個「中富即安」的人。儘管他政治才能不是一流，只要不爭功，不爭權，無為而治也行。

第二天下午兩點多，賀衷寒正準備出門上班，接到嚴家淦來電，要他在寓所稍等待其過訪。嚴家淦匆匆趕到，與賀衷寒面談三十分鐘，態度懇切，再三表明是「總裁」的意思，萬勿推辭。

蔣介石提名賀衷寒「入閣」，肯定有他的算盤，他看中的是賀衷寒的才幹，賀衷寒與蔣經國的關係不錯。

這一屆「內閣」是「周公輔成王」，賀衷寒還能推辭什麼呢？

　　不久，國民黨中常委會正式通過了嚴家淦「內閣」組成名單，嚴家淦從陳誠手中接下「良相」的接力棒，老老實實地為蔣經國接替蔣介石的權位修路鋪石。

　　嚴家淦上任伊始，便秉承蔣介石的旨意，提名蔣經國為「國防部副部長」。做這樣的安排，明眼人不問即可知其用意了。「國防部部長」俞大維與嚴家淦人際關係哲學大體相似，不過問內部人事，與同僚的關係比較融洽，他能「和任何一位參謀總長和睦相處」。而且，他與蔣經國是兒女親家。作這樣的安排，意在把軍權讓給小蔣。俞大維是個聰明人，與其讓人擠下台，倒不如自己主動把位置讓出來。

　　1964年1月，俞大維提出辭呈，請求辭去「國防部部長」職務。並向嚴家淦保薦蔣經國任此職務。他在辭呈中歷數了蔣經國在軍內任職的簡歷，說明他與三軍的歷史淵源及其卓越貢獻，「實是最理想的人選」。剔除其中的溢美之詞，看看所列蔣經國在軍內任職，就可以看出，蔣介石為兒子掌握軍權，作了長期的鋪墊。現在已經坐上「國防部部長」的位置，就已經徹底地掌握台灣的軍權。按照所謂的「國防組織法」的規定，軍令、軍政系統的管轄權，是由「參謀總長」與「國防部長」分享。可是到了蔣經國當「部長」，這一法定就自然地失效了，「參謀總長」等於「部長」的幕僚。俞大維作為過渡性人物，其歷史使命已經完成，主動讓位，自己也落得了一個好名聲。這大概叫做各得其所吧！

　　蔣經國與賀衷寒有著數十年的交情，兩人都在蘇聯留過學，蔣經國佩服賀衷寒的才幹，也敬重他的為人。

　　有一次，蔣經國拜訪賀衷寒，談到台灣「國大代表」的選舉，賀衷寒也有自的看法。賀衷寒說，「中國歷史上最怕出現黨爭，相互扯後腿。明朝末年黨加速了明朝的衰亡。」有人想學美

國一人一票選「總統」，選「立法委員」賀衷寒不以為然，質疑說：「一般選民只會看到短期利益。一人一票選總統不可能。譬如讓乘客自乘客中推選人來開飛機，可能嗎？大的企業怎麼選舉董事長？是由股東推選董事會，再由董事會推選有能力的人擔任董事長，如果讓大企業的員工自己來推選產生董事長，這個企業十之八九會倒閉的。」

他又說，「很多人以為學了美國的政治制度就能變得像美國一樣富強，這是不正確的，美國開國時人口很少，人民互相認識，知根知底，可以實行一人一票的民選制度，現在人口多了再這樣做遲早要出大問題，其實美國的富強得益於資本主義，自由經濟和兩次世界大戰，致使歐洲的財富和人才都集中到了美國，美國成了大財主禁得起幾代人的折騰，美國又有很多基督教會團結了人心，美國的富強和政治制度沒有關係，所以美國的成功任何國家都不可能複製。一人一票的制度選舉時大多數選民不可能完全瞭解候選人，選出沒有經驗不稱職的領導人的機會很大，不稱職的領導人會將一個國家帶向不測之境，這是拿國家安危和人民的幸福當兒戲。」

法國與中華人民共和國建交，與台灣斷交，無異於對台灣當局當頭一棒。1964年2月12日，是農曆年大年三十，國民黨中常會照常舉行，賀衷寒列席。

賀衷寒在日記記錄了這一天的情況：「九時三十分列席中常會。總裁主席。由沈昌煥同志報告我國與法國絕交之經過，其關鍵在法國政府訓令其駐華代辦薩未德轉述法國政府之意向凡五點，其中有一點表示中共外交人員到達巴黎後，中華民國駐在巴黎之外交人員當失去代表中國之理由，即無異宣佈與我斷絕外交之關係，故我不立即採取斷交之行動，當有損國家之尊嚴與光

榮。」

　　時局雖然不利，除夕還是要過的。晚上，賀衷寒約友人在家
共度農曆除夕。其中有六十年老友劉晃，五十四年老友許克黃及
其他四十或三十年之友人匡正宇、聞汝賢及在台認識之友人熊位
林、何相園、謝霖蒼、湯衍瑞、張仲仁、李用武、徐治非、劉瓊
等。女兒妙文、女婿李穎吾、小兒子一平、大兒子正平偕妻子陳
錦梅亦率子女前來。一家除二兒子允平在日本求學外均獲團聚，
其實這是慣例，每年的除夕，端午節和中秋節都是賀家全家團聚
的日子，也邀請單身在台灣老友和部屬，席開三桌年年如此。

　　第二天，大年初一，賀衷寒起了一個早，吃過早點，九時許
偕夫人孝英赴士林總統官邸賀年。這是賀衷寒第一次向蔣介石拜
年。過去在大陸及來台灣均未曾如此做過。

　　這一天，蔣介石也起得很早。不論春夏秋冬，每天凌晨5點
左右，當整個士林官邸還被灰黑的天幕籠罩著的時候，蔣介石便
穿著睡衣起床了。

　　在蔣介石每天起床之前半小時，副官、隨從們就開始工作
了。第一件事是燒開水，燒開之後先倒好一杯，冷卻到60攝氏度
左右，另一杯則保持在水沸時的溫度，這是給蔣介石起床後喝
的，喝的順序是先涼後熱。

　　蔣介石洗漱的第一項程序是洗臉，用的是冷水，這是他在日
本當兵時就養成的習慣，他先將毛巾浸在水中來回搓洗，隨後拿
起來交叉絞扭，使勁地將毛巾中的水分擰乾，然後再抖開毛巾捂
在臉上，仔細地擦拭著臉上的每一寸肌膚，洗完後，再用幹毛巾
在臉部反復磨搓，這樣能使臉部血液迴圈正常進行，人走出來滿
面紅光。蔣介石的漱口也有一套順序，漱前，侍衛們在他的洗臉
台上，擺放一隻空杯，一瓶涼白開。漱時，他習慣在涼白開水中

加放少許裡思德林藥液，這樣既能使口腔衛生，又會使口中清爽並帶股清香味。漱完之後，侍衛再送上兩杯事先備好的300毫升左右的開水，一溫一燙供他慢慢享用。

等到蔣介石盥洗結束，喝完開水，就開始在陽台上做柔姿體操和唱聖詩，背《聖經》。大約20分鐘後，蔣介石便回到書房靜坐祈禱。他先用毛毯蓋好自己的膝蓋，往眼睛裡點上眼藥水，一面點藥，一面用一條白色手帕輕輕地擦拭按摩雙眼。點藥完畢，他閉上雙眼，靜坐40分鐘，口中念念有詞，靜坐時間之準確，能以分計。

大年初一，國民黨會舉行團拜活動，但是還是有不少官員在團拜之前去總統的士林官邸拜年。每年第一次簽到的必定是僑務委員會委員長高信，因為與「高興」諧音，以期討蔣介石高興。

賀衷寒返城後即向「副總統」陳誠以及何應欽、顧祝同、蔣鼎文老師及張群秘書長及其他友人分別拜年。

十一時，賀衷寒趕到三軍軍官俱樂部，參加陸海空軍各負責同學及來台後退役之前期同學們的春節團拜會。往年均由軍事方面負責同學出面邀請其他同學參加。團拜會的請柬中，賀衷寒的名字列入邀請方之列，就是說要他作掛名的主人，大概因為他現在又入了閣的緣故。

賀衷寒感到滑稽，這種把官位當做地位來看待的錯誤觀念是毫無意義的。

當天下午，宋美齡代表蔣介石回拜。也到各來拜年的官員家裡留下名片回拜。

大年初二，賀衷寒又偕夫人參加了湖南同學會負責人召集的春節團拜會。

春節，總算在噓寒問暖、忙忙碌碌中過完了。在傳承、延續

老祖宗規矩方面，台灣與大陸並無二致。每逢佳節倍思親，這些流落台灣的異鄉人，難免惆悵與失落。

有一次，宋美齡在士林官邸舉辦茶會，招待各部門政要的夫人。蔣介石出來和所有的太太們打招呼，握手。賀夫人方孝英也參加了茶會，有人在一旁介紹說：「這是方鼎英的女兒。」

方鼎英清末官費留學生，日本士官學校畢業，後來又於日本野戰炮兵學校畢業再入日本東京帝大造兵科研究，在日本學習軍事十四年，曾參加孫中山創立的同盟會，辛亥革命時領導學生軍佔領漢陽兵工廠，蔣介石北伐時擔任黃埔軍校教育長兼任代理校長，日本製造濟南慘案時主張立即抗日，和蔣介石政見不合而離開了蔣。

1949年秋，方鼎英援助湖南省主席程潛、國民黨第一兵團司令長官陳明仁率部起義。

解放後，方鼎英受到中國共產黨和人民政府的禮遇。歷任湖南省參事室主任，省司法廳廳長。政協湖南省委員會副主席。

方鼎英同許多黃埔早期學生一直保持著深厚的師生情誼。在國家尚未特赦戰犯之前，他每次到北京開會，總要申請去監獄看望王耀武、廖耀湘等人，勉勵他們重新選擇道路。以後，宋希濂、侯鏡如等原國民黨將領，每到長沙必登方府拜謁；陳賡、陶鑄等解放軍高級將領、中共高級領導幹部來長沙，也要上門與方共敘師生之情。

時過境遷，蔣介石對方鼎英的所作所為似乎並無不滿，聽到介紹後，他握著方孝英的手，久久不放，注視著方孝英很久，彷彿在尋找方鼎英的影子，「嗯，黃埔時，我稱令尊為方老師。」方孝英一直擔心她父親反蔣會影響她的丈夫賀衷寒，但是現在看來這種擔心是多餘的了。

1964年的10月，中國在西部地區上空成功地爆炸了第一顆原子彈，原子彈的爆炸成功，是中國核武器發展的一個重大飛躍，在國際上產生了強烈反響。一個多世紀以來的被壓抑的民族自尊，也隨之釋放。

在冷戰環境下，是否擁有核武器，是大國的重要標誌。台灣這邊，更是風聲鶴唳。

不久，「國防部長」蔣經國就來到了賀衷寒家裡，蔣經國與賀衷寒在客廳裡說話的聲音很小，賀一平在別的房間聽得不是很清楚，但是有一句話卻聽得特別真切，因為賀衷寒的聲音突然提高了很多，「和有和的辦法，打有打的辦法。」

賀一平猜想是小蔣奉老蔣之命來問計於父親。

1965年賀衷寒辭去中央設計考核委員會的職務，繼任者為前「教育部長」黃季陸。早在1964年，賀衷寒就想辭去相關職務，專心調養身體，頤養天年。然而，新上任的「行政院長」嚴家淦卻秉承蔣介石的意思，一再延請他出任「行政院」政務委員。

1965年3月5日，陳誠因肝癌逝世，畢生恩怨歸於塵土。蔣介石令蔣經國終日守護在病榻之旁，蔣夫人亦親往探視，對陳夫人撫慰備至。

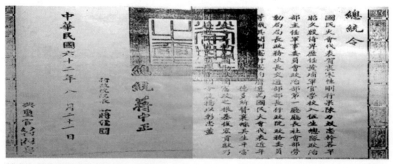

蔣介石蔣經國褒揚賀衷寒的《總統令》

　　儘管外界盛傳蔣、陳之間晚期互動漸趨冷淡，似有矛盾存在，但蔣介石對陳誠的故去悲愴不已，則為不爭的事實。他親手題寫了：「辭修同志千古。」手書挽聯一幅：「光復志節已至最後奮鬥關頭，哪堪弔此國殤，果有數耶；革命事業尚在共同完成階段，竟忍奪我元輔，豈無天乎。」並在挽額上親書：「黨國精華。」

第2節　日暮鄉關何處是

1968年，賀一平到美國留學後，曾經和很多從台灣來的朋友談對中國、乃至世界的形勢和看法，他發現幾乎所有台灣人和他的觀點格格不入。

從1949年一直到1988年蔣經國去世，台灣和大陸的消息基本是隔絕狀態，台灣對大陸的報導也都是負面的。台灣在政治方面推崇美國的制度，也學習美國，對中國大陸所從事的建設、人民生活改善所做的努力從不報導，台灣人民對這些一無所知。台灣對大陸的政策發生一些失誤，必定是誇大其詞，抹黑造謠。

賀一平對大陸的看法，為什麼與大多數台灣人不一樣呢？賀一平認為這都是父親對他的影響造成的。賀衷寒很早就奉蔣介石的指示，從事蘇聯、中國共產黨的問題研究，並想出對策。賀家還有一個非常大的收音機，在後院裡又加了一個很高的天線，可以接受蘇聯廣播，這是總統府為賀衷寒研究蘇聯問題特別安裝的。中國共產黨的書籍、雜誌、期刊、報紙，只要發行出來的，賀衷寒家裡通通都有。

在賀一平的印象中，從初二到高三這五年中，他花在看這些共產黨雜誌的時間，比在學校學校時間要多得多，所以當他的同學被台灣方面各種不切實的宣傳所迷惑時，賀一平的想法和看法卻是開明和開放的。因為他看到了台灣和大陸的優缺點，並知道大陸當時在重工業和國防工業從事大規模的建設，修鐵路、橋樑、水利工程、電力工程、發電站、發電廠。由此，賀一平得出大陸必定會走向富強結論。

「大陸現在推行『文化大革命』，不知中國將來會怎樣？能

走向富強嗎？」1971年，賀衷寒從美回到台灣，和父親聊天。

賀衷寒六十歲留影

賀衷寒說：「大陸著力發展重工業和國防工業是想先強再富，國富不強必受強國覬覦侵略，毛澤東深謀遠慮，發動文革有其政治目的，但大陸是不可能靠搞文革富起來的。」

賀一平說：「毛澤東既然深謀遠慮，一個制度和方法行不通，難道他不會改變嗎？」

賀衷寒就說：「如果他讓鄧小平出來，情況就會有所不同。」

1071年鄧小平仍在江西下放，賀衷寒自來台後，再也沒有踏上大陸半步，但是，他通過各種特殊管道獲得了來自中國大陸的情報對大陸的政治、經濟、軍事等情況，可以說了然在胸，他預知了中國的未來。

賀衷寒的判斷無疑是正確的。鄧小平在歷次政治運動中，幾起幾落，但最終成為第二代領導人的核心，帶領中國人民走上改革開放繁榮富強的道路。

風燭殘年中，賀衷寒無時無刻不在懷念大陸，他告誡賀一平：「我們的根在大陸，在洞庭湖畔，記住了祖先的文化，就記住了自己的根。」

「耕讀繼世，孝友傳家。有文化傳承就有智慧。」

台灣至今用的都是繁體字，而賀衷寒贊成用簡體字。他說：「中國的文字歷來都是在不斷地進化，簡化文字應該也是趨勢才對。」

蔣介石曾經考慮過讓賀衷寒任職文教方面的職務，也派人問過賀衷寒對於簡體字的看法。因賀衷寒贊成簡體字，所以蔣就沒

有讓他擔任那個職務。

　　賀衷寒主張簡體字最直接的證據，就是他為三個兒子起的名字，老大名字正平，正字是5筆，老二名字允平，允字是4筆，老三的原名是乂平，乂字是2筆，筆劃越來越少。賀衷寒對老三說：「如果你名字太多筆劃，就會讓你一生寫名字麻煩。」可是很多人都以為賀乂平的名字是仁義的「義」簡寫，都叫他賀義平，由於繁體字的「義」有十三筆之多，所以賀衷寒不同意用這個字。而乂字沒有幾人認識，帶給賀一平很多困擾，他就對父親說：「何不改成『一』字，讀音相同，筆劃還更少，我是你最小的兒子，『一』也是最小的數字。」賀衷寒說：「好吧，『一』也可以作『么』解，你是『么』兒，可以。」於是大學畢業後賀乂平改名賀一平。服完一年兵役後他去歐洲和美國留學三年並取得建築學碩士學位。1971年8月賀一平回到台灣停留了三個月，賀衷寒希望他留在台灣，對他說：「張其昀要你擔任文化學院建築系系主任，台北市公務局的張局長要你當顧問，華美建設公司的張董事長也聘請你當顧問，你有這麼多的事做，何不留下來呢？」賀一平回答說「海闊縱魚躍，天空任鳥飛。可是他們都姓張，好像是要張著弓和羅網來捕捉我呢。」賀衷寒聽了覺得好笑就說：「你怎麼可以這樣亂說，你的祖母就姓張。你也知道總統蔣公和經國先生都很欣賞你，你在這裡會有很好的前途，你已經26歲，你如果過了28歲還沒有出名你一生就很難有什麼成就了。」賀一平說：「他們對我好還不是因為父親的關係，我知道在這裡我可以像趁電梯一樣很快的上升，可是我想去開創自己的人生和幸福，我覺得這樣才安心。我在美國大學研究院的指導教授巴泰爾先生問拿到學位後的打算，我說還不知道，他說我應該去心裡想要去的地方，我完全同意。我現在還不知道應該去什麼

地方，但是我心裡卻不想留在這裡，我不想留在一個和我想法格格不入的地方，現在政府實施戒嚴法，大陸的資訊完全斷絕，有的全是負面宣傳，爸爸你又退休了，大陸的報刊資料也看不到了，我在美國的圖書館還能看到大陸的報刊雜誌，美國距離中國大陸雖然比較遠，我在美國反而感到離大陸更近，我還是回美國去，我可以做一個愛國華僑，什麼時候兩岸和平了，我就回來。」賀衷寒說：「你老是提到大陸，難道你被共產黨的宣傳迷惑了。」賀一平說：「國民黨老是說共產黨不好，但是國民黨自己就不應該檢討嗎？國民黨每次開會都要恭讀總理孫中山先生的遺囑，遺囑一開頭就說余致力國民革命凡四十年，其目的在求中國之自由平等。也就是說中山先生革命一生所追求的目標就是要中國不再受列強的欺負和壓迫，現在國民黨當局幫著列強封鎖中國大陸，這是在求中國之自由平等嗎？這樣做對得起孫中山先生嗎？打著孫中山的招牌卻做違背他的事，這不是掛羊頭賣狗肉嗎？說到我被宣傳迷惑那就看看世界地圖吧！國民黨於1945年和蘇聯簽訂了『中蘇友好條約『同意讓外蒙古人民投票自決，1946年承認外蒙古獨立，1961年在聯合國放棄使用否決權致使外蒙古進入了聯合國，國民黨三度放棄了外蒙古這片國土，卻仍在世界地圖上把外蒙古畫在版圖之內，這難道不是在迷惑世人，自欺欺人嗎？中國受了列強百餘年的欺負，國民黨老是讓我感到泄氣，反而覺得共產黨在為中國人爭氣呢。」賀衷寒聽了沉默良久然後說：「有其父必有其子，你也不看看你是誰的兒子，你和我一樣，都有強烈的民族思想，可是社會上的事沒有你想的那麼簡單。我是國民黨員，孫中山先生的思想就是國民黨人的信仰，他的理想就是國民黨人奮鬥的目標。當年中山先生要我們以俄為師並且容共，可惜國民黨人不能體會孫中山先生的苦心，開始我們

和共黨只是思想之爭和路線之爭，後來變成刀兵相見，使得多少人妻離子散，家破人亡，造成了多少人間悲劇，這不是我想看到的。我們現在退守台灣，故鄉也回不去了，這是我們的報應。我一生雖然盤根錯節但不失其志，中國幅員廣大，人口眾多，列強不可能永遠封鎖中國，封鎖一解除，中國就會開放，你們這一代一定可以回大陸的，你就要再去美國了，有些話也許沒有機會再和你說了，你們將來回大陸要多做有益兩岸人民的事。」說罷眼眶含淚，把頭緩緩偏過一邊，不想讓兒子看到他在流淚。賀一平看到父親心情沉重也就不再多言了，但是他不知道那時父親的血鈣已不斷增加，但是醫院查不出原因，如果不能停止血鈣增加的趨勢，父親只剩下幾個月的生命了，榮民總醫院正在設法治療，醫生已通知賀衷寒和他的一些朋友，只是他不想讓方孝英擔心所以瞞著家人。當他和賀一平說：「有些話也許沒有機會再和你說了。」其實已經暗示他可能就要離開人世了，可是賀一平沒有體會出來，不久後賀一平離台赴美，臨行前，賀衷寒含淚相送，對兒子說了最後一句話：「你自己以後多保重。」想不到竟然成了永別。

第3節　怒吼吧，釣魚島

> 滾滾狂濤，東海之遙，屹立著一群美麗的小島。
> 釣魚台英勇地俯視著太平洋，
> 釣魚台捍衛著我們富饒的海疆。
> 風在吼，海在嘯，
> 中國神聖領土釣魚台寶島，
> 象徵著我們英勇不畏強暴。
> 滾滾狂濤，東海之遙，屹立著一群美麗的小島。
> 釣魚台你帶給漁民多少歡笑，
> 釣魚台蘊存著我國無價的寶藏。
> 怒吼吧，釣魚島，
> 我們寸土必爭誓死抵抗，
> 我們要藐視那東洋的強盜。

　　愛國，不分地域和黨派。1970年賀一平在美求學期間，袁守謙的兒子袁旂領導了轟動一時的「保釣運動」。在他年輕的軀體裡，流淌著父輩的熱血。

　　早在1403年（明永樂元年）出版的《順風相送》中就明確記載了「福建往琉球」航路上中國的島嶼「釣魚嶼」和「赤坎嶼」，即今天的釣魚島、赤尾嶼。中國明清兩代朝廷先後24次向琉球王國派遣冊封使，留下大量《使琉球錄》，較為詳盡地記載了釣魚島地形地貌，並界定了赤尾嶼以東是中國與琉球的分界線。明朝初年，中國海防將領張赫、吳禎便先後率兵在東南沿海巡海，驅趕倭寇，一直追擊到「琉球大洋」，即琉球海溝。此

時，釣魚島已成為中國抵禦倭寇的海上前沿，被納入中國的海防範圍之內。

1719年（清康熙五十八年）清朝冊封副使徐葆光所著《中山傳信錄》明確記載：八重山是「琉球極西南屬界」。從福建到琉球，「經花瓶嶼、彭家山、釣魚台、黃尾嶼、赤尾嶼，取姑米山琉球西南方界上鎮山、馬齒島，入琉球那霸港。」這裡所謂「界上鎮山」，即琉球西南海上邊界的主島。

第二次世界大戰結束後，按照《開羅宣言》和《波茨坦公告》，釣魚列島本應隨台灣一起歸還中國，但軟弱的國民黨政府並未積極爭取。

1951年9月，美國單方面召開對日和會，在簽署的「和約」中竟然將釣魚列島作為琉球群島的附屬劃歸美國託管。

1970年，美國把釣魚島給了日本。台灣人發起了保釣運動。據台灣《聯合報》報導，為了釣魚島爭議，台灣當局當年與美方交涉近3年。台灣方面部分人士主張強硬交涉，甚至出兵佔領釣魚島，但當局高層衡量當時情勢，認為得罪不起美日，無法撕破臉，決定採取理性交涉。

事實上，當美國「移交」釣魚島時，蔣介石也在日記上寫下「甚為不平」。蔣介石日記指出，釣魚島問題不能軍事解決，因為可能造成兵力分散，威脅到台灣本島安全。更何況台灣當時面臨的複雜情況，他不願激怒美國。

12月30日，中國外交部正式發表聲明，嚴厲譴責美國和日本對中國領土主權的明目張膽的侵犯。聲明表示：「釣魚島、黃尾嶼、赤尾嶼、南小島、北小島等島嶼是台灣的附屬島嶼。它們和台灣一樣，自古以來就是中國領土不可分割的一部分。美日兩國政府在『歸還』沖繩協定中，把我國釣魚島等島嶼列入『歸還區

域』，完全是非法的，這絲毫不能改變中華人民共和國對釣魚島等島嶼的領土主權。中國人民一定要解放台灣！中國人民也一定要收復釣魚島等台灣的附屬島嶼！」

　　面對美日相互勾結，1970年11月，美國普林斯頓大學的中國台灣留學生率先打破沉默，集會討論釣魚島主權問題。他們發表聲明，譴責美、日相互勾結，圖謀侵佔中國領土釣魚島，號召中國人團結起來，保衛國家的領土和主權。美國各地的中國留學生紛紛回應，在不到一年內，就建立了幾十個「保衛釣魚島行動委員會」，出版了大量保釣刊物，並在全美組織了幾次上千人參加的大規模遊行示威。加拿大、西德（今德國）、比利時、日本等國的中國留學生和香港、澳門同胞也群起回應，成立各種「保釣組織」，舉行「保釣集會」，在全球範圍內掀起轟轟烈烈的保釣愛國運動。

　　袁守謙的兒子袁旂，在美國東岸紐約發起了保釣運動。賀一平那時在美國西部的愛德荷大學研究院求學，他立刻聲援表示支持。

　　袁旂1937年在大陸出生，隨父到台灣後即以高分考進建國中學，讀了六年，升高中時被分到A班，即才子班。以中學成績優異，免試保送入國立台灣大學就讀當時最熱門的土木工程系。後於美國密西根大學獲博士學位，再到紐約跟從林家翹先生學天文物理，學問大進，所著篇章，蜚聲士林，後來成為世界著名的天體物理學家。

　　1971年1月30日，紐約、華盛頓、芝加哥、西雅圖檀香山等地的中國留學生也同時舉行示威遊行活動。

　　有來自30個不同院校、17個地區超過1500名中國留學生上午聚集在聯合國哈馬紹廣場上，袁旂以「『五四』運動的意義」為題發表了慷慨激昂的演說，指出今天的釣魚台運動要想有資格和當年的

「五四」運動做一番比較，必須領悟好「五四」精神，把握住現在這場運動的方向。中午遊行隊伍到達日本領事館所在大樓，日領事館如臨大敵，大門緊閉，袁旂等人就在外面大聲朗讀致日本領事館抗議書，音調高亢，情緒激動，街上行人為之動容。

袁旂表示：「釣魚台一天拿不回來，中國的權益一天被損害、被侵犯，我們就一天不甘休！不管是三十年、五十年……」

最後日領事館不得不同意在館內設桌台，接受中國同學代表遞交的抗議書。

西雅圖地區當天約有170名中國留學生集結在日本領事館前，向日本領事遞交了抗議書，隨後遊行隊伍行進到台北駐西雅圖「領事館」，向「領事」遞交了抗議書，這一事件轟動了一向沉寂的西雅圖城……當地的電台也轉播了實況，在宣傳、輿論方面，可謂相當成功。

此事引起了當地多家新聞媒體的關注，如華盛頓郵報、美國電視廣播公司、華盛頓電視廣播公司等，其中華盛頓廣播公司還由主要發言人報導了這次示威遊行的目的。

當晚，全美各地代表200多人齊集華盛頓郊區的馬里蘭大學，就這次遊行的經驗以及今後行動的方向問題展開了討論。

公開信的發起者是加州大學伯克利分校陳省身教授，由洛克菲勒大學王浩教授和哥倫比亞大學李浩教授擬寫信稿，然後送給各校傳閱，得到著名學者楊振寧和林家翹等的支持。公開信上簽名的有600多位華裔大學教授與專業人士以及2000多中國留學生。

公開信要求美國承認中國對釣魚台列嶼的主權譴責日本侵犯中國主權的行為，呼籲尼克森總統和國會不能因國際政治權宜之計而犧牲中國人民的合法權益。

全美華人大遊行以後，各地陸續舉辦了多場討論會，其他各

地保釣會舉辦的小型討論會也不勝枚舉，這些討論會的主旨不光僅就釣魚台問題本身，更多的是圍繞關於台灣問題、中國統一問題以及學習和認識中國經濟建設成就等問題展開。

美東討論會於1971年8月20至22日在布朗大學舉行，大會21日上午由王正方主持進行了台灣問題專題報告，請了三位演講人進行了專題演講，最後進行了自由討論。大會最後一致通過以下五點決議：

1. 反對任何「兩個中國」及「一中一台」的國際陰謀。
2. 一切外國勢力必須從中國領土領海上撤出去。
3. 中國的台灣省問題是中國的內政問題，由中國人民自行解決。
4. 反對出賣中國領土主權的任何集團。
5. 擁護中華人民共和國為代表中國唯一的政府。

1971年9月21日，保釣左派為了支持中華人民共和國恢復在聯合國的合法席位，在紐約組織了遊行。12月24至25日，又在哥倫比亞大學舉行了「中國統一問題討論會」，並隨後發表「促進中國統一宣言」。隨著1972年5月15日美國正式把琉球歸還日本，狹義的保釣運動也就告一段落，右派則退出了釣運。左派則將保釣運動推進到下一階段——中國統一運動。

馬英九在自己的回憶錄裡也有一段有趣的回憶，當年他參加過保釣的學生運動，還對著日本特使的汽車扔過雞蛋。這段事情他幾乎忘記了，幾十年後，遇到曾任台灣調查局長的沈之岳，沈對他說為了這件事「以前我們對你有些誤會」，馬英九才驟然意識到自己可能曾經為此上了調查局的黑名單。

第4節　好學不倦，勤勞一生

　　賀衷寒的一生是在忙忙碌碌中渡過的，他不只是身忙更是心忙。星期日或假日也不能好好休息。從他的幾篇日記中就可知端倪。

1951年日記　四月一日　星期日

　　本日基隆海員醫院開幕。余以籌辦該院之故，擔任該院理事長，特主持該院開幕禮。院址在中山四路仙人洞，依山面海，形勢頗佳。該地原屬日佔時代之控疫病院舊址，勝利後久未修繕，遂致傾廢。此次改為海員醫院，得有整修機會，各方均極願贊助。海員因本身福利關係，尤覺興奮。……，維今後經常須免費診療，維持，擴展所需費之處甚多，仍須煞費周章也。……招待所便餐，請余於餐後講話，因機會難得允之。

　　四時卅分返台北。晚在寓約姚仲僅，陸蓋雲諸氏便餐。

1963年日記　七月十四日　星期日

　　晨醒頗早，在床稍恬即起運動，站功尚未做竟，任卓宣同志即按鈴投刺，見面迎入客室……，渠即就其三年有半在三民主義研究所與XXX……，相處之惡劣印象，毫無保留地與以敘述，尚未說完，林桂圃同志即復前來，所述與任大體相同，……，實則此事雖經——簽請兼院長蔣批准，將該所改隸中央委員會，但如何決定尚未定案。九時卅分赴善導寺，吊傅秉常夫人之喪，……。旋轉往訪鄧文儀同志……。楊學敏同志從參校受訓歸來，報告近與九姐聯絡，知其母尚健在。下午五時許，馬樹禮同

志偕其夫人來訪，談其訪菲之經過及菲律賓黨務之概況，約四十分鐘辭去。何相国君來談，渠有意至七堵養魚。晚見何元輝，請余寫字並求介紹工作。

1964年日記　二月二十三日　星期日

八時卅分起見張明，吳興幹，蔡喆生，霍天一，周烈範，吳葳，于舜，等同志。霍係因競選國大黨部常務委員事偕吳前來請示，因吳必得余表示支持霍任常委，乃肯承若投其神聖的一票。余即告以霍系余所支持，彼即欣然應允。余因作雙勾單條一幅與之。

於舜君來訪，並攜來酒兩瓶，此君近來常相訪，有請托乎？旋外出訪友，順道至羅才榮，胡競先，翁之鏞，蔣默掀諸同志寓所答拜，春節適均在家，因各留坐片刻。

下午參加陳長明婚禮，並偕孝英赴石牌視羅敦偉同志病狀。順道訪王任遠，張家春諸夫婦。六時卅分應楊管北同志約宴，同席有袁守謙，周兆棠，鄭運行，陳良等，九時告辭，轉往訪伍雲格爾勒，蔡勁軍，篤多博，趙雪峰等。

以上三篇日記是從他的日記本中隨便挑選的，可以看到他的休閑假日都在做什麼。事實上他自己的時間是很少的，假日也要忙公事，不然就是要參加喪事或喜事，很多時候他還要擔任治喪委員會的主任委員，或是婚禮的主婚人，證婚人。

賀衷寒能夠閱讀中，英，俄，德，日五國文字。平日一有空就讀書，這些文字的書報他都要看。「學如逆水行舟，不進則退。」這是他不斷激勵自己的話。

第5節
遺言秘而不宣，台海和平密碼

上個世紀六十年代，台灣通過實施一系列經濟計畫，擴建基礎設施，跨入了工業社會的門檻，實現了貿易順差和向外向型經濟的轉型。1970年代，台灣經濟已經步上了起飛的跑道，然而此時，台灣的決策者們卻感到了來自外交和經濟上的雙重的壓力。

1971年，中美關係開始正常化。7月，美國國務卿基辛格秘密訪問北京，與周恩來會談。9月，美國總統尼克森舉行記者招待會宣佈，美國將贊成中共進入聯合國，獲得安理會席位，同時將設法保持中華民國在聯合國的一個席位。但是美國提出的雙重代表權案沒有被聯合國大會通過，1971年10月25號，第26屆聯大通過了2758號決議，恢復了中華人民共和國在聯合國的合法席位。

曾擔任蔣介石侍衛官、內務組副主任等職的應舜仁回憶：1971年10月26日，隨侍蔣介石到大溪賓館，那天聯合國通過中共入會、美國通知我外交部急報，武官向蔣中正報告，中共正式加入聯合國，蔣中正「把鴨舌帽一摘甩下來，丟到地上，眼淚不自主地流了出來！」

應舜仁表示，跟著蔣介石這麼久，第一次親睹他掉眼淚。當初蔣對「法統」相當堅持，「有彼就沒有我，有我就沒有彼。」後來眼睜睜看著台灣在聯合國的位置讓給中共，當然非常不甘心。

蔣介石認為這是「最重大的打擊」，當日胃病復發。接連幾天，痛罵「尼醜」的「寡廉鮮恥」和「忘恩負義」。

1972年2月21日，尼克森訪問北京。29日，中美在上海發表聯合公報，蔣介石則在日記中繼續大罵「尼醜之無恥極矣」。

同年9月《中日聯合聲明》發表，中國和日本正式建交，台灣在外交上日益孤立。

局勢的變化震動了台灣的朝野，賀衷寒在1971年就退休了，國際政治風浪的沖激也許沒有以前大可是他自己的來日卻無多了。

賀衷寒65歲以後，每年都會去榮民總醫院做身體檢查。他認識幾個醫生，有時會請他們到家裡，設宴招待，所以和這些醫生也很熟悉了。

1971年年底的一天，賀衷寒突然覺得胸口悶，方孝英就陪同他到榮民總醫院做檢查。檢查後，醫生發現他心肌梗塞，這個病當時沒辦法治療只能靜養，醫生為了慎重起見，就讓賀衷寒在醫院的加護病房CCU（Center Care Unit）修養了很長一段時間。後來得知醫院有輻射物洩漏的情況，而CCU就在附近，是否造成後來得到怪病，不得而知。但是賀衷寒的三位主治醫生均因癌症在賀衷寒去世後沒過幾年就相繼病故了。

1972年2月中旬，過完年後，因為腰痛賀衷寒再次入院檢查。醫生用物理治療方法給他治療後，他的腰痛沒有治好，反而行動變得不便，只能依靠輪椅了。醫生說，他的血鈣一直在不斷地增加，這樣下去會危及生命，建議割掉副甲狀腺。經過醫生會診和家屬的同意，決定動手術，手術前一日老友徐克黃要賀衷寒留下遺言以防萬一，起初賀衷寒眼神變得非常柔和，想要說話，突然好像想起了什麼心事，眼眶含淚將頭緩緩掉向一邊，不發一言。賀衷寒副甲狀腺後被割除後，因為動手術的部位在喉部，賀衷寒就無法說話，也無法進食了，只能靠打點滴維持生命，不久又漸漸的進入昏迷狀態，沒有留下遺言。後來徐克黃寫了一篇文章紀念賀衷寒，就特別提到當時他眼眶含淚，未留遺言的情景並到處散發給賀衷寒的親友和故舊，這使得他的黃埔一期的同學袁

守謙，冷欣等都以為賀衷寒是鬱挹憂慮而終，袁守謙寫的墓誌銘還有「鬱挹損雄鋒」的句子。還有一些賀衷寒的老部屬和學生覺得他是由於國民政府退出聯合國擔心國民黨的安危憂鬱而亡，他們都誤會了賀衷寒眼眶含淚，不說話的真正原因。其實賀衷寒是有遺言的。他的遺言就是他和賀一平在他去世數月前的一次交談所說的心裡話：「孫中山先生的思想就是國民黨人的信仰，他的理想就是國民黨人奮鬥的目標。當年中山先生要我們以俄為師並且容共，可惜國民黨人不能體會孫中山先生的苦心，開始我們和共黨只是思想之爭和路線之爭，後來變成刀兵相見，使得多少人妻離子散，家破人亡，造成了多少人間悲劇，這不是我想看到的。我們現在退守台灣，故鄉也回不去了，這是我們的報應。我一生雖然盤根錯節但不失其志，中國幅員廣大，人口眾多，列強不可能永遠封鎖中國，封鎖一解除，中國就會開放，你就要再去美國了，有些話也許沒有機會再和你說了，你們將來回大陸要多做有益兩岸人民的事。」他和兒子說這些話時的眼眶含淚和轉頭的表情和與徐克黃想要說遺言時的表情是完全一致的，所以可以斷定他想要留的遺言和這些話是類似的。但是這些話在當時的台灣是不能公開發表的，他和徐克黃說話時心潮澎拜，因為他想說的話當時不能說所以他只能沉默不語了。細細品味賀衷寒的這番話可以得知他未能完成的心願，就是再回到故鄉並且做有益兩岸人民的事，他的遺願只有等到他的後輩們去完成了。他心潮彭拜時想說而未說的話暗藏了能促使台海和平的密碼，如果台灣的年輕人都能去大陸看一看，或去大陸發展，或做造福兩岸人民的事，胸襟開闊，所謂「度盡劫波兄弟在，相逢一笑泯恩仇」，不搞分裂，則台海就會永久和平。

　　一直拖到5月初，賀衷寒還是處在半昏迷狀態中。一家人束手

無策，內心焦急無比。李穎吾認為台大附屬醫院的醫療水準比榮民總醫院的要好，建議將岳父轉到台大附屬醫院治療。大家聽從了他的建議，抱著一線希望將昏迷中的賀衷寒轉入台大附屬醫院。醫院組織專家會診後，還是回天乏術，5月10日下午，賀衷寒在昏迷狀態中離世。享年73歲。屬於賀衷寒的人生帷幕自此落下。

醫生最後判定賀衷寒是骨癌，賀衷寒去世後，方孝英強忍悲痛，打越洋電話告知賀一平噩耗，賀一平匆匆返台奔喪。

樹欲靜而風不止，子欲養而親不待。賀一平悲切地呼喚著父親。

第6節　天人感應，只是巧合

　　人有感應嗎？在父親賀衷寒病重期間，賀一平經歷了這樣的靈異事件。

　　1969年，賀一平去美國愛達荷大學研究院讀建築碩士，1971年畢業獲得碩士學位。他回台灣住了3個月又回到美國三藩市就業。

　　1972年陽曆3月27日，那天晚上，賀一平身體困倦，很早就進入了夢鄉。一會兒，賀一平感覺自己漂洋過海，來到了台北埔城街22巷。巷子裡面擠滿了人，每個人都穿著白色袍子，袍子上面還連接著尖尖的帽子，他們手裡拿白色的長棒，棒子上面纏著白顏色的穗子。三個比他高的年輕人向他走來。賀一平來到自己家門口，看到勤務兵羅金源正在寫字「遊子回」，貼到了大門上。推開門進去，發現家中變了樣，變成了一個大帳篷。父親坐在中間的椅子上，他左手邊站是一位姓張的老友，父親看見賀一平來了，微笑的站起來攤開右手，手掌心向上橫向左右搖了搖，沒有說話，賀一平不解其意，然後賀衷寒轉身走了。他走去的地方，地面是黃色的，背景是深藍色的。賀衷寒走了幾步，回頭又對賀一平笑。賀一平很是納悶，「父親要去哪裡？」賀一平上前幾步想去拉父親，父親轉眼就不見了。

　　「爸爸——」賀一平從床上爬起來，驚出了一身冷汗。窗外，繁星閃爍，賀一平睡意全無，索性爬起來打了一個越洋電話，電話那頭傳來媽媽方孝英的聲音。她說：「你爸爸做了一個小手術，行動有些不方便。」賀一平很著急，說要趕回台北。方孝英安慰兒子，「你爸爸並無大礙，有你大哥、二哥、大姐照顧。你才開始工作，又那麼遠，就不要過來了。這個也是你爸爸

要我轉告的意思。」

就這樣，賀一平在忐忑不安中過了一個多月。5月10日深夜，賀一平被一陣急促的電話鈴聲驚醒。那頭傳來媽媽方孝英的聲音：「爸爸，爸爸他——上天了！」賀一平忍不住痛哭，後來賀一平發現父親去世的日子是陰曆3月27日。

賀衷寒剛去世，袁守謙聞訊就趕到醫院，對老朋友的遺體大聲喊道：「君山兄啊！」然後就嚎啕大哭起來。

方孝英開始只是流淚，沒有痛哭，看到袁守謙那樣，也忍不住大哭起來。

子欲養而親不待。賀一平心裡很難受，立即請假，訂到第三天去台北的機票。回台前的夜晚他漫無目的，在三藩市的唐人街踽踽獨行，心裡念叨著：「爸爸，你去了哪裡？」他轉到唐人街的小巷子裡面，有一座小廟宇「天后宮」。冥冥中一股神秘的力量牽引著賀一平抬腳走進廟宇，他在面前神壇前虔誠地問父親你去哪裡了？求了一籤：籤語是「歸去來兮仕官閑，室堪容膝亦足安；南窗寄傲談詩酒，倚杖徘徊飽看山。」

兩天後賀一平終於趕到台北。先到父親停靈的台北極樂賓儀館，父親的棺蓋已經合上。母親告訴他，「你父親的棺材裡放進了兩瓶白蘭地酒，一本《唐詩三百首》、一根手杖。」

來到家門口，抬頭就看見大門口貼著一張白紙，「忌中」二字，為勤務兵羅金源所書寫。

何應欽擔任賀衷寒治喪委員會主任委員，儀式在台北市極樂殯儀館最大的景行廳舉行，來悼念的親友達3000人之多。

蔣介石由於身體不適，由蔣經國代表他前來致悼。祭悼儀式完畢開始送殯，有人遞上一根白色棒子，賀一平大吃一驚，原來這是孝棒，身上的孝衣和手上的孝棒居然和夢中的一模一樣，而

他夢醒時還不知道夢中看到的這些東西是什麼。他又想起夢中父親右手手心向上對他橫向搖了搖的動作，當時不解其意，現在才理解是父親要說無可奈何要走了吧。

蔣介石頒發了一塊匾額，上書「志業遺徽」；副總統嚴家淦也頒贈匾額，上書「愴懷茂跡」；湖南鄉親樹立了兩個石碑，上書「黃埔英豪，長眠寶島；洞庭風雨，永念君山」，並且前面有袁守謙先生親筆書寫的墓誌銘。

賀衷寒的墓園占地約180平方米。現在屬於陽明山國家公園，風景非常優美。

下葬時，總統府的儀仗隊對天鳴槍，備極哀榮。

殯儀館距離金山富貴山墓園30公里左右，靈車開了40多分鐘，袁守謙、鄧文儀、蕭贊育等一批老友送其上山。

由於前幾天下雨，擔心墓地地面打濕，同時給送葬的親友避雨，修墓人在墓前面搭了一個能容幾十人的大帳篷。

棺材放進墓穴時，賀一平發現墓穴底面鋪了一層雄黃，以防蟲子蛀蝕棺材，那顏色和賀一平夢中地面的黃色一樣，墓穴四周有矮墻，後面朝南的墻開了一個圓形的洞口，這是用來為新墓的水泥排去潮氣而暫時設置的，看起來像個窗子。他墓地的左手邊已經葬了一位張太夫人。四周青山聳翠，藍天白雲，風景非常優美。這個墓地是賀衷寒病危時他的妻子方孝英親自選定的，位於現在陽明山國家公園的金山，坐南朝著北面大陸的方向。後來賀一平有了三個兒子，成年後他們都比賀一平高，回想起他的夢，那麼多的預兆和巧合，難以解釋。「詩酒以娛，南窗寄傲，父親，這也許就是您嚮往的田園生活吧。」賀一平佇立在父親的墓穴前喃喃自語，許久不願離去。

賀衷寒一生的命運與蔣介石緊密相連，既是理想與信念使

然，又是忠君思想作祟。作為黃埔嫡系的賀衷寒，在國民黨官僚體系中起落沉浮，他卓爾不凡的才幹、出類拔萃的資質和耿介剛直的個性，令蔣介石即欣賞，又不放心。賀衷寒去世，85歲高齡的蔣介石唏噓不已，畢竟，從黃埔軍校起兵開始，賀衷寒追隨蔣介石48年，在歷史風雲中縱橫捭闔，又豈是用「恩怨」二字說得清楚的？想到這裡，蔣介石悲戚不已。賀衷寒去世後，國民政府立法院通過將賀衷寒的喪葬及購置墓地等費用由家屬申報，然後由政府全部補還給家屬。

再有權勢的人，都逃不過生老病死。1969年之前的蔣介石，一直很好。但是在1969年7月，在陽明山蔣介石的官邸附近的道路上，蔣介石的車隊發生了車禍。蔣介石身體猛地向前沖去，蔣介石的胸部遭到重創，假牙也從口中飛出。受傷之後的蔣介石和宋美齡被立即送到醫院，可是從這時起，蔣介石的身體狀況急劇惡化。

同時，晚年的蔣介石深受前列腺疾病困擾。尿失禁也折磨了他多年。

台灣作家王豐寫的蔣介石傳記中，他說蔣介石，「長期擔任統帥，外表上也是軍人表率，但卻遇上尷尬不已的『英雄暮年』，因前列腺肥大而排尿不暢；由於手術失敗而不得不尿袋傍身……」

為了避免這一後遺症讓外人看見尷尬，晚年的他在每次開會時，都是最後一個離席，「會議結束後依舊端坐」。

可惡的疾病，對一個人最大的傷害不是身體，而是對幸福的吞噬，對生存意志的摧殘。蔣介石精神越來越差，種種衰老的跡象越來越多。每天早會後的精神訓話越來越短，後來乾脆取消。各種場合的講話，也因為尿失禁越來越短，能不參加就不參加

了。這一令人尷尬的病情，讓宋美齡和蔣經國心碎不已。戎馬倥傯的他，就在這樣的折磨中走完了人生最後的6年。

賀衷寒有一句話會讓從政者獲益。他說：「我一生沒有想過錢，但一生也沒有缺過錢用」。他去世後，沒有留下任何財產，只留下了3000本書。其中，就有他1939年訪問延安時，毛澤東親筆簽名贈給他的《蘇聯共產黨史》。這3000本書還是在1949年時，方孝英從大陸托運到台灣的。賀一平曾經問父親有沒有看過這些書，他說他都流覽過。

1977年，方孝英二度赴美，決定移民美國，直到去世，她再也沒回過台灣。離開台灣之前，袁守謙夫婦邀請方孝英、賀一平、蕭贊育夫婦，鄧文儀夫婦，劉詠堯夫婦，唐縱夫婦共進晚餐，以此來送別方孝英。

晚餐後，袁守謙拿出很久之前賀衷寒寫的五副對聯。對賀一平說：「這是令尊在大陸閒暇時寫的都沒有落款，以備有朋友來求字，直接落款就可以送人了。我那時和你父親是同事，他是正職我是副職協助他，他要我替他保管，從大陸帶到台灣，一直珍藏在身邊，現在總算物歸原主了。」

袁守謙親筆寫上「君山兄遺墨」，在對聯的後面簽字蓋章，並把這些對聯裱好後交給了賀一平。

袁守謙還親手寫了王維的《曉行巴峽》一詩送給賀一平：「際曉投巴峽，餘春憶帝京。晴江一女浣，朝日眾雞鳴。水國舟中市，山橋樹杪行。登高萬井出，眺迥二流明。人作殊方語，鶯為故國聲。賴多山水趣，稍解別離情。」

賀衷寒在家鄉洞天觀讀書時，他就開始練毛筆字。他的資質極高，如果經常練習一定可以成為大書法家。可是他公務繁忙無暇練寫字，反而使得他的書法程獻出一種未經刻意雕琢的自然之

美。他的楷書師從魏碑，端方正直一如其為人，另外他還會寫一種藝術體的雙鈎字，則是草書體，這是書寫「空心字」的技法，沿其筆面的兩側外沿以細線鈎出，稱為「雙鈎」，南宋姜夔《續書譜》稱：「雙鈎」之法，須得墨暈不出字外，或廓填其內，或朱其背，正肥瘦之本體。

「人作殊方語，鶯為故國聲」，中國的文化是多麼神奇，這不僅是袁守謙，而且是賀衷寒，更是千千萬萬遠離大陸的遊子，對故鄉的期盼與一往深情啊！

賀一平一直珍藏著父親年輕時的照片，父親在他心中的形象永遠是英姿颯爽的。

辦理完父親的喪事，賀一平收撿父親的遺物，將父親的一件西裝留在身邊作紀念。西裝的口袋裡已經清空，但是賀一平仔細再摸索一遍，找到了一張小紙條，只有大拇指的指甲那麼大，上面寫著：某某同志從蘇聯回來想要見你。這難道是國民黨高層傳遞秘密消息的方式？是應該看完立刻銷毀的小紙條吧！

在賀一平的印象中，父親一直關注蘇聯與大陸方面的情況。六十年代，賀一平經常在家裡看到某人，臉黑黑的。賀衷寒介紹說，這是從香港來的客人。1987年3月，賀一平自美國第一次回大陸，李烈鈞的兒子李幹駒約他到民革上海市委辦公室見面，賀一平看見一個臉黑黑的人也在場，向他點頭微笑。賀一平非常面熟，猛然間想起，他就是出入自己家裡的神秘客人。

那個人問他：「你為什麼要回大陸？」

賀一平坦然地回答：「父親在世時告誡我，我們的根在大陸。」

賀一平又說：「台灣的老兵都想回大陸探親而台灣當局不讓，這是很不人道的。」

李幹駒對那個人說：「你看看！你看看！這個事情你回去說說啊。」

在那個特殊敏感的年代裡，台灣、香港、大陸、蘇聯之間，並沒有中斷過高端聯繫，這種聯繫是極端秘密的。一般人又怎能知曉呢。

1987年3月，民革中央副主席、全國政協常委賈亦斌，邀請賀一平參加了全國政協會議的餐會。1987年5月，蔣經國先生讓秘書馬英九研究台灣老兵回大陸探親問題，同年7月正式開放了探親政策。

「葬我於高山之上兮，望我故鄉；
故鄉不可見兮，永不能忘。
葬我於高山之上兮，望我大陸；
大陸不可見兮，只有痛哭。
天蒼蒼，野茫茫，山之上，國有殤。」

這是于右任的，也是賀衷寒的，更是千千萬萬遠離故鄉的遊子的。這是一首眷戀大陸家鄉的哀歌，也是一首觸動炎黃子孫靈魂深處隱痛的絕唱。

每逢佳節倍思親。賀衷寒去世後，賀家這棵大樹也開枝散葉。方孝英繼續在老屋居住，賀妙文、李穎吾、賀正平留在台灣工作，賀一平在美國繼續打拼。

賀衷寒墓地一般由賀正平、李穎吾負責照看，每年都要除草、祭拜，以寄託後人哀思。

1977年方孝英移居美國，1979年賀允平也移民美國，賀正平、李穎吾的子女都先後去美國求學、定居。上個世紀90年代，

賀正平，李穎吾退休後也移居美國。

　　賀衷寒墓地多年間無人打理，逐漸荒涼起來。那時，賀正平、李穎吾、賀妙文年事已高，行動不便；賀允平、賀一平還在美國就業。

　　2002年的一天，賀一平接到姨媽方義雄的電話：「我到台灣你父親的墓地獻花，墓地長滿了比房子還高的蘆葦草，人都走不進去了。」方義雄曾經去陽明山國家公園祭拜姐夫賀衷寒，她在山間轉來轉去，竟然沒有找到，一個整理墓園的老婦人帶著她才找到，她還照了照片拿給賀一平看，賀一平看到照片上高高的一大片蘆葦草，根本看不到墓地，就和姨媽說你找錯地方了。

　　2004年賀一平在美國經過三十多年的努力，有了經濟基礎，就提早退休了。一天晚上他夢見自己又回到了台北浦城街22巷，家裡暗暗地，「咦，房子怎麼這麼破爛，地板都壞了，長滿了青苔。」賀一平心中困惑，抬頭張望。這時，蔣介石走了過來，「賀衷寒怎麼住的這麼差？」蔣介石自言自語，頗為不滿的走了。賀一平又看到父親遠遠的站在前面，賀一平心想父親比我矮，不要走的太近，不然他還要仰視我就是對他太不敬了。賀一平剛這樣想就醒了過來，竟然是南柯一夢。他心潮起伏，無法入眠。他記起了父親去世那一年做的夢，他回到浦城街22巷，夢裡有三個比他高的年輕人朝他走過來，後來賀一平有三個兒子，個子都比他高。夢中的事情居然應驗了。賀一平覺得不可思議。

　　2004年秋天，賀一平飛往台北。他到金山的墓園去找父親的墓地，居然找不到了。管理員拿了一把鐮刀，在一個墓地前面費力砍出一條小路，終於來到了父親的墓前。他被眼前的荒涼景象驚呆：整個墓地長滿了兩，三公尺高的蘆葦茅草，地磚被雜草拱壞，七零八落，長滿了青苔。蔣介石寫的「志業遺徽」的碑文模

糊不清，只有「蔣中正」三個字清清楚楚。賀一平驚訝不已，怪不得那天晚上夢見了蔣介石。賀一平不禁雙眼模糊，熱淚長流，「父親，對不起，我來遲了。」

原來這個墓園的管理規則已經改變，每年都要付管理人的管理費，賀衷寒的家人都出國了，沒人付費，所以賀衷寒的墓地就沒人來除草了。

賀一平請管理人找了工人將墓地重新修葺一新。賀一平在墓地前點燃香燭，恭恭敬敬磕頭祭拜。「歸去來兮仕官閑，室堪容膝亦足安；南窗寄傲談詩酒，依杖徘徊飽看山。」賀一平想起了在美國三藩市華人街「天后宮」為父親抽的籤，「父親，你安心休息吧，兒子會每年來看望您。」

其實賀一平做的兩個夢和抽到的一張靈籤雖然奇特，但是用心理學的眼光來看，不過是他因為想念父親而發生的一連串巧合事件罷了。

2013年，方孝英在美國去世，享年97歲。家人將她的遺體從美國運到台北，與丈夫賀衷寒合葬。從此，這一對伉儷牽手於陽明山，徜徉於山水間，了無牽掛。

1950年在台灣曾留學蘇聯的各界人士成立了留我同學會。前排左五，劉詠堯，左六，蔣經國。前排右二，劉詠堯弟劉詠堯弟賀衷寒，右四，蕭贊育。

第7節　軍人氣質，澎湃人生

　　賀衷寒在莫斯科伏龍芝軍事學院留學期間照了兩張照片，一張軍裝和一張便裝。他在每張照片的後面都寫了短牋，穿軍裝的照片後面寫的是：

> 對影自笑，焉用戎裝？人類之史，爭鬥之場！
> 熟為弱弱？熟逞強強？熟制其柔？熟用其剛？
> 為除蟊賊，為去虎狼！社會之利，文化之光，
> 我雖不武，我武維揚！
>
> 　　　　　　　　一九二七，一，四　晚　衷寒自牋。

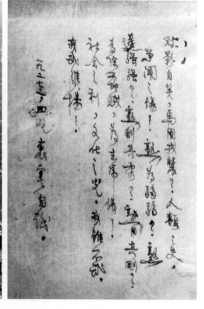

孟賊是指軍閥，虎狼就是帝國主義列強，都是孫中山先生想要打倒的敵人。

賀衷寒本來是一個文弱書生，二十四歲才投筆從戎，黃埔軍校的同學形容他是「手無縛雞之力，腹有萬卷經綸。」這並非溢美之詞，蔣介石不派他到前線去帶兵，只讓他在後方負責政訓和行政工作，可能是覺得賀衷寒身體文弱但有才幹，留在後方更有用。黃埔軍校一期的畢業生有六百多人，參加東征和北伐後才三年就犧牲了三百人，蔣介石後來不讓賀衷寒帶兵也可能是想要保護他。但是賀衷寒卻想去疆場立功，他的自箴：「我雖不武」，但是仍要「我武維揚」，他自己也覺得自己體格不夠強壯威武，但仍然希望為了社會為了民族效命沙場。他這種在軍校裡培養出來的軍人氣質必然會影響他的一生。

在他穿便服的照片後面他寫的短箋是：

卸卻戎裝，穿著便服。稔識今吾，偕斯民物。
志不可懈，性不可拂！衷寒！衷寒！永矢勿忽！！
　　　　　　一九二六，十二，二三　影於俄京，
　　　　　　　　客方肄業陸軍大學校。
　　　　　　一九二七，一，三　晚九時二十分，
　　　　　君山賀衷寒題箋於赫爾可夫宿舍　書齋。

有一點值得注意的是他記錄年份用西元而不用民國，那時國內的習慣是一九二七年應該寫成民國十六年。

從這兩個短箋中看到了賀衷寒27歲時的志向，他之所以把時間寫的那麼精確，因為他在立誓，他說：「永矢勿忽！」就是他發誓永遠不可忽視。不要忘記自己是個軍人，即使脫下了軍服也

要遵守軍人的紀律。他在穿軍服的照片後面寫的是他投考黃埔軍
校的初衷，那就是要打倒軍閥和趕走帝國主義侵略者，達成孫中
山先生革命的目的，如孫中山在他的遺囑中所說「余致力國民革
命凡四十年，其目的在求中國之自由平等。」他既然進了黃埔軍
校，這自然也就成了賀衷寒的志向。

賀衷寒喜歡吟詩作賦，他也要兒子背誦唐詩，賀一平十歲時
有一天賀衷寒問他最喜歡那一首唐詩，賀一平說：「我最喜歡柳
中庸的征怨，『歲歲金河復玉關，朝朝馬策與刀環，三月白雪歸
青塚，萬里黃河繞黑山。』」

「這首詩好在那裡？」

「有金有玉，有白，青，黃，黑等顏色，色彩豐富，『萬里
黃河繞黑山』詩句氣勢磅礴。」

「可是題為征怨，那還有什麼意思呢？」

賀一平就問：「爸爸，你喜歡那一首唐詩？」

「我最喜歡王翰的涼州詞：『葡萄美酒夜光杯，欲飲琵琶馬上催。醉臥沙場君莫笑，古來征戰幾人回？』我當年進軍校就是有這種不怕死的精神，這首詩形容戰死沙場就像醉倒了，把犧牲看作是享樂，這種境界比視死如歸還要高啊！」賀衷寒吟誦這首詩的時候聲音嘹亮，豪情萬丈彷彿又回到了年輕的時候。

自賀衷寒從軍到他去世，可以說都是風風光光的，國民黨黃埔軍校一期的畢業生中後來能夠當部長，入內閣的屈指可數，「武為上將，文可入閣」。他從1942年9月在重慶就任社會部勞動局局長開始賀衷寒就成了「政務官」，不再有軍職，他中將的軍階就不可能再往上攀升了，到台灣後他曾入閣擔任交通部長和行政院政務委員這就等同於上將級別，從來不拍馬奉迎求官做的他不應該有什麼遺憾了，在打倒軍閥和抗日戰爭以及建設台灣上他都出過力，也是問心無愧，但是他病重時卻心潮澎湃因為他熱愛的祖國仍處於分裂狀態，他還參與並造成了這種分裂，他感到自己的人生旅途即將到達終點，他不能再回到他魂牽夢繫的故鄉。

他想吶喊：「希望祖國能夠和平統一。兩岸不要再動刀兵，讓人民遭受戰亂分離之苦。」但是蔣介石要雪恥復國，那時台灣實行國共勢不兩立的政策，又實行戒嚴法和白色恐怖，他不能這麼說，他只能流淚，只能沉默無語了。

第8節　洞庭風雨，永念君山

　　賀衷寒別號君山，君山反過來唸是山君就是老虎的別稱，1962年賀衷寒在臺灣擔任國民黨設計考核委員會主任委員時一位朋友送來一幅畫，畫的是一隻老虎，題名為「山君出山圖」，這位朋友希望賀衷寒能像老虎一樣使人敬畏，但是賀衷寒以君山為別號的原意是來自洞庭湖中的君山島和山君老虎沒有關係，君山二字又恰恰是山君反過來，他的個性不但不像老虎那麼兇猛反而是像羊一樣的溫和。

　　很多從大陸隨國民政府撤退到臺灣的湖南鄉親生活艱難，賀衷寒總是儘量設法幫助他們，無論是在求學，就業或是經濟上賀衷寒都會給予支援，在臺灣的湖南鄉親也都非常感謝並且尊敬賀衷寒。他去世後他們在他的墓地樹立紀念碑上書「黃埔英豪，長眠寶島；洞庭風雨，永念君山。」

　　2015年6月下旬賀一平和在湖南岳陽的堂侄賀紹福取得聯繫說想要去父親的故鄉祭掃祖父的墓地，沒想到賀紹福竟然發動賀耕九牛皋村全村200戶人家一千餘人夾道一公里歡迎賀一平返鄉祭祖，沿途有人獻花，眾人鼓掌並燃放煙花。賀耕九牛皋村本來是一個偏僻小村，現在家家都住進了新房子，半數人家都有私家汽車，更令賀一平驚訝的是兩岸隔離六十多年，鄉親們仍然記得賀衷寒，雖然他是國民黨人物，但是鄉親們還是以家鄉出了這位名人為榮，不少人還能說出賀衷寒小時的故事，賀衷寒寫的詩詞也被鄉親們傳頌著。得知賀耕九的鄉親正在興建一棟文化中心，賀一平便將賀衷寒的藏書數百本捐給了文化中心。

　　文化中心落成後附設有大餐廳，並且對外營業，有一道特

色菜取名「衷寒雞」以密方配製，因為賀衷寒生前家裡有「著名廚師」李先珍掌廚，所以賀衷寒也成了美食家，用衷寒之名以廣招來，賀耕九的田園水果產業也以衷寒為注冊商標來紀念賀衷寒（如附圖）。

　　賀衷寒生時受到親朋好友及部下的尊敬和愛戴，去世時大家為他惋惜為他痛哭，身後那麼多年還有人想念他，紀念他。他待人熱誠和對事盡責，以及他愛國家民族的事蹟也會久遠流傳。

洞庭風雨永念君山　　　　　黃埔英豪長眠寶島

說到吃雞，岳陽縣人可有口福了，榮家灣鎮牛皋村賀耕九屋場有道招牌菜「衷寒秘笈雞」，入口「脆、香、純、嫩」（左）

湖南賀耕九田園綜合體系重點專案，政府十分重視。奮鬥三年打造省級龍頭企業。凡耕九田園水果產業（以藍莓為主）均以「衷寒」註冊商標（國家工商總局）以批准註冊。（右）

參考資料

陳賡傳編寫組《陳賡傳》、《陳賡日記》

衡陽市革命烈士事蹟編寫小組《蔣先雲烈士傳略》、《黃埔軍校史料》、
　　《黃埔軍校史料（續編）》

王聚英《黃埔紅光》

尹家民《蔣介石與黃埔三杰》、《唐縱日記》、《康澤自述》

楊奎松《西安事變新探》

魏斐德《間諜王》、《台灣大間諜案破獲始末》、《賀衷寒日記》。

參考文獻

1. 董顯光：《蔣總統傳》（台北：中華文化出版事業委員會1952年）。

2. 《國民政府建國大綱》《孫中山全集》第9卷（北京：中華書局，1986年）

3. 《蔣介石日記》原件藏美國斯坦福大學胡佛研究所，本文所引用的日記為中國社會科學院近代史研究所藏抄件，本文行文中所引用的日記均已直接註明日期，不再單獨註釋。

4. 《國民黨高層的派系政治——蔣介石「最高領袖地位是如何確立的」》（北京：社會科學文獻出版社2009年）。

5. 《滕傑先生訪問記錄》（台北：近代中國出版社，1993年）。

6. 幹國勳等：《藍衣社復興社力行社》（台北：傳記文學出版社，1984年）。

7. 鄧元忠：《國民黨核心組織真相——力行社、復興社暨所謂藍衣社的演變與成長》（台北：聯經出版事業公司，2000年）。

8. 王世傑：《訓政時期約法與最近教育工作》（台北：中國國民黨黨史史料編纂委員會編印，1971年）。

9. 愛德格·斯諾：《紅色中華散記》（江蘇人民出版社1991年）

10. 《毛澤東年譜》（中央文獻出版社，1993年）

11. 《葉劍英年譜》上冊（中央文獻出版社，2007年）

12. 《中國共產黨歷史》第一卷（中共黨史出版社，2002年）

13. 《周恩來年譜》上（中央文獻出版社，1998年）

14. 黃仁宇《從大歷史的角度讀蔣介石日記》（台北：時報文化出版企業有限公司，1994年）

15. 《朝鮮義勇隊指導委員會委員周咸堂等呈報朝鮮義勇軍成立經過誠原案》，民國二十七年十月三日（1938年10月3日），中國第二歷史檔案館藏，七七（二）卷13號。

16. 楊昭全等編：《關內地區朝鮮人民反日獨立運動資料彙編》，遼寧民族出版社1987年版。

17. 《朝鮮義勇隊指導委員會組織規程》，民國二十九年六月十二日（1940年6月12日），中國第二歷史檔案館藏，七七（二）卷13號。

18. 賀秘書長衷寒對朝鮮義勇隊各區隊長及分隊長訓話》，《朝鮮義勇隊通訊》。

19. 王政文：《台灣義勇隊：台灣抗日團體在大陸的活動，1937-1945》，台灣書房，2011年。

20. 周咸堂：《抗日戰線上的朝鮮義勇隊》，《朝鮮義勇隊通訊》，第1號，1939年1月15日。

21. 矯漢治：《贈給朝鮮義勇隊戰士們》，《朝鮮義勇隊通訊》，第3號，1939年2月5日。

22. 丁三：《歷史揭密：藍衣社》語文出版社

23. 《重慶抗戰記事》重慶出版社1985年版。

24. 《親歷西安事變》李立編著團結出版社

25. 日本：《東京朝日新聞》昭和十六年6月13日報導

26. 康狄：《中國留學生首次保釣運動簡述》（1970-1971）

27. 賀衷寒日記。

28. 蔣介石日記。

國家圖書館出版品預行編目

相逢一笑 : 跟隨蔣介石48年 , 黃埔奇人賀衷寒 /
賀一平, 彭新華著. -- [新北市] : 賀一平,
2024.05
　面；　公分
ISBN 978-626-01-2726-8(平裝)

1.CST: 賀衷寒　2.CST: 傳記

783.3886　　　　　　　　113005935

相逢一笑

——跟隨蔣介石48年，黃埔奇人賀衷寒

作　　者／賀一平、彭新華
出　　版／賀一平
製作銷售／秀威資訊科技股份有限公司
地　　址／114 台北市內湖區瑞光路76巷69號2樓
電　　話／+886-2-2796-3638
傳　　真／+886-2-2796-1377

出版日期／2024年5月
定　　價／500元